NOUVELLES LETTRES

DE LA

REINE DE NAVARRE

ADRESSÉES

AU ROI FRANÇOIS Ier,

SON FRÈRE.

A PARIS,

DE L'IMPRIMERIE DE CRAPELET,

RUE DE VAUGIRARD, N° 9.

M. DCCC. XLII.

NOUVELLES LETTRES

DE LA

REINE DE NAVARRE

ADRESSÉES

AU ROI FRANÇOIS Ier,

SON FRÈRE.

PUBLIÉES

D'après le Manuscrit de la Bibliothèque du Roi

PAR F. GÉNIN,

PROFESSEUR DE LITTÉRATURE FRANÇAISE A LA FACULTÉ DES LETTRES
DE STRASBOURG.

A PARIS,

CHEZ JULES RENOUARD ET Cie,

LIBRAIRES DE LA SOCIÉTÉ DE L'HISTOIRE DE FRANCE,

RUE DE TOURNON, N° 6.

M. DCCC. XLII.

AVERTISSEMENT.

Dans la préface des lettres publiées de Marguerite d'Angoulême, on lit, page xi :

« Je ne sais s'il existe encore d'autres lettres de la reine de Navarre ; je le crois d'après une indication que j'ai trouvée dans Fontanieu, mais de laquelle je n'ai pu tirer aucun fruit. D'autres seront peut-être plus heureux ; c'est dans cet espoir que je reproduis ici textuellement la note suivante : — « 1525 et depuis, pendant tout le règne de « François Ier. Notice d'un manuscrit de la bibliothèque de « M. l'abbé de Rothelin, égaré de ceux de M. Dupuy, et « remis à la Bibliothèque du Roi par M. l'abbé Boudot. » (Fontanieu, tome 197-198.)

Je continuais : — « Cent trente-quatre lettres à Fran« çois Ier, quel trésor ! Peut-être est-il enfoui dans quel« que recoin de la Bibliothèque royale ; mais où ? Messieurs « les conservateurs, dont la complaisance et l'érudition « m'ont tant de fois secouru, *n'ont pu me donner de ce* « *manuscrit aucune nouvelle.* » — Et après avoir défendu ces lettres contre les appréciations malveillantes de Fontanieu : — « Belle générosité du hasard s'il nous les rendait ! »

M. E. Littré, rendant compte dans la *Revue des deux Mondes* de la publication des lettres de Marguerite, dit à propos de ce passage : « Le hasard a eu cette générosité : le manuscrit vient d'être retrouvé », etc....

Sur quoi un Journal fit paraître la note suivante :

« M. Génin, dans le *Recueil des lettres de Marguerite d'Angoulême*, qu'il a publié, signale une note bibliographique de Fontanieu ainsi conçue : (Voir la note citée plus haut.) Les conservateurs, *à ce qu'il assure*, ne pouvaient donner jusqu'ici aucune nouvelle de ce manuscrit; la *Revue des deux Mondes* annonce qu'il vient d'être retrouvé... Il paraît au surplus qu'*on prétend à la Bibliothèque que ce manuscrit n'a jamais été égaré*, etc. »

D'après cela, il semble évident que je suis coupable de mensonge envers messieurs les conservateurs des manuscrits, ou tout au moins coupable de négligence envers le public et de tromperie envers la société savante qui, se fiant à mes assertions, croyait publier tout ce que l'on possédait de la correspondance de Marguerite. Le manuscrit de l'abbé de Rothelin existait, était parfaitement connu des conservateurs, et je n'aurais eu qu'à le demander pour l'obtenir. Voilà ce qu'*on prétendrait* à la Bibliothèque du Roi.

Le soin de ma défense personnelle m'oblige d'entrer dans le détail de faits que sans ce motif j'aurais préféré passer sous silence. Mais je ne consentirai pas à être deux fois victime. Si cette révélation est fâcheuse pour quelqu'un, ce n'est pas ma faute. D'ailleurs, il est certaines choses dont il est bon que le public soit instruit.

Dès que mes recherches m'eurent fait rencontrer la note

AVERTISSEMENT.

de Fontanieu, je m'empressai de la communiquer à deux de messieurs les conservateurs adjoints, à qui j'avais déjà beaucoup d'obligations. Les catalogues étaient muets ; ces messieurs ne connaissaient pas le volume (tout à l'heure on verra pourquoi ils ne pouvaient le connaître); ils me conseillèrent de m'adresser à M. Champollion-Figeac, qui pouvait, en sa qualité d'administrateur, avoir recueilli des renseignements particuliers.

M. Champollion voulut voir dans Fontanieu même le texte de la note dont je lui remettais une copie. Il le vit, il y réfléchit et me promit de faire des recherches.

Au bout de quelques jours, il m'annonça avec chagrin qu'il n'avait rien découvert. Mais, ajouta-t-il, je verrai, je chercherai encore.

Il cherchait, il ne trouvait pas. Il ne perdait pas courage. Toutes les fois qu'il me voyait à la Bibliothèque : Eh bien ! me disait-il, rien de nouveau ! cependant il faut encore voir, il faut chercher. Il faut du temps ! — cela dura plusieurs mois, j'étais touché de sa persévérance et confus de la peine que je lui donnais.

Enfin il m'annonça qu'il désespérait. Ses propres paroles furent : *Personne à la Bibliothèque n'a jamais entendu parler de ce manuscrit. La note est inexacte; il y en a bien d'autres !* — Vous pensez donc qu'il faut y renoncer? — Positivement.

J'y renonçai, et je travaillai encore deux ans avant d'imprimer ; deux ans, pendant lesquels je vis souvent M. Champollion. Il s'informait avec intérêt de l'état de mes travaux, mais il ne me dit jamais qu'il eût rien retrouvé.

Le livre parut. Naturellement je fis hommage d'un exemplaire à M. Champollion. C'était bien le moins, après tant de fatigue que je lui avais occasionnée. Apparemment il n'en lut pas même la préface, car il ne me parla jamais du passage relatif au manuscrit égaré.

Mais quelqu'un la lut, qui, par le plus grand hasard du monde, avait aperçu le manuscrit et me l'indiqua. Ce jour-là, M. Champollion n'était pas de service : le manuscrit me fut montré. Le lendemain, qui était précisément le jour de M. Champollion, je ne pus revenir à la Bibliothèque; le lendemain, le précieux volume était redevenu invisible; le lendemain j'obtins un ordre exprès de M. le ministre de l'instruction publique, et après tous ces lendemains, moins plaisants pour moi que ceux de Dufresny, le volume sortit enfin du fond de l'armoire particulière où M. Champollion-Figeac serre ses papiers.

On remarquera que le recueil des lettres de Marguerite devait alors entrer dans une collection publiée à grands frais par le Gouvernement : je travaillais pour le premier comité historique, et j'étais accrédité par le ministre. C'est dans ces circonstances que le conservateur en chef des manuscrits, de propos délibéré, rendait mon édition mauvaise, incomplète, et mon travail inutile.

Je ne m'arrêterai pas à relever tout ce qu'il y a d'excessif dans cet abus d'autorité; chacun le voit assez. Je me bornerai à une seule réflexion d'un intérêt général :

Quel pouvait être le but de M. Champollion-Figeac en me dérobant la connaissance du manuscrit que je lui demandais? On ne peut lui en supposer qu'un raisonnable : c'était de se réserver pour lui-même la publication de ces lettres [1]. Assurément, les conservateurs de la Bibliothèque ne doivent pas être exclus du droit de publier qui appartient à tout le monde; mais il est certain que le public doit avoir un privilége sur eux et passer le premier. Sans cela, voyez quels inconvénients : un conservateur qui, par position et par devoir, connaît mieux que personne les richesses du dépôt commis à sa garde, pourra accaparer les plus précieux manuscrits et les mettre en séquestre, sous prétexte qu'il a l'intention de les publier un jour, à une époque incertaine et indéterminée. Ce délai peut durer dix ou quinze ans; en attendant, le public est privé des manuscrits, et ceux qui auraient eu le dessein de faire sur ces textes quelques recherches ou quelque travail, s'en voient enlever les matériaux par les gardiens chargés précisément de les lui communiquer. D'une autre part, la concurrence deviendra impossible contre un conservateur : lui seul pourra traiter avec les libraires, parce qu'il offrira le plus de garanties pour son édition; et vous, qui aurez longuement élaboré la vôtre, vous n'en pourrez pas même affirmer la valeur, puisque vous ne serez pas sûr d'avoir connu tout ce qu'il aurait fallu connaître. Si cet état de choses est au-

---

[1] M. Champollion publie, dans la *Collection des Documents inédits*, un recueil des *Lettres des Rois, Reines et autres personnages des cours de France et d'Angleterre*.

torisé, la position d'un conservateur peut devenir une mine inépuisable d'entreprises industrielles qui paralyseront les travaux sérieux, et le dépôt de la Bibliothèque nationale se transforme par le fait en une propriété privée, en une sorte de patrimoine mis en exploitation régulière par un ou plusieurs individus. Cette magnifique Bibliothèque, une des gloires de la métropole, finirait par n'être plus qu'une espèce de comptoir ou de magasin, où des marchands sans patente vendraient des éditions ou des promesses d'éditions, des facilités pour l'étude, des copies, etc. ; et qui sait où cela s'arrêterait ?

A Dieu ne plaise que je veuille faire entendre qu'un pareil trafic existe au département des manuscrits! Je montre seulement quelques-unes des conséquences d'un mauvais système et d'une incertitude de droits qu'il est urgent de régler, car les conséquences du *statu quo* pourraient être fort dangereuses si l'on avait affaire à des gens moins probes et moins délicats. Il y a plus : la probité, la délicatesse ne mettent point les volumes à l'abri d'accidents irréparables. Supposez, par exemple, que le manuscrit de Marguerite eût été, dans sa retraite, endommagé, rongé, englouti par les rats ; quel remède ? aucun. Tout ce qu'on peut dire, c'est que, pour le cas dont il s'agit, les regrets auraient été nuls, parce que la perte eût été ignorée. *On ne peut regretter ce qu'on ne connaît pas.* Mais, ou je me trompe fort, ou cet argument n'est pas en faveur des priviléges du conservateur en chef des manuscrits.

Il importe donc d'établir que les conservateurs n'ont

droit qu'après le public sur les manuscrits qu'ils conservent ; que c'est là une des charges de leur titre. La consécration de ce principe est le seul moyen de prévenir un conflit d'intérêts entre le public et tel ou tel conservateur, conflit dans lequel il serait trop facile à l'individu d'avoir l'avantage sur tout le monde. Il appartient à M. le ministre de l'instruction publique, qui a déjà réformé plusieurs autres abus, de supprimer encore celui-là. Un des plus grands et un des plus invétérés permettait au conservateur en chef de cacher au public l'existence de certains manuscrits. Il paraît qu'autrefois, les Gardes de ce cabinet, ne voulant pas être mis dans la nécessité de communiquer les richesses quelquefois très-fragiles du dépôt qu'ils administraient, ne portaient pas toujours au catalogue régulier tout ce qu'ils avaient de plus précieux. L'existence de ces pièces n'était constatée que par des bulletins particuliers, indiquant le titre du volume, le vendeur, l'acquéreur au nom du Roi, l'époque et le prix de l'acquisition. Or ces bulletins se trouvant depuis longtemps rassemblés entre les mains de M. Champollion-Figeac, personne, non pas même les autres conservateurs, n'en connaissait le contenu. M. le ministre de l'instruction publique, informé de cet abus, a sur-le-champ donné des ordres pour le faire cesser et pour que tous les bulletins ou catalogues partiels fussent insérés au catalogue général et reçussent une existence officielle. En sorte qu'aujourd'hui il ne doit plus y avoir de notes secrètes à la Bibliothèque royale.

AVERTISSEMENT.

J'ai cru devoir au public cet éclaircissement sur la publication tardive de ces lettres.

Si je les eusse connues à temps, elles m'auraient fourni les moyens d'améliorer mon premier travail et de le mieux diviser. On rencontre en effet dans la correspondance de Marguerite avec Montmorency une douzaine de lettres adressées au Roi, dont la place naturelle eût été dans ce second volume. Mais en imprimant le premier, j'étais loin de m'attendre qu'il serait suivi d'un autre. Pour éviter tout ensemble une lacune et un double emploi, j'ai rappelé ces douze lettres et j'en ai mis l'indication à leur date.

On ne retrouvera pas dans ce volume l'indication *autographe* ou bien *dictée*. Il suffit d'avertir ici le lecteur que toutes ces lettres sont copiées sur le texte écrit de la main de Marguerite.

Elles n'étaient pas non plus, comme les premières, éparses dans quatre-vingts ou cent volumes. Elles sont rassemblées confusément et sans pagination, mais avec un numéro d'ordre, dans un volume unique qui vient d'être inscrit au catalogue sous le n° 2722 du fonds du *Supplément français*. Il suffisait donc, pour faciliter les vérifications et les recherches, de marquer à la fin de chaque lettre le numéro qu'elle porte dans le manuscrit.

Paris, 1er novembre 1842.

EXTRAIT DU RÈGLEMENT.

Art. 14. Le Conseil désigne les ouvrages à publier, et choisit les personnes les plus capables d'en préparer et d'en suivre la publication.

Il nomme, pour chaque ouvrage à publier, un Commissaire responsable, chargé d'en surveiller l'exécution.

Le nom de l'Éditeur sera placé à la tête de chaque volume.

Aucun volume ne pourra paraître sous le nom de la Société sans l'autorisation du Conseil, et s'il n'est accompagné d'une déclaration du Commissaire responsable, portant que le travail lui a paru mériter d'être publié.

Le Commissaire responsable soussigné déclare que le travail de M. F. GÉNIN *sur les* NOUVELLES LETTRES DE LA REINE DE NAVARRE *lui a paru digne d'être publié par la* SOCIÉTÉ DE L'HISTOIRE DE FRANCE.

Fait à Paris, le 1er septembre 1842.

Signé P. PARIS.

Certifié,

Le Secrétaire de la Société de l'Histoire de France,

J. DESNOYERS.

SUPPLÉMENT A LA NOTICE

SUR

MARGUERITE D'ANGOULÊME,

SOEUR DE FRANÇOIS I^{ᵉʳ},

REINE DE NAVARRE.

Lorsque j'entrepris des recherches sur la vie et le caractère de Marguerite, je savais que les mœurs de cette princesse devraient être l'objet d'une enquête particulière, et l'ayant faite avec rigueur et impartialité, il se trouva que tous les écrivains graves, comme Bayle, De Thou, Sainte-Marthe, le cardinal du Bellay, avaient honoré les mœurs de la reine de Navarre, si souvent diffamées par les romanciers modernes; le témoignage même de Brantôme, l'historien le plus suspect et le plus consulté en ces matières, pour en faire une arme offensive, il avait fallu l'interpréter et l'étendre. Les œuvres de Marguerite, soit en vers, soit en prose, n'autorisent contre elle aucun soupçon : toutes ses poésies respirent une piété ardente et sincère, dont on suit la trace dans sa correspondance et jusque dans son *Décaméron*, un des livres les plus mal jugés et qui vaut en vérité beaucoup mieux que sa réputation. Il n'a donc pas été difficile, en ce qui concerne les prétendues amours de Marguerite avec Bourbon, avec Bonnivet, surtout avec Marot, de rétablir les faits sous leur jour véritable.

Mais il existait un point plus délicat. Une rumeur vague, sortie l'on ne sait d'où, probablement des profondeurs les plus ignorées du seizième siècle, flétrit d'une imputation terrible la mémoire de cette femme illustre et généreuse. Ce n'est, puisqu'il faut le dire, ce n'est rien moins qu'une accusation d'inceste ! Certains esprits, honnêtes d'ailleurs, toujours prêts à croire aux crimes, surtout aux crimes des grands, surtout aux crimes mystérieux, veulent que la tendresse de Marguerite pour son frère ait été criminelle; et ce dévouement absolu qui la poussa en Espagne et dont elle ne cessa jusqu'à la fin de sa vie de donner des preuves au Roi, au lieu d'exciter notre sympathie et notre admiration, devrait, si l'on veut leur prêter foi, nous révolter. Je n'ignorais pas ce bruit, et cependant je n'en ai fait aucune mention dans la notice sur Marguerite d'Angoulême. C'est qu'une accusation quelconque n'a pas le droit, par cela seul qu'elle existe, d'être recueillie ni même combattue; il faut qu'elle se produise sous l'autorité et la garantie de quelqu'un. Or, je n'ai rencontré, malgré mes perquisitions assidues, personne qui ait pris la responsabilité de cette révélation. J'ai feuilleté, j'ai interrogé : les livres se taisaient; les savants consultés avaient bien connaissance de l'accusation, mais comment cette connaissance leur était-elle venue? c'est ce qu'ils ne pouvaient dire; il était impossible de remonter à la source. Dès-lors je pris le parti de passer la chose sous silence, et de regarder cette rumeur comme une de ces calomnies tout à la fois effrontées et timides, nées dans la fange, en des temps de haines religieuses, et qui se propagent de siècle en siècle par l'écho de la tradition.

Tout à coup le hasard m'apporte un document inattendu; document unique, incomplet peut-être, mais irrécusable : c'est une lettre de la main même de Marguerite, remplie d'allusions voilées, d'expressions obscures à dessein, et dont la première moitié serait impénétrable si la fin n'aidait à comprendre le commencement. Celle qui écrivait oublie peu à peu la prudence calculée dont elle s'était fait une loi, et comptant sur l'accomplissement de sa recommandation finale, nous laisse voir clair dans son cœur bien plus sans doute que la réflexion ne lui eût permis d'y consentir. Examinons en détail cette pièce singulière :

AU ROY, MON SOUVERAIN SEIGNEUR.

« Sire, ce qu'il vous plut m'escripre que en con-
« tinuant vous me feriez connoistre, m'a fait con-
« tinuer et davantage espérer que vous ne vou-
« driez laisser vostre droit chemin pour fuir ceulx
« qui, pour le principal de leur heur, desirent
« vous voir, encores que de mal en pis. Mon in-
« tention soit prescripte, si ne vous faudra jamais
« l'honneste et ancienne servitude que j'ai porté
« et porte à vostre heureuse bonne grace. Et si
« l'imparfection parfaicte de cent mille faultes
« vous fait desdaigner mon obéissance, au moins,
« Sire, faictes moi tant d'honneur et de bien que
« de n'augmenter ma lamentable misère en de-
« mandant expérience pour défaite, là où vous con-
« noissez sans vostre aide l'impuissance; comme
« vous témoignera une enseigne que je vous en-
« voye; ne vous requérant pour fin de mes mal-
« heurs et commencement de bonne année, sinon
« qu'il vous plaise que je vous sois quelque petit
« de ce que infiniment vous m'estes et serez sans
« cesse en la pensée. En attendant cet heur de
« vous pouvoir voir et parler à vous, Sire, le
« désir que j'en ay me presse de très humblement

« vous supplier que, si ce ne vous est ennuy, le
« me faire dire par ce porteur, et incontinent je
« partiray feignant aultre occasion. Et n'y a fas-
« cheux temps ni pénible chemin qui ne me soit
« converty en très plaisant et agréable repos, et
« si m'obligerez tant et trop à vous, et encore
« davantage, s'il vous plaist ensevelir mes lettres
« au feu et la parole en silence. Autrement vous
« rendriez

  « Pis que morte ma douloureuse vie
  « Vivant en vous de la seule espérance
  « Dont le savoir me cause l'assurance
  « Sans que jamais de vous je me défie.

   « Et si ma main trop foiblement supplie
  « Vostre bonté excusera l'ignorance
    « Pis que morte.

   « Par quoy à vous seul je desdie
  « Ma voulenté et ma toute puissance
  « Recevez la, car la persévérance
  « Sera sans fin, ou tost sera finie,
    « Pis que morte,

    « Vostre très humble et très obéissante
     « plus que subjette et servante. »[1]

Par une fatalité bizarre, cette lettre est la seule sur cent trente-huit dont le couteau du relieur ait retranché la signature. Il semble qu'un hasard compatissant ait voulu protéger autant qu'il

---

[1] Voyez p. 23 cette même lettre avec l'orthographe de l'original

le pouvait Marguerite contre elle-même, et réparer par le bienfait d'un tardif anonyme l'imprudence de François Ier, qui négligea de détruire ce fragile monument de la faiblesse de sa sœur. Mais par malheur le doute n'est pas possible une minute : l'écriture de Marguerite est trop nette et trop caractérisée pour qu'il soit permis d'hésiter : la signature, si elle y était, n'ajouterait rien à l'autorité de l'autographe ; elle manque, et cette absence n'en diminue pas l'authenticité.

François et Marguerite avaient été nourris ensemble au château d'Amboise, sous les yeux d'une mère très-tendre, mais dont les mœurs furent toujours plus habiles que sévères. Peut-être la surveillance de Louise de Savoie ne fut pas tout ce qu'elle aurait dû être ; peut-être dans l'abandon des jeux de l'enfance, dans la liberté du séjour de la campagne, Marguerite, qui était l'aînée de deux ans, laissa s'allumer et se développer à son insu cette tendresse fatale qui trois siècles plus tard dévorait la sœur de René. On ne peut dans tout ceci former que des conjectures ; François, non plus que René, ne partagea la passion qu'il inspirait ; on voit qu'ayant à passer par le lieu qu'habitait sa sœur, il se détournait afin d'éviter une rencontre dangereuse pour elle, pénible pour tous deux. Mais Marguerite est avertie de sa résolution, elle la combat, elle le supplie de venir, elle veut le voir *encore que de mal en pis;* le voir, c'est là *le principal de son heur!* François alléguait les effets du temps et de l'absence; il y comptait comme sur un remède infaillible; il invoquait l'*expérience;* c'était là un vain prétexte, *une défaite;* Marguerite le lui sait bien dire : Sire, (n'osant l'appeler *mon frère*), Sire, n'augmentez pas *ma lamentable misère;* le temps ne peut rien pour ma guérison si vous ne me secourez vous-même, et vous le savez bien ! Mais quelle est cette *enseigne* qu'elle joint à sa lettre douloureuse ? Une pièce de vers où elle exposait l'état de son âme ? Quelque figurine d'un personnage de l'Écriture-Sainte ou de la mythologie, comme le frère et la sœur ont gardé longtemps l'habitude de s'en envoyer aux étrennes ? car la lettre est écrite à un renouvellement d'année, et cette circonstance pourra nous aider à en retrouver la date. On lit dans *Les Marguerites de la Marguerite des Princesses,* une épître envoyée avec un David; le Roi répondait par l'envoi d'une sainte Catherine accompagnée d'une ballade. Une autre fois c'était un Hercule; une autre fois un crucifix. La Bible et les poëtes offrent tant de figures dont on peut faire des symboles! Si Marguerite a voulu mettre sous les regards du Roi l'image d'une passion funeste entre frère et sœur, elle pouvait choisir soit la *Biblis* d'Ovide, soit la *Thamar* du second livre des *Rois*.

Un auteur que je suis sûr d'avoir lu autrefois (mais lequel?) représente François Ier et Marguerite comme vivant ensemble dans un inceste sans remords. On voit par cette lettre quelle disposition y avait le Roi; quant à Marguerite, sa passion n'aurait pas eu besoin du crime pour être satisfaite; elle se fût contentée à moins : « Ne re-« quierant, dit-elle, pour fin de mes malheurs et « commencement de bonne année, sinon qu'il « vous plaise *que je vous sois quelque petit de ce* « *que infiniment vous m'estes et serez toujours en* « *la pensée.* »

Cette phrase et la recommandation de brûler ses lettres dévoilent le secret de l'infortunée. Dans le temps où Marguerite écrivait ces paroles, elle était mariée au duc Charles d'Alençon et n'avait pas pour aller et venir une entière liberté. Si vous consentez, dit-elle, que j'aille à votre rencontre, faites-le-moi dire par ce porteur, « et incontinent je partiray, *feignant aultre occa-sion.* » Le duc d'Alençon s'était-il donc aperçu de quelque chose? Était-il jaloux du frère de sa femme? Quoi qu'il en soit, la circonstance du mariage donnait une nouvelle force à la prière d'*ensevelir ses lettres au feu et sa parole en silence.* François n'y eut pas assez d'égard, et aujourd'hui cette feuille de papier échappée à travers les siècles vient attester l'insouciance du Roi et la *lamentable misère* de la duchesse. Madame d'Alençon suppliait cependant son frère, dans des termes assez forts, et comme si la prose y était insuffisante, elle recourt à la poésie : « Si vous n'étiez discret, lui dit-elle, vous rendriez

Pis que morte ma douloureuse vie, etc.

Pis que morte! c'est par ces mots justement que Marguerite termine une lettre à l'évêque de Meaux, elle signe :

La pis que morte
MARGUERITE.

Cette expression originale, très-fréquente chez les poëtes espagnols du xvie siècle, à qui Marguerite pouvait l'avoir empruntée, ne rapprocherait-elle pas la lettre à l'évêque de la lettre au Roi? n'auraient-elles pas été écrites l'une et l'autre à la même date, ou environ? La réponse de Briçonnet est datée *de vostre hermitaige, le 17 février* 1521 [1].

[1] Briçonnet gronde doucement sa pénitente sur cette qualifica-

Cela s'accorde bien avec ce commencement d'année dont parle Marguerite à son frère. L'ermitage doit être le château de Baslon, situé à une lieue du Mans, et qui servait aux ducs d'Alençon de maison de plaisance. D'ailleurs, peu importe.

On ne saurait assigner à cette lettre une date plus rapprochée que 1521. Marguerite ne l'écrivit pas étant reine de Navarre, car son mariage avec Henri d'Albret fut un mariage d'inclination plus encore que de convenance; elle ne l'écrivit pas durant son veuvage, car alors le Roi était prisonnier en Espagne; ni dans l'intervalle de 1521 à la bataille de Pavie, car cet intervalle est précisément rempli par sa correspondance religieuse avec l'évêque de Meaux. Cette correspondance, dont jusqu'à présent on ne pouvait que s'étonner, s'explique aujourd'hui parfaitement : il fallait procurer des consolations à une âme profondément blessée, lui désigner un nouveau but capable de rappeler et de fixer la direction de sa pensée longtemps égarée dans une voie criminelle. Voilà pourquoi Marguerite se plongea dans le

tion qu'elle se donne; il lui démontre qu'elle n'est pas *pis que morte*, puisqu'il lui reste Jésus-Christ. Marguerite, à ce qu'il paraît, fut convaincue, car dans une des lettres suivantes elle se contente de signer *la pis que malade*. (Voyez *Supplément français*, Ms. 337, fol. 155-159 et 218.)

mysticisme sous la conduite de Guillaume Briçonnet. A ce point de vue, il était difficile de choisir un meilleur guide, comme, au point de vue d'une religion simple et sensée, il l'eût été d'en rencontrer un plus mauvais.

Cette lettre éclaire d'une nouvelle lumière toute la vie de Marguerite. On sait qu'elle n'aima jamais son premier mari, le duc d'Alençon, et tous les écrivains qui ont signalé ce fait en ont cherché la cause dans les défauts du duc. C'était, dit Voltaire, un prince sans esprit, sans figure, indigne de la femme la plus belle et la plus spirituelle de son temps. Quelques-uns même sont allés jusqu'à supposer une disproportion d'âge qui l'aurait fait haïr. Charles, duc d'Alençon, était né le 27 septembre 1489; il n'avait donc que trois ans de plus que sa femme. En 1509, lors de son mariage, il avait vingt ans; Marguerite en avait dix-sept, et François Ier quinze. Il ne put guère s'apercevoir qu'il ne possédait pas l'affection de sa femme, sans reconnaître en même temps celui qui la lui enlevait : nulle découverte ne pouvait lui être plus affreuse : la plainte, l'éclat, la vengeance, ces consolations ou ces dédommagements vulgaires étaient ici impossibles; et la fortune ne devait point borner là son injuste rigueur contre le duc Charles. On a fait peser durement sur le beau-frère du Roi la défaite de Pavie; le fait cependant est controversable, car dans le nombre des témoignages, il s'en élève quelques-uns en faveur du duc d'Alençon. Mais l'histoire, pour régler son jugement, paraît avoir pris surtout en considération les reproches amers dont Louise de Savoye et Marguerite accablèrent le malheureux duc à son retour à Lyon, et à la suite desquels il mourut de désespoir. Or, ces deux femmes, d'après ce que nous savons maintenant, étaient-elles dans des conditions d'impartialité qui garantissent l'autorité de leur parole? J'ai moi-même, je l'avoue, suivi à cet égard l'opinion reçue. Je m'en repens, et commence à soupçonner qu'il pourrait bien y avoir dans la vie du duc d'Alençon quelqu'une de ces grandes infortunes, qui apparaissent de loin à l'œil trompé de la postérité comme des fautes ou des crimes, là où il n'y a en réalité que des souffrances et des malheurs.

En 1521, Marguerite avait vingt-neuf ans. La lettre qui nous occupe est le plus ancien écrit que nous ayons d'elle. L'espèce de rondeau élégiaque qui la termine, atteste une grande inexpérience dans l'art de la versification. Marguerite s'y rendit par la suite l'égale des plus habiles;

mais elle n'avait alors que le goût sans la pratique des choses littéraires. C'est en 1521 qu'elle commença à se vouer sérieusement à l'étude, à rechercher et à protéger les savants, à répandre son zèle sur tout ce qui rentrait dans le domaine du savoir.

C'est alors qu'elle s'entoure de théologiens, étudie la Bible, se pénètre de saint Paul, se lance dans l'examen des questions religieuses dont le bruit s'élevait du côté de la Saxe et allait bientôt remplir l'Europe. Que propose-t-on? de réformer les abus du clergé romain, de serrer de plus près l'Évangile? Marguerite n'hésite pas : son âme tendre, pieuse et affligée est séduite par l'idée de la pénitence et des austérités à subir. Elle ira donc de ce côté. En 1521, il n'y avait encore ni catholiques, ni protestants : il n'y avait que des chrétiens plus ou moins sincères, plus ou moins fidèles à leurs devoirs religieux. Un peu plus tard, la division va devenir plus nette; la secte va se dessiner et la séparation s'effectuer. Alors la reine de Navarre restera au giron de l'Église catholique; mais elle ne se croira pas obligée pour cela de révérer le lendemain les abus qui la choquaient la veille, ni de retirer sa bienveillance et son appui aux hommes de qui elle avait expérimenté la science et dont elle connaissait la

bonne foi égale à la sienne. Mais les partis veulent des gages, des démonstrations, de l'éclat : toutes choses qu'évitait avec soin la reine de Navarre. Plus on s'obstinait à les lui arracher à cause de sa position, plus elle s'affermissait dans son impassibilité. Elle se contente d'écrire à son frère au sujet de l'affaire des placards (1534) et des accusations auxquelles elle-même était exposée avec ses protégés : « Sire, nuls de nous n'ont été trouvés sacramentaires. » (*Lettres nouvelles.*) Voilà tout son désaveu, et il était renfermé dans le secret d'une correspondance. Aussi le zèle des orthodoxes bruyants n'était-il pas satisfait : si la qualité de princesse du sang royal dérobait Marguerite à une persécution et à un châtiment publics, les sourdes calomnies, les vengeances détournées n'en étaient que plus redoutables. Une lettre de son recueil imprimé nous met dans la confidence de ses craintes et de ses précautions : « Et par quel-
« ques advertissements que j'ay eus que l'on use
« fort de poysons de ce costé là, j'ay prié le roy
« de Navarre, tant que j'auroys à demeurer icy, que
« l'on eslongnast de ceste ville ceulx qui estoient
« audict évesque. »[1] Ledit évesque était l'évêque de

---

[1] *Premier Recueil*, p. 272.

Condom. Le roi de Navarre se rendit au désir de Marguerite « *doulcement*, et a donné l'ordre « que personne n'entre à nos offices. L'invention « que l'on dit que les moynes ont d'empoisonner « en ce pays, c'est dedans l'encens, duquel je ne « doy avoir peur, car depuis que vous estes party, « me suis trouvée plus mal que je n'ay point en- « core faict.... Parquoy ceste feste de Nouel a esté « chantée en nostre grant salle, et de mon lict j'ay « ouy matines et la grant messe. [1]. »

Les lettres au Roi recouvrées depuis la publication de ce volume complètent ces renseignements, et nous apprennent combien était fondée la défiance de la reine de Navarre. Les dévotes dénonciations du connétable de Montmorency avaient échoué auprès de François Iᵉʳ (1538). La réponse du Roi est bien connue : Ne parlons pas de celle-là; elle ne prendra jamais de religion qui préjudicie à mon estat : *elle m'ayme trop !* Oui, elle l'aimait trop ! et pour le dire en passant, François abusa peut-être en plus d'une occasion de la sécurité que lui inspirait cette tendresse[2]. Que firent

---

[1] *Premier recueil*, p. 373.

[2] Marguerite signe quelques-unes de ses lettres à son frère, surtout de celles qu'elle lui écrit en Espagne, votre très-humble et très-obéissante sujette *et plus que sœur*.

alors les ennemis de la Reine? ils tentèrent de l'empoisonner! Ce fut à la suite de l'affaire *dudit évesque* Érard de Grossoles, dont le nom se trouve ici compromis en assez mauvaise compagnie. Le projet fut découvert et l'on saisit l'homme qui devait l'exécuter. « Celle-ci ne sera que pour
« vous dire, Monseigneur, que ce prisonnier, pour
« cuider eschapper, promettoit des choses sy dif-
« ficiles, que le roy de Navarre ne s'est fié ny en
« ses promesses ny en ses larmes. Et la raison,
« c'est que, puisqu'il a sy librement confessé
« d'avoir deslibéré de nous empoysonner, qu'il y
« a chose plus grande. » On arrêta d'autres agents du crime, et Marguerite demanda au Roi des commissaires pour les faire juger. Mais on ne put s'emparer de l'auteur du complot, quoiqu'il fût bien connu : « J'ay grand regret que Lescure, quy
« est le meschant que vous savez contre vous, et
« *qui vouloit mener la pratique de ma mort et du*
« *comte Palatin*, n'a esté pris, comme l'espéroit
« le roy de Navarre; mais Dieu l'a sauvé de la
« honte qu'il méritoit. »[1] Voilà les fureurs auxquelles Marguerite demeura toute sa vie en butte, car ces lettres sont de 1541. Que lui en aurait-il coûté pour les désarmer et acheter le repos? une

---

[1] *Nouvelles lettres.*

solennelle profession de foi, comme l'on dit aujourd'hui, ou, ce qui revenait au même, l'abandon de ses protégés ; en les livrant elle se débarrassait de toutes inquiétudes. On conviendra qu'il fallait une fermeté d'âme et une générosité peu communes pour ne pas dévier de sa ligne, et en bravant les attaques ne jamais céder à l'envie de s'en venger. La Reine, également supérieure à la crainte et à l'ostentation, écrit à son frère : « Monseigneur, « quant au fait de M. de Condom, je vous supplie « croire que je suis tant unie à vous, que je ne « puis desirer mal à ceulx qui m'en font, et sy « aultre que moy n'estoit offensé, j'aurois plus de « plaisir à pardonner qu'à punir. » [1]

Doit-on s'étonner à présent que des gens capables de se porter à de telles extrémités aient tout fait pour accréditer l'opinion que la reine de Navarre était hérétique au fond du cœur ? A la vérité, toutes les actions de la vie de Marguerite y étaient contraires [2] ; mais que peuvent les bonnes

[1] *Nouvelles lettres.*

[2] Elle croyait à l'efficacité de la prière pour les morts, car elle fonda un service magnifique pour l'âme de sa mère ; dira-t-on qu'en cela elle obéissait aux convenances ? Lisez l'anecdote touchante racontée par Brantôme du capitaine Bourdeille et de la reine de Navarre, seuls, dans une église, sur la tombe de madame de La Roche : « Et d'autant que c'est ung pieux office d'avoir souvenance

actions contre les mauvais bruits? Elles ont peu de témoins, et cessent avec l'existence de leur auteur; la calomnie, au contraire, franchit toutes les limites de temps comme de lieu, et tandis que la durée affaiblit toutes choses, c'est par la durée qu'elle grandit et se fortifie.

« des trespassez, je vous prie luy donner ung *Pater noster,* ung
« *Ave Maria* et ung *De profundis,* et *l'arrousez d'eau béniste.* »
(*Premier Recueil,* Notice, p. 74.)

Marguerite, selon le père Hilarion de Coste et ceux qui affirment son hérésie secrète, aurait été calviniste, convertie par Calvin lui-même qu'elle avait reçu à Nérac; or, elle croyait à la présence réelle : « Sire, nul des nostres n'ont esté trouvés sacramentaires. » (*Lettres nouvelles.*)

La dévotion à la Vierge est exprimée et recommandée dans vingt endroits de ses œuvres poétiques, particulièrement dans *le Miroir de l'Ame pécheresse,* qui servit pourtant de pièce principale pour fonder contre Marguerite l'accusation d'hérésie.

Enfin Florimond de Rémond assure tenir de frère Gilles Cailleau, cordelier, qui administra l'extrême onction à la Reine, que dès qu'elle recouvra la parole, « elle protesta que tout ce qu'elle
« avoit fait en faveur des novateurs, avoit esté dicté uniquement
« par la compassion, et jamais par éloignement pour la religion de
« ses pères. »

Voyez Odolant Desnos, *Mémoires sur Alençon,* t. II, p. 564, et les remarques de Leclerc sur Bayle. Ces témoignages et bien d'autres du même genre qu'on y pourrait ajouter, n'ont pas empêché un journal de soutenir que Marguerite avait été calviniste, et qu'*elle avait persévéré jusqu'à la fin.* Il est vrai que c'est un journal calviniste.

J'ignore si l'accusation d'inceste provient de la même source que l'accusation d'hérésie. Je crois avoir montré sincèrement ce qu'il y a de vrai au fond de l'une et de l'autre. Deux choses sont également incontestables : l'une que Marguerite, avec les meilleurs esprits de son temps et les plus pieux, s'empressa d'accueillir l'idée d'une réforme, non pas dans le dogme, Luther lui-même n'y songeait pas d'abord, mais dans les abus extérieurs ; l'autre, qu'elle a ressenti pour son frère plus que l'amitié d'une sœur. Mais il faut, surtout quant au second point, bien distinguer où finit le malheur et où commence le crime. Cet intervalle, Marguerite ne l'a jamais franchi. Si quelqu'un conservait des doutes à cet égard, ils ne tiendront pas à la lecture des deux correspondances de la reine de Navarre avec Montmorency et avec François Ier.

On pense bien que je n'ai pas épargné les recherches pour saisir quelque nouveau trait de lumière sur ce sujet intéressant. J'ai relu avec une exactitude scrupuleuse et, j'ose le dire, bien pénible, la correspondance de l'évêque de Meaux avec madame d'Alençon, et, quoi qu'en ait pu dire un journal religionnaire, je persiste dans mon premier sentiment, à savoir que cette correspondance est d'un bout à l'autre le fatras le plus abominablement indigeste dont on puisse se former l'idée. Tout y est à l'état de galimatias théorique. *Le Capitaine des Aveugles,* comme s'intitule Briçonnet [1], paraît avoir l'horreur de tout ce qui est clair et positif. Il évite donc soigneusement tout ce qui ressemble à un fait, et s'il se permet des allusions, il serait bien téméraire de prétendre les reconnaître dans l'effroyable débordement de métaphores au milieu duquel ce capitaine des aveugles est sans cesse à la nage.

Marguerite, dans cette correspondance, ne fait d'autre rôle que celui d'une pénitente abattue et découragée par la grandeur de ses fautes et la conscience de son indignité. On peut, si l'on veut, préciser l'objet de ses accusations vagues qu'elle porte incessamment contre elle-même, et les rapporter à une passion illégitime. En lisant avec la même prévention ses poésies, on les trouvera pleines de traits qui pourront s'expliquer dans le même sens. Tout alors devient significatif. *Le Miroir de l'âme pécheresse* réfléchit l'âme de Marguerite elle-même; l'épigraphe du poëme ne vous l'indique-t-elle pas?

---

[1] Ms. 337, *Suppl. franç.*, fol. 226.

Cor mundum crea in me, Deus; Seigneur, créez en moi un cœur pur. N'est-ce pas là un aveu assez clair pour qui sait le comprendre? et combien de passages à l'appui de cette interprétation!

> Vostre sœur? Las! voici grande amytié!
> Or fendez vous, mon cœur, par la moytié
> Et faictes place à ce frère tant doux,
> Et que luy seul soit enfermé en vous.
> Gardez mon cœur, mon frère, mon amy,
> Et n'y laissez entrer vostre ennemy.

Le texte, il est vrai, applique ce nom de frère à Jésus-Christ, mais les commentateurs n'en seront pas dupes : ils verront clairement qu'il faut le rapporter à François Ier.

Et quand Marguerite fait dire à Marie, sœur de Moïse :

> Que fistes vous alors? De mon péché,
> Las, mon frère, vous feustes empesché,
> Non pour prier pour ma punition,
> Mais pour mon bien et ma rémission.
> ....
> Mais qu'avous[1] fait voyant ma repentance?
> Tost avez mis fin à ma pénitence.

---

[1] *Avous, savous, avez-vous, savez-vous.* Ces syncopes, aujourd'hui reléguées en province parmi le peuple, étaient, à ce qu'il paraît, du bel usage à la cour de François Ier. Marguerite les emploie très-souvent.

O frère doux ! qui, en lieu de punir
Sa folle sœur, la veut à luy unir !
Et pour murmure, injure, *ou grande offense*,
Grace et amour luy donne en recompense.
C'est trop, c'est trop, hélas ! c'est trop mon frère !
Point ne devez à moy si grands biens faire :
J'ay fait le mal, vous me rendez le bien,
Vostre je suis et vous vous dites mien,
Vostre je suis, *et vostre doublement* [1],
Et estre veux vostre éternellement.
Or puisque frère et sœur ensemble sommes,
Il me chaut peu de tous les aultres hommes.
....
Si frère à sœur a couvert le péché, etc.

(*Les Marguerites*, t. I, p. 36 et 37.)

Ces allusions, que je pourrais multiplier beaucoup, reçoivent une grande vraisemblance de leur isolement. Les vers que je viens d'extraire ne semblent-ils pas une paraphrase de la lettre en prose? On voit des deux côtés une sœur coupable envers son frère, reconnaissante de l'indulgence et de la discrétion avec laquelle il l'a traitée, humiliée, repentante et tendrement dévouée. Mais l'auteur se représente aussi Jésus-Christ sous la figure d'un père et sous celle d'un époux ; et elle lui parle avec les mêmes effusions de tendresse et

---

[1] Pourquoi *doublement?* Y avait-il entre Moïse et Marie un autre lien que celui du sang? Marguerite sans doute veut parler du lien de la reconnaissance.

de repentir; d'ailleurs tous ces endroits sont traduits de l'Écriture et les versets sont indiqués en marge. On pourra toujours dire que Marguerite les a choisis et rassemblés avec l'intention secrète de voir partout son frère et de soulager sa passion à la faveur de l'image. A cela je n'aurais rien à répondre, sinon que c'est convertir une hypothèse en fait, abuser du hasard des mots et se prévaloir d'apparences qui peuvent être trompeuses. Cette méthode permise, excellente peut-être dans un ouvrage d'imagination, n'est pas recevable dans l'histoire ni dans la critique; par elle on obtient des résultats neufs et piquants, mais il faut s'en priver lorsqu'on tient à être véridique plutôt qu'à paraître ingénieux.

Ainsi la lettre de 1521 demeure le seul document authentique sur ce sujet. Les explications que j'ai hasardées ne sont que des conjectures dont chacun fera l'estime qu'il lui plaira. Mais de quelque manière que cette lettre soit entendue, elle ne peut en rien diminuer le respect dû au caractère de Marguerite; elle doit au contraire y ajouter cette admiration mêlée de pitié que fait naître l'aspect d'une grande et singulière infortune supportée, combattue avec courage. A quelles dures épreuves ce noble cœur a été soumis! On conçoit qu'après en avoir triomphé la reine de Navarre ait envisagé d'un œil calme toutes les peines et tous les détails accessoires de la vie. Elle avait surmonté bien d'autres écueils, échappé à de plus terribles tempêtes! de là aussi cette bonté inaltérable dont chacun autour d'elle ressentit l'influence. Il était arrivé à Marguerite ce qui ne manque pas d'arriver à toutes les natures essentiellement bonnes : c'est que la souffrance morale, au lieu de les aigrir, les rend encore meilleures.

LETTRES INÉDITES

DE LA

REINE DE NAVARRE,

SOEUR DE FRANÇOIS I".

LETTRE PREMIÈRE.

AU ROI, MON SOUVERAIN SEIGNEUR.

(? Argentan ou Alençon, — février 1521 [1].)

Sire, ce qui vous plut me creyre que en continuant vous me feries connoitre ma fet continuer et davantage esperer que vous ne voudries lesser votre droyt chemyn pour fouyr ceulx qui pour le prinsipal de leur heur desire vous voyr encoires que de mal en pys mon intencion soit perscripte, sy ne vous foudra james lhonnette et antcienne servytude que je porte et porte a votre heureusse bonne grase et sy linparfetcion parfette de cent mylle faulte vous fet dédegnyer mon obeysanse o moyns syre fettes moy tant de honneur et de bien que de ne ocquementer ma lamenta-

---

[1] Voyez, page 3, cette lettre imprimée avec l'orthographe, qui fut depuis celle de Marguerite; on la donne ici avec l'orthographe de l'original fidèlement copiée. Le lecteur pourra juger où en était alors cette princesse si renommee dans la suite par son rare savoir.

ble myserre en demandant experience pour deffette, la ou vous connoysses sans votre ayde lynpuyseanse, comme vous temognera une ensenge que je vous envoye ne vous requérant pour fyn de mes maleurs et commensement de bonne annee sy non qui vous plesse que je vous soye quel [1] petyt de ce que infigniment vous mettes et serez sans cesser en la pensee. Ennatendant set heur de vous povoyr voyr et parler a vous syre le desir que jenne me presse de tres humblemant vous supplier que sy ce ne vous est ennuy le me ferre dire par ce porteur et hencontinent je partire fingnant aultre ocatcion et ny a facheux tamps ny penyble chemyn qui ne me soit converty en tres plesant et agreable repos et sy mobligeres tant et trop a vous et encoyre davantage, sy vous plet ensevelir mes lettres au feu et la parolle en silense aultrement vous renderyes

> Pis que morte ma doloreuse vie
> Vivant en vous de la seule esperance,
> Dont le savoyr me couse l'assurance,
> Sans que james de vous je me deffie.
>
> Et sy ma meyn trop foyblement suplie
> Votre bonte exqusera lynnorance
>   Pis que morte.
>
> Par coy a vous seul je desdie
> Ma voulente et toute ma puyssance
> Resevez-la, car la persévéranse,

---

[1] *Quelque.* Marguerite a omis le signe qui devait figurer la dernière syllabe

Sera sans fin, ou tost seroye fynye
  Pys que morte. '
    Vostre très humble et très obeyssante,
      plus que sugette et servante².

[Manuscrit, n° 37.]

LETTRE II.

AU ROI, PRISONNIER DANS LE FORT DE PIZZIGHITONE.

(Lyon, fin de mars ou commencement d'avril 1525.)

Monseigneur, vostre lectre a porté tel effet à la santé de madame et de tous ceux qui vous aiment, que ce nous a esté après la douleur de la pacion ung saint Esprist, voyant la grace que Nostre Seigneur vous fet que la prison n'est que preuve de vostre vertu, dont il vous a tant remply, que jusques à reconforter et fortifier les vies qui de la vostre despendent. Vous asseurant, Monseigneur, que despuis ce porteur arrivé, madame a senty si grant redoublement de force, que tant que le jour et soir dure, il n'y a minute perdue pour vos affaires; en sorte que de vostre réaulme et enfans ne devez avoir peine ou soucy. Et l'ocasion qui plus luy donne de repous, c'est de savoir qu'il a pleu à Dieu vous mettre en main d'ung si honneste et bon personnaige³, où vous êtes si bien

---

' Cette pièce ne se trouve ni dans *Les Marguerites de la Marguerite des Princesses,* ni dans aucun des recueils manuscrits de la Reine de Navarre.

² La signature manque, ayant été coupée par le relieur.

³ Le vice-roi de Naples, Charles de Lannoy. Marguerite loue ses

traicté. Car sans la seureté qu'elle en a, sa peine eust esté importable. Mais, Monseigneur, si vous avez voulonté qu'elle vive en santé, je vous supplie regarder à la vostre, car elle a entendu que voulez entreprendre de fere ce caresme sans manger chair ny œufs, et quelquefois jeusner pour l'honneur de Dieu. Monseigneur, aultant que très humble sœur vous peult supplier, je vous supplie ne le fere et considérer combien le poisson vous est contraire; et croyez que si vous le fectes, elle a juré qu'elle le fera¹; et s'il est ainsin, je vous voy tous deux défaillir, qui me fait encore une fois vous supplier et davant Dieu conjurer, pour saulver sa vie et vostre santé, qu'il vous plese ne le fere; car si vous estes sain, vos amis le seront; et au contraire, vous pouvez penser que ce seroit! Ayez donques, Monseigneur, pitié de vous en nous regardant. Qui sera pour fin, après vous avoir supplié recevoir les très humbles recommandacions de monseigneur d'Alençon, qui estime si maleureuse sa prisonnière liberté, que, jusques à vous revoir, tient sa vie morte, qui avecques tout ce que Dieu lui a donné, mettra pour vostre service, sans oublier les siennes à la bonne grace que plus que jamais désire voir

Vostre très humble et très obéissante subjecte et seur   MARGUERITE.

[Ms. n° 116.]

bons procedes envers François Ier, dans une lettre à M. de Montmorency. (*Rec. imp.*, lettre 25, p. 177.)

¹ On lit dans une lettre de Delabarre, a Louise de Savoie : « Il (le

LETTRE III.

AU ROI, A PIZZIGHITONE.

(Lyon, avant le 11 avril 1525.)

Monseigneur, louant Dieu de votre bonne santé et de l'honneste et gracieux traictement que le visroy et le sieur Alarcon vous font, vous veux bien asseurer que, despuis le partement de Montpezac [1], madame a continué à fere pour sa vie et santé ce qu'elle pense que vous en desirez; et la trouve mieux et plus forte que ne fis longtemps a. Elle a tous les jours nouvelles de messieurs et dames vos enfans, quy se portent si bien, tant en beaulté, force, que en vertus, qu'il semble que Dieu en nostre tribulation nous les donne si sains et de bonne nature pour nous consoler. Mais sus tous monsieur d'Angoulême [2] est aimable. Quant est de vostre pouvre sœur, vous escripvant cete lectre au pied du list de monsieur d'Alençon, il m'a prié vous presenter avec les miennes ses très humbles

---

Roi) fait karesme de tortues, qu'il treuve bien bonnes. » Il paraît donc que les prières de Marguerite ne purent rien gagner sur la résolution de son frère.

[1] Antoine de Lettes, qui prit le nom de Montpezat, pour obéir à Antoine des Prez de Montpezat, son oncle, mort sans enfants. — Fait prisonnier à Pavie. François I*er* paya sa rançon. Il rentra en France, et fit plusieurs voyages vers l'Empereur, chargé des commissions secrètes de Louise de Savoie. Il devint maréchal de France.

[2] Charles, troisième fils du Roi, né en 1522, le 22 janvier; il avait alors trois ans.

recommandacions, et que s'il vous avoit veu avant mourir, il en iroit plus content en paradis. Je ne say que vous en dire, Monseigneur; tout est en la main de Dieu[1]; mais je vous supplie que pour nul regret, tant de luy que de celuy que vous me sentirez avoir, ne vous en donner ennuy; et soyez seur que quoy qu'il adviengne, j'espère que Dieu me donnera force de le porter pour garder madame d'ennuy, afin que le nostre ne vous causast ce que nous craignons. Et le suppliant vous garder en l'estat, et que bientoust le puissions voir, que vous désire

Vostre très humble et très obeissante subjecte
et seur MARGUERITE.

[Ms. n° 30.]

LETTRE IV.

AU ROI, A PIZZIGHITONE.

(Après le 11 avril 1525.)

Maindre ne m'a esté la peine, Monseigneur, de ne vous pouvoir asseurer de la doubte et sentement que vous avez eue de mon ennuy[2] que de seule le porter, comme à moy seule appartient. Mais puisque nostre Seigneur me donne l'occasion de vous escripre, ce m'est si grande consolacion que je vous ouse bien

---

[1] Le duc d'Alençon mourut à Lyon, le 11 avril 1525.

[2] Le trépas de son mari. Le duc d'Alençon mourut à Lyon, le 11 avril 1525, de honte et de désespoir d'avoir causé la perte de la bataille de Pavie, à ce que disent les historiens.

proumettre que maintenant ayant receu deux lectres de vous, suis remise et revenue en l'estat que vous me commandez. Car vostre parole a tel pouvoir et effet sus mon opinion obstinée, qu'elle convertit le regret du passé en desir estresme de voir l'advenir, espérant que celui qui m'a laissée aller jusques dans l'abisme me donnera la corde pour m'en retirer, qui ne peult estre que vostre desirée deslivrance; car je ne puis plus recevoir consolacion qui me seult toucher jusques au parfond du cœur que cete-là seule en l'espoir de laquelle vous soustenez la vie de la mère et de la sœur. Vous suppliant croire, Monseigneur, que ce qu'il vous a pleu luy mander par le mareschal[1] de voustre bonne santé et honneste continuel traitement, luy cousera la sienne, qui sans vous est ce que vous pouvez penser; et se porte très bien. Et ne doubtez, Monseigneur, que passé les deux premiers jours, que la contrainte me faisoit oblier toute raison[2], que jamais despuis elle ne m'a veue lerme à l'euil ny visaige triste; car je me tiendrois trop plus que malheureuse, veu que en rien ne vous fois service, que je fusse occasion d'empescher l'esperit de celle qui tant en fait à vous et à tout ce qui est de vous. Mais tout ce que je puis penser pour luy donner recréation, croyez, Monseigneur, que je le foy; car je desire tant de vous voir

---

[1] De Montmorency; le Roi l'avait fait mettre en liberté, et s'était chargé de payer 10 000 écus pour sa rançon. (Voyez *Rec imp.*, t. I, p. 213 et 258.)

[2] Tout le monde s'accorde à dire que madame d'Alençon n'aimait pas son mari, cependant on voit ici qu'elle l'a pleuré.

tous deux ensemble contans, que, espérant en Dieu avoir bientost ce bien, ne veult et ne peult à aultre chose penser

Vostre très humble et très obéissante subjecte et seur MARGUERITE.

[Ms. n° 115.]

LETTRE V.

AU ROI, A PIZZIGHITONE.

(Lyon, mai 1525.)

Monseigneur, plus l'on vous eslongne de nous [1], et plus me croist la ferme espérance que j'ay de vostre deslivrance et bref retour; car à l'heure que le sens des houmes se trouble ou desfault, c'est à l'heure que Nostre Seigneur fait son chef d'œuvre, coume celuy qui de tout bien veult avoir seul la gloire et l'honneur. Et nonobstant que nostre confiance est du tout en sa bonté et puissance, si ne laisse l'on riens à prouvoir par la vertu qu'il donne à Madame de sagement penser et connoistre tout ce qui se peult faire pour vous et vostre réaulme; n'estimant toutesfois que peine, labeur, force ny prudence y fasse riens, sinon la voulenté de Dieu, qui plus vous aime que nous, car il est nostre premier et souverain père. Et si maintenant il vous despart de l'esperience des peines qu'il a portées pour vous, vous donnant d'aultre part la grace de les porter pacientement, je vous supplie,

[1] Charles de Lannoy était sur le point de transporter son prisonnier en Espagne.

Monseigneur, croire sans riens en doubter que ce n'est que pour esprouver combien vous l'aimez, et pour vous donner le loisir de penser et connoistre combien il vous aime; car il veult avoir votre cueur entièrement, comme par amour vous a donné le sien, pour, après vous avoir unny à luy par tribulacion, vous deslivrer à sa gloire et vostre consolacion par le mérite de sa victorieuse résurrecsion, afin que par vous son nom soit congnu et sanctifié, non seulement en vostre réaulme, mais par toute la cristienté jusques à la conversion des infideles. O que bienheureuse sera vostre brefve prison, par qui Dieu tant d'ames deslivrera de celle d'infidélité et esternelle damnacion! Hélas! Monseigneur, je say bien que vous l'entendez trop mieux que moy; mais veu que en aultre chouse je ne pense que en vous, comme celuy seul que Dieu m'a laissé en ce monde, père, frère et mary [1], ne pouvant avoir le bien de le vous dire et peu escripre, n'ay craint vous ennuyer de longue lectre, que tant m'est courte, pour le bien que ce m'est de penser parler à vous. Mais, pour la fin, vous veux bien asseurer que Madame est en très bonne santé en ce lieu des Celestins [2], où elle s'est guérie du tout et fortifiée de sa goutte; et va souvent au jardin, afin que gardant sa santé, faisant chose à vous agréable, elle ne faille aux affaires dont la fin est tant desirée, et dont sans cesser en supplions le Roy celeste en la main duquel est la clef de vostre liberté.

[1] Le duc d'Alençon venait de mourir.
[2] Couvent de Lyon.

Vous assurant, Monseigneur, que s'il luy plaisoit s'accorder à nos demandes, il y auroit des vies données de bon cueur pour vous deslivrer; et de la sienne où trop auroit de gain en auroit bientoust fait joyeux sacrifice

Vostre très humble et très obéissante subjecte
et seur MARGUERITE.

[Ms. n° 118.]

LETTRE VI.

AU ROI, EN ESPAGNE [1].

(Mai 1525)

Monseigneur, j'ay, par l'écuyer Presilles, receu deux lettres de vostre main, etc. (Voyez *Rec. imp.*, t. I, lettre 27, p. 178).

LETTRE VII.

AU ROI, A MADRID.

(Juin 1525.)

Monseigneur, ensuivant ce qu'il vous a pleu mander par le mareschal de Montmorency, Madame m'a commandé faire le voyage [2], à quoy je mettray peine d'estre bien toute preste à partir, coume plus au long vous dira ledist mareschal, et me tiendray trop tenue

---

[1] François Ier arriva à Madrid au commencement de juin.
[2] D'Espagne.

à Nostre Seigneur si par ce moyen estoit son contentement satisfait de vostre deslivrance. Mais, Monseigneur, vous savez que le chemin est long, et vous connoissez ma force. Par quoy ayant peur de n'y estre sitoust que je le desire, vous supplie très humblement coumander à vos ambassadeurs de faire en sorte que je puisse savoir à quelle fin peuvent tomber vos affaires, sans les retarder en riens pour ma venue, qui ne sera fondée seulement que sur le desir que Madame y a. Puisqu'elle ne vous peult donner la consolacion de sa veue[1], il luy plest que je soye si heureuse que de m'y envoyer. Je ne vous diray point combien cete obéissance à tous deux m'est agréable, car vous savez, Monseigneur, que ce ne peult estre assez selon mon obligacion et desir. Suppliant celuy en quy gist l'espoir de tout nostre bien me donner la grace que je face chose satisfaisant vos deux esperits, quy ne sont que ung, soubs l'obéissance duquel veult vivre et mourir

   Vostre très humble et très obéissante subjecte
  et seur   MARGUERITE.

[Ms. n° 113.]

[1] Le Roi avait prié sa mère de le venir voir en Espagne : « Parquoy je vous supplie croire que Dieu fet tout pour le mieus, et vous en venir bientoust, car jamais n'eust tant d'anuye de vous voir qu'à cete heure vostre très humble et très obéyssant fils Françoys. »(F. Béth. Ms. 8506, fol. 1.)

LETTRE VIII.

AU ROI, A MADRID.

(Lyon, juin ou juillet 1525.)

(Le départ de madame d'Alençon pour l'Espagne venait d'être décidé.)

Monseigneur, avant cete lectre, vous aurez seu par le mareschal de Montmorency la diligence que Madame a faite pour m'envoyer devers vous, quy a esté telle, que plus toust n'eust peu estre pour y aller, ainsin que l'entendez, coume j'espère vous dire le plustoust que mer et terre pouront estre passés[1]; suppliant le Tout puissant ne me laisser retourner sans voir la fin que vous deux en desirez, et ne me rendre si indigne de vous fere service que par moy il y ait faulte. Car nonobstant la seureté que j'ay de mon cueur et affecsion, si ne puis je perdre la crainte de mon insuffisance; qui me fait du tout recourir à celuy qui peult, s'il luy plest, faire estre de riens quelque chose, et de glace feu ardent.

Vostre très humble et très obéissante subjecte et seur MARGUERITE.

[Ms. n° 137.]

[1] Elle ne partit qu'au mois d'août. (Voyez *Rec. imp.*, lettre 29, p. 182.)

LETTRE IX.

AU ROI, A MADRID.

(Lyon, juillet 1525.)

Monseigneur, je me remettrois sur la suffisance de ce porteur [1], si ce n'estoit la peur que j'ay que l'aise qu'il aura de vous voir le mettra hors de son role; car je ne vis jamais houme tant presser et advancer son allée, que je ne treuve estrange, veu que le bien de vous voir est digne d'oublier toute aultre chose pour y parvenir; qui me fait avoir sur luy trop plus d'envie que de pitié, attendant pour mon reconfort l'heure heureuse où avecques saufconduit, suivant vostre coumandement, l'on me die icy partez. Mais jusques à là ne seray sans doubte que mon indignité ne mérite tel bien, nonobstant que mon désir est suffisant de l'avoir. Parquoy, Monseigneur, je vous supplie, si Dieu me fait cete grace de pouvoir vous aller voir, me daigner mander ce qu'il vous plera que je fasse et ceux que je meneray; car vos bons serviteurs ont tant d'envie de vous voir, que chescun me prie d'y aller, comme plus au long il vous plera ouïr de Monpezat. Et aussy par luy saurez de la santé de Madame, que la goutte hier et ennuist a voulu assaillir au pied et au genoul; mais l'aise que lui donne l'espoir de bientoust vous voir en liberté a vaincu la douleur, et n'a que ung

---

[1] Montpezat. Il est nommé plus loin.

peu d'enfleure. Mais elle fait si bonne chère, que je ne la plains de nul mal; car il n'est pas tel que voulontiers elle ne me chassast pour vous fere service; ce que je désire, mais, Monseigneur, c'est si fort, que pis ne peult avoir que d'en perdre le moyen

Vostre très humble et très obéissante subjecte et seur   MARGUERITE.

[Ms. n° 134.]

LETTRE X.
AU ROI, A MADRID.

(Lyon, août 1525.)

Monseigneur, où va ce porteur, ma lectre ne sera que pour vous supplier croire qu'il a veu et entendu, tant de la bonne tante, de Madame que de vos enfans et de tout ce qui se peult escripre, la vérité; en sorte que donnant lieu à sa créance, me tairay, espérant que celui qui me fait partir pour aller devers vous me fera la grace de pouvoir parfaire le voyage, jusques à l'effet d'estre au lieu où je vous puisse bien au long conter toute la charge que Madame me baille; qui, pour plus m'advancer de partir, prent la peine de me mener cinq ou six jours sur le Rosne. Et s'il luy estoit possible de lesser aller son corps à sa voulenté, la mer l'auroit bientoust portée où je voys; mais l'amour qu'elle vous porte la contraint de demeurer contre le coumandement qu'elle¹ luy fait de desirer vous voir;

¹ *Elle*, cette amour.

qui n'est sans la peine que vous seul, Monseigneur, pouvés penser. Toutesfoys, le seur espoir qu'elle a de vostre brefve deslivrance luy fait trouver toute chose impossible bien aisée, avecques une telle attente et desir, que je suis seure que Nostre Seigneur ne luy retardera plus sa continuelle demande. En quoy se tient si heureuse d'estre moyen, que, après ung tel bien, viengne la mort quant il luy plera; pour telle occasion la tiendra à vie et désiré repous

Vostre très humble et très obéissante subjecte et seur MARGUERITE.

[Ms. n° 125.]

LETTRE XI.

AU ROI, A MADRID.

(Aigues-Mortes, le 27 août 1525.)

Monseigneur, ce porteur vous dira coument le ciel, la mer et l'opinion des houmes ont retardé mon partement [1]. Mais celuy seul à qui toutes choses rendent obéissance a donné temps si bon qu'il a rompu toutes diffigulté; et ceux qui faisoient les doubtes arsoir, ce matin m'ont conseillé partir, ce que je fois [2] avecques tel desir de vous voir que vous, Monseigneur, le pouvez penser. Et si j'ay retardé, ayant

[1] Voyez *Rec. imp.*, t. I, lettre 29, p. 182.
[2] Elle s'embarqua à la fin d'août; le 27, elle date encore d'Aigues-Mortes une lettre à Montmorency, mais elle paraît, comme dans celle-ci, écrire au dernier moment de son séjour.

entendu quel temps nous avons eu, m'escuzerez de la longueur qui plus que nulle chose me desplaist; car il me tarde tant que je ne vous voy, et tant et tant je le desire, que, remettant à le vous pouvoir dire, m'en tairay. Vous suppliant, Monseigneur, regarder que mon sauf conduist est fort mesgre; et si vous voyez qu'il soit bon de l'avoir plus ample, le me faire tenir à Barcelonne. Mais je ne lesseray, ne pour la seureté ne pour la mer doubteuse en ce temps, d'aller avant jusques au lieu où je vous pouray voir; car peur de mort, prison ou quelque mal que ce soit me sont maintenant si acoustumés, que je les tiens à liberté, vie, santé, gloire et honneur, pensant par ce moyen participer de vostre fortune que bien voudroit toute seule porter

Vostre très humble et très obéissante subjecte
et seur Marguerite.

[Ms. n° 127.]

LETTRE XII.

AU ROI, A MADRID.

(?Barcelone, — septembre 1525.)

(Immédiatement après son débarquement en Espagne. Elle arriva à Madrid à la fin de septembre.)

Monseigneur, si je me fie à ce porteur de vous savoir bien dire le bon recueil et l'honneur que l'on m'a fait en cete ville, tant du cousté du visroy ¹ que de tous les seigneurs et dames, si ne m'y veux je fier de notre voyage de mer, car je croy que despuis l'entrée de la galère jusques au saillir ², le mal qu'il a eu luy doit avoir fait oblier toutes choses, non seulement luy, mais tout le surplus, hormis le seneschal et moy. Car le desir de vous voir n'a voulu souffrir nouvelle peine en moy, qui ne sera mise à fin jusques à ce que Dieu me fasse si heureuse que de vous voir, ainsin que vous le desirez. A quoy m'a donné bonne espérance, Brion que je trouvay à Palamone, où je pris terre pour le souper seulement; ce que n'ay fait despuis le partir d'Aigues Mortes. Et croy, Monseigneur, que Dieu voulust que je me misse à terre, car sans cela je ne l'eusse trouvé. Vous pouvez penser quel plesir ce m'a esté d'avoir vu et entendu ce qu'il vous plest mander à Madame, tant pour la consolacion que je say que ce luy sera, que pour le seur espoir que je prens sur ces paroles en votre brefve deslivrance. Je le despesche soudain pour ne fere perdre, pour mon plesir à l'ouir parler, le bien que Madame recevra de sa venue. Or, Monseigneur, je ne vous en diray plus, mais je me diligenteray de sorte que bientoust vous diray le surplus. Et des bonnes voulontés que je connois, et de plusieurs aultres choses, je le remets sur celuy que, si le corps suivoit l'affection, seroit et longtemps a, bientoust devers vous. Mais sur sa diligence,

---

¹ Charles de Lannoy, vice-roi de Naples.
² Elle s'était embarquée à Aigues-Mortes, et n'avait mis pied à terre qu'à Palamone.

bien que j'en soye en chemin, ne se peult tenir d'avoir envie

Vostre très humble et très obéissante subjecte et seur MARGUERITE.

[Ms. n° 8.]

LETTRE XIII.

AU ROI, A MADRID.

(Sur la route de Madrid, septembre 1525 [1].)

Monseigneur, où va ung tel serviteur, ne vous doy empescher d'ouïr de luy toutes choses plus au long que ma lectre ne les vous pourroit desclairer. Toutesfois ne me gardera sa suffisance de vous supplier très humblement croire que quoy que ce puisse estre, jusques à mettre au vent la cendre de mes ous[1] pour vous fere service, rien ne me sera ny estrange, ny difficile, ny pénible, mais consolation, repous et honneur. Et à cete heure, Monseigneur, je sens bien quelle force a l'amour que Nostre Seigneur par nature et connoissance a mise en nous trois[2]; car ce que je

---

[1] Une des élégances du langage de la cour consistait à substituer le son *ou* au son *o*; ainsi les courtisans disaient *chouse, j'ouse*, pour *chose, j'ose*. Henri Estienne, dans ses dialogues *du langage françoys italianisé*, raille vivement ce ridicule dont il attribue l'invention aux mignons de Henri III. Cet abus, comme celui de dire *j'allions, je venions*, était beaucoup plus ancien et remontait à la jeunesse de François I*er*.

[2] Louise de Savoie, François et Marguerite. Le cardinal Bibiéna les appelait *la Trinité : che scrivere a Luisa di Savoie era come scrivere alla stessa Trinita.* (MOLINI, *Docum. inéd.*, t I, 75)

pensois impossible en ne regardant que moy, m'est aisé en la mémoire de vous ; qui me contraint desirer pour vostre bien ce que pour mourir n'eusse voulu pour mon repous. Suppliant celuy qui m'a donné estre ne le lesser si inutile qu'il ne serve à la deslivrance pour laquelle estime toute servitude gracieuse liberté

   Vostre très humble et très obéissante subjecte et seur   M<small>ARGUERITE</small>.

[Ms. n° 122.]

LETTRE XIV.

AU ROI, A MADRID.

(De Tolède, octobre 1525.)

Monseigneur, plutoust ne vous ai je voulu escripre, etc. (*Rec. impr.*, T. I, lettre 33, p. 188.)

LETTRE XV.

AU ROI, A MADRID.

(Madrid, dans les premiers jours de novembre 1525.)

Monseigneur, je ne puis assez louer Nostre Seigneur de la grace qu'il lui plest faire à vous et à tous ceux qui desirent vostre deslivrance, par ce qu'il vous a pleu par Langers ¹ m'escripre; qui m'est tel plesir

¹ Langey (Guillaume du Bellay sieur de), compagnon de captivité du Roi

que vous seul pouvés sentir. Parquoy, Monseigneur, si ainsin est que le Tout Puissant et non mains bon nous visite de sa miséricorde après la penitence, et vous mette en liberté, je vous supplie, Monseigneur, mais c'est du cœur que vous connoissez, me fere le bien de me rendre par un desiré contremandement l'aise que je perdis quant vous me commandastes, contre votre voulonté et la mienne, vous eslongner et partir. Car l'ennuy que la contrainte me fist prendre en pacience doit bien croistre au double, s'il ne vous plest, veu qu'il est si aisé révoquer mon dur arrest [1]. J'escrips à monsieur d'Embrun et baillif de Paris [2] vous presenter ma lectre et vous monstrer la leur, où plus au long mets les raisons qui me semblent raisonnables; vous suppliant, Monseigneur, la daigner voir, et si je dis vray, ne me refuser place de laquais auprès de vostre litière. Aussy, Monseigneur, si vous avez advisé aultre chose et que je puisse faire en France davantaige que le mareschal de Montmorency, je suis preste à obéir; mais il me semble que après qu'il aura dist à Madame vostre intencion, qu'elle n'aura que tarder à partir pour vous trouver, avecques vos enfans et ostaiges; et si elle attent ma venue, ce sera une grande longueur. Toutesfois, Monseigneur, que pensant y servir pour vous de peu, et l'estresme chemin et peine que seule j'ay à porter, je vous dirays voulontiers : *Si possibile est, transeat à*

---

[1] La résolution de la renvoyer en France. On voit que Marguerite n'etait guère disposée à partir.

[2] Georges d'Armagnac. Jean Delabarre.

me calix; mais si vous voyez que je parle ingnorant vostre deslibération, et qu'il vous plese que aultrement soit, remettant le tout à vostre bonne raison où j'ay tousjours veu vérité, va dire, pour n'en parler plus, *fiat vouluntas tua*

Vostre très humble et très obéissante seur

MARGUERITE.

[Ms. n° 86.]

LETTRE XVI.

AU ROI, A MADRID [1].

(Novembre 1525.)

Monseigneur, tout à cete heure j'ay receu de Madame ce qu'il vous plaira voir, en quoy vous entendrez la grace que Nostre Seigneur luy fait de porter toutes chouses si pacientement et vertueusement, pour le desir qu'elle a de ne vous faillir en deffaillant; dont nous avons cause de louer celuy qui luy donne cete force.

Monseigneur, vous verrez le chiffre où elle me mande mon retour devers elle ne se faire [2], mais elle

[1] Marguerite venait de quitter son frère, et reprenait la route de France. Selon Ferreras (t. IX, p. 51), elle partit de Madrid le 28 novembre; mais cet historien se trompe certainement, puisque Marguerite date du 20 novembre une lettre à Montmorency, écrite d'Alcala, après la séparation du frère et de la sœur. (Voyez *Rec. imp.*, lettre 37, p. 195.) On peut croire qu'elle partit le 15 ou le 18 du mois de novembre.

[2] Il paraît manquer quelque chose à cette phrase obscure. Marguerite est sujette à passer des mots.

ne pensoit estre possible vostre apointement; car, comme elle escript, si ils estoient délibérés de vous tenir en pratique sans conclusion, mon retour porteroit effet pour contenter l'Anglois et l'Italie; mais si une fois vous estiez party pour aller en France, et qu'il fallust que Madame allast mener vos enfans en Guyenne, je serois aussy toust retournée devers vous que de la pouvoir atteindre sans retarder la diligence qui luy est necessaire. Par quoy, Monseigneur, attendant savoir si, selon les affaires que despuis mon partement vous avés eus, vous connoissez ma diligence estre aussy bonne que Madame la treuve du cousté de France, je feray mes journées acoustumées, qui sont ce qui se peult; car, en quelque lieu que je soye, vostre commandement et le sien me feront advancer ou retarder. Vostre saige et bonne voulenté soit par moy aussy bien accomplie que j'en ay le desir. Vous suppliant, Monseigneur, commander que ce porteur fort diligent me soit renvoyé, tant pour entendre ce qu'il vous plaist que je fasse, que pour en advertir Madame, qui trouvera toutes choses bonnes fondées sur la seureté de votre santé et l'espoir de bien toust vous revoir. Dont va supplier Dieu la rendre par vostre brefve deslivrance contente

   Vostre très humble et très obéissante subjette
  et seur   M<small>ARGUERITE</small>.

[Ms. n° 1.]

LETTRE XVII.

AU ROI, A MADRID.

(Alcala, 19 novembre 1525 [1].)

Monseigneur, ayant tousjours devant les yeux l'estat où je vous ay lessé, il vous plera me pardonner si le desir que j'ay de savoir comme se porte votre santé ne me laisse passer ce lieu sans vous escripre; car vous savez que loing de vous ne puis mieux avoir; vous suppliant, croire, Monseigneur, que si vous estes bien, que tous vos amis le seront. Par quoy il vous plera prendre peine à vous divertir de penser autant de choses ennuyeuses comme l'on vous en donne d'occasion; car je vous proumets, Monseigneur, que je tiens votre deslivrance plus brefve que je ne fis onques, vu la raison, (voire et desraison), là où vous vous mettez pour acheter le bien de la paix. Mais celuy qui en est le Dieu la vous donnera, mais qu'il vous plese en bonne foy et espoir de luy ne vous ennuyer; et ce qu'il en viendra, soit pis ou apparence de bien, pour l'honneur de Dieu, Monseigneur, que incontinent je l'entende, pour advancer ou retarder mon chemin; car vous savez et sentez qui je suis et que je desire. Qui m'en fera taire, vous recommandant ce porteur, qui, j'estime, vous sera bon serviteur, par lequel j'escrips comme, s'il vous plest, voirez. Il vous dira de cette

---

[1] Voyez *Rec. imp.*, t. I, lettre 37.

première journée, où j'ai trouvé l'homme du duc de l'Infantade [1], qui m'a dist que demain la sœur, le fils et les filles m'attendent au Godelajarre [2] : mais le duc n'y sera point, et ne say si j'ouserai passer par luy, pour des raisons que jespère vous escripre demain [3]. Vous requérant, Monseigneur, fere la millieure chère que vous pourrez, car Dieu est pour vous, vu que sa parole est véritable, qui proumet estre avecques ceux qui sont en tribulacion, où je vous voy de tous coustés environné. Doncques vous tient-il compaignie, et, j'en suis seure, qui est si bonne, que à la fin il deslivre son compaignon ; de quoy très humblement le supplie, baillant de bon cueur son ame en ostaige

Vostre très humble et très obéissante subjecte
et seur MARGUERITE.

[Ms. n° 2.]

LETTRE XVIII.

AU ROI, A MADRID.

(Fin de novembre 1525.)

Monseigneur, à ce soir ay receu des lectres de Madame, comme il vous plera voir, et n'ay craint de

---

[1] Don Inigo, Lopez, Hurtado de Mendoza.

[2] A Guadalaxara. (Voyez *Rec. imp.*, t. I, lettre 38.)

[3] Probablement elle craignait de compromettre le duc · « Au regart « des hommes, ils ne sont pas icy.... Le duc a esté adverty de la cour « que, sus tout ce qu'il desire complaire à l'Empereur, il ne parle à « moy, ny son fils. Mais les dames ne me sont defendues, à qui je par-« leray au double. » (A MONTMORENCY. *Premier Recueil*, t. I, lettre 38.)

voir les vostres¹, pour participer à ce que vous en sentirez; car il vous a plu, oultre l'heur d'estre vostre seur, me donner seureté d'estre vous mesme. Vous voirez, Monseigneur, par ce que Madame mande, deux choses qui vous doivent fort consoler : l'une sa bonne santé, comme vous voirez que chascun escript; et l'aultre, l'espoir qu'elle a à vostre deslivrance. Par quoy, Monseigneur, je vous supplie pour l'honneur de Dieu vous fortifier et resjouir, et croire que celuy qui vous a ressuscité contre l'opinion des médecins, vous deslivrera quand tout secours vous semblera failly. Car la grace seule que Dieu vous a donnée est suffisante pour vous tirer du purgatoire d'Espaigne. Croyez, Monseigneur, que je languis pour le desir que j'ay d'entendre sy vous aurez riens de bien du cousté de celuy qui doit venir devers vous². Et la crainte de non n'est maindre que l'espoir d'ouy, pour leur accoustumée dissimulacion. Et voyant que je n'ay peu, et encores mains puis vous y servir, ne say que dire, sinon, attendant à petites journées la misericorde du Tout Puissant, luy supplier regarder la pacience qu'il vous a donnée en vostre estresme tribulacion. Et si vous y voyez quelque bonne apparence, pensez, je vous supplie, Monseigneur, que je ne suis que à vingt heures de vous, si preste à vous ramener une litière bien bonne, comme vous escript le grant escuyer, que en dormant vous pourrois ramener à vos amis. Et me semble, Monseigneur, que vous n'aurez mains

¹ *Les vostres*, c'est-à-dire celles qui vous sont adressées.
² Charles Quint.

d'honneur à me fere retourner, que le bonhomme de Tours de sa pierre; car ce que deux mules ne peuvent tirer en vous eslongnant, ung cheval en poste le vous mèneroit bientoust. Je vous requiers, Monseigneur, de tout mon cœur, n'espargner de convertir le triste et pis que ne puis dire repous en joyeux labeur et travail bien heureux de celle qui entièrement vous est

Très humble et très obéissante subjecte et plus que seur   Marguerite.

[Ms. lettre 10.]

LETTRE XIX.

AU ROI, A MADRID.

(De Guadalaxara [chez le duc de l'Infantado], fin de novembre 1525.)

Monseigneur en ce lieu j'ay seu coume vous avez pris vostre médecine, non sans regret que je n'y ay esté, mais l'impossible me contraint à baisser la teste et supplier nostre Seigneur vous satisfaire de mon desir et devoir. Le louant de ce que l'on m'escript que vostre santé est bien, nonostant que j'entende bien quel bien c'est, car je le sens plus vivement que par lectre l'on ne le me peult desclairer. Car jusques à ce que je saiche quelle response vous aurez eue de l'Empereur, je ne me puis asseurer. Vous suppliant, Monseigneur, quoy qu'il en viengne, que vous veuillez le prendre aussy vertueusement que vous pouvez espérer en la bonté de Dieu, qui tant et en tant d'estremité vous a aidé. Vous asseurant, Monseigneur, que j'ay en luy ferme fiance que si vous estes refusé des offres plus que raisonnaibles que vous leur faites, qu'il vous donnera grace de trouver aultres moyens, selon vostre coumandemant, par lesquelz nous abregerons vostre pacience. Car il n'est possible que la véhémence de nostre pacion et affecsion, fondée sur le tort que l'on vous tient, se peust dissimuler, veu que ceux quy n'y sont obligés que pour vous avoir veu sont pacionnés pour vous, coume la bonne seur du duc[1], que j'ay veue tout ce soir, qui m'a priée baiser vos pieds et mains de sa part, et qu'elle priera tant Dieu qu'il vous deslivrera. Je n'ay veu nulle de ses uiepces, car la comtesse est grosse; les aultres, malades. Mais demain, avant partir, les iray visiter; car je ne feray que quatre lieues, attendant de vos nouvelles, afin que s'il est besoing je puisse plus toust retourner à vous. Et si je ne puis, je feray si bonne diligence que j'espère en Dieu ne faillir à vous servir par aultre moyen. Le suppliant le nous donner tel à son honneur que bientoust vous puisse revoir ainsin que le desire et sans cesser veult desirer

Vostre très humble et très obéissante subjecte
et seur MARGUERITE.

[Ms. lettre 110.]

[1] De l'Infantado. (Voyez la note 2, t. I, p. 195, et la lettre 38, p. 197.)

LETTRE XX.

AU ROI, A MADRID.

(20 novembre 1525.)

Monseigneur, plus je voys en avant et plus je sens l'eslongnement de vostre veue, qui à grant peine se soutiendroit, si le desir de vous obéir et fere chose plus necessaire pour vostre service que ma demeure ne me donnoit force de le porter. Mais ce seul regard, avecques la seureté que j'ay de vostre bonne grace et tant desirée santé, me contraint, contre mon vouloir, vouloir ce que vous voulez et me diligenter; ce que j'espère fere en sorte que, s'il est possible, je trouveray Nouel à Nerbonne; et pour cete cause, ay aujourd'huy doublé ma journée; et demain, qui est la Nostre-Dame [1], feray cinq lieues sans subjourner que je ne soye en vostre terre. Et pour tout le secours que je vous demande en ce long et fascheux chemin, je vous supplie, Monseigneur, que vous mettez peine de vous esjouir et fortifier le plus que vous pourrez, sans prendre riens à cueur qui puisse empescher le bon coumancement de santé où (sic) par tous ceux qui sont venus et qui m'ont escript, j'ay seu que Nostre Seigneur despuis mon partir vous a donné; dont la louange à jamais luy en soit rendue, car c'est assez pour moy penser lesser ung tel frère, encores que vous

---

[1] La présentation de Notre-Dame, le 21 novembre.

feussiez sain, sans avoir la doubte de vous eslougner malade. Mais celuy qui vous donne la pacience vous donne la guérison, et à moy, oste la partie de ma peine qui estoit importable, et, qui plus est, nous donne espoir de vostre liberté, qui est la deslivrance de tous ceux qui vous aiment, desquels la prison est plus fermée et obscure, tant plus l'on est aux chans (*sic*) loing de Madrid. Je suis seure, Monseigneur, que si vous prenez quelque conclusion bonne, que ne la me retiendrez gueres, car vous savez que c'est le plus grant bien qu'espère avoir en son voyage

Vostre très humble et très obéissante subjecte et seur MARGUERITE.

[Ms. n° 126.]

LETTRE XXI.

AU ROI, A MADRID [1].

(2 décembre 1525.)

Monseigneur, pource que vous saurez la venue de Don Hungues [2], ne vous en diray aultre chose; mais de peur que vous entendez par aultruy le mal que Madame a eu, vous en veux bien asseurer de la vérité, qui est que, après avoir eue la goutte au genouil et aux deux piedz, non avecques les douleurs estremes

---

[1] Voyez t. I, p. 201, la lettre 41, qui paraît avoir été écrite le même jour que celle-ci.

[2] Don Hugues de Moncade, qui fut vice-roi de Naples après Ch. de Lannoy.

qu'elle souloit avoir, la seureté qu'elle a reçue de vostre bonne santé luy a redonnée la sienne ; en sorte que maintenant elle est sans douleur, plus preste à recommencer son acoustumé labeur qu'elle ne fust oncques, espérant que Nostre Seigneur nous fera la grace qu'il ne sera sans fruist; luy suppliant pour le plus desiré desir que je puis avoir en ce monde, me fere digne de vous y servir; qui est la seule cause qui me fait desirer vie et force et santé, car la mort après avoir fait chose qui vient au bien que je desire, me seroit tant heureuse, que je la tiendrois double vie. Et attendant l'heur que je say n'avoir envers Dieu mérité, ne cessera le supplier, ainsin qu'il a mis son seul filz médiateur de luy et de nous, envoier le moyen de paix à sa gloire, vostre honneur, et consolacion de tous ceux qui vous aiment. Du quel nombre, à vous qui luy estes frère, père et mary, se tient la plus obligée par son affecsion

   Vostre très humble et très obéissante subjecte
   et seur   M ARGUERITE.

[Ms. n° 107.]

LETTRE XXII.

AU ROI, A MADRID.

(Siguenza, — 3 décembre 1525.)

Monseigneur, ce gentilhomme m'a promis bientoust retourner devers vous, qui me fait par luy vous es-

cripre, afin qu'il vous plese estre asseuré que la santé
que vous m'avez commandée de garder m'a jusques icy
acompagnée et fera, mais que souvent je puisse estre
asseuré de la vostre; car vous savez combien elle me
touche.

Monseigneur, il vous dira l'honneste traitement que
m'ont fait madame Bryante [1], la comtesse de Sardai-
gne [2] et les filles du duc, et le présent de ces mulles,
qui sont si belles et bonnes que je voudrois les vous
avoir fait essayer de Madrid à Lyon. Mais j'espère,
Monseigneur, que Nostre Seigneur y prouvoira mieux
que je ne puis desirer, par quoy, remettant le tout à
luy, ne veux plus penser que à l'en supplier et fere
ce que m'avez commandé en France. Mais le temps et
les chemins ne veulent que je m'eslongne de vous que
à petites journées; car il y a si loing, que gens et
bestes me fauldroient. Je voys coucher à Médine [3], où
je pense trouver Brion, et ne fauldray à le vous diligenter. Mais j'ay entendu que pour les choses qu'il
vous porte et pour le malaisé chemin, il ne se peult
advancer; qui me fera, après mes très humbles recommandacions à vostre bonne grace, fere fin; suppliant

[1] Briande, ou Chimène de l'Infantado, fille du duc. On pretend
qu'elle aima passionnément François 1er, et que dans la douleur de
son absence, elle se fit religieuse en 1526. Elle fonda le monastère de
la Piété, à Guadalaxara.

[2] Lisez *de Saldagne*. C'est la sœur du duc de l'Infantado.

[3] A Médina-Celi. Elle y coucha le 3 décembre. (Voyez *Rec. imp.*,
t. I, lettre 42, p. 202) Médina-Celi est à six lieues de Siguenza; or on
voit par plusieurs de ses lettres que Marguerite faisait au plus cinq à
six lieues par jour.

celuy seul contre lequel ne vault force, conseil, ny malice, vous redonner à vos amis. Et vous supplie fere bonne chère à ce porteur qui m'a accompaignée et servie pour l'amour de vous, coume ung des vostres eust peu faire.

Vostre très humble et très obéissante subjecte
et seur MARGUERITE.

[Ms. n° 123.]

LETTRE XXIII.

AU ROI, A MADRID.

(Médina-Céli¹, — 3 decembre 1525.)

Monseigneur, le bien, l'honneur et l'aise que voustre lectre m'a donnée me rent si pleine de consolacion, que, en lieu de vous en mercier, comme je voudrois, je confesse que je ne le puis fere. Mais, Monseigneur, puisque je voy espoir en ce que tout le monde desire, et qu'il vous plest que je m'avance de trouver Madame, bien que l'eslongnement de vous me soit tel que vous, Monseigneur, le sentez, si ne m'est maindre le desir de vous obéir, veu qu'il plest au Tout Puissant vous

---

¹ Il y a dans le Recueil imprimé, deux autres lettres datées du 3 décembre, l'une de Médina-Celi, l'autre de Montréal. (Voyez t. I, lettres 42 et 43.) Celle-ci est du même jour, comme l'indique une circonstance qui se retrouve dans la lettre 43 du Recueil imprimé. Marguerite ne faisait par jour que cinq et quelquefois que trois lieues; dans les différents endroits où elle s'arrêtait, elle s'occupait à écrire à son frère ou au maréchal de Montmorency, et souvent à tous deux.

avoir mis hors de la necessité des litières. Et croyez, Monseigneur, que ce bon mot que vous me daignez escripre de bientoust pouvoir aller à cheval, m'a fait oublier la peine du fascheux chemin que j'ay fait; merciant le bon médecin [1] qui au pis vous donne le mieux.

Monseigneur, oultre les bonnes nouvelles qu'il vous a pleu m'envoyer, j'ay trouvé Brion, que j'ai ramené pour ce soir; lequel vous porte chose accordant à ce bon coumencement [2]. Par quoy vous connoistrez avoir occasion de tenir bon, et que vos geoliers seront contraints à parler plus bas. Car Dieu, qui sans leur peine les a mis hault, avecques la vostre les abaissera, s'il luy plest, jusques à vous faire saillir à vostre honneur et proufist. Brion vous porte chose par laquelle voirez que vostre mere n'a pas dormy. Par quoy je voudrois qu'il vous pleust attendre sa venue [3], dissimulant sans prendre conclusion. Car il vous dira ce que ne puis vous desclairer, qui vous sera fort agréable, et n'est possible de mieux demander de France, car il semble que Madame ait entendu ce que vous m'avez coumandé luy dire; ce que vous ne trouverez estrange, d'estre tous deux d'une opinion; car vous ne fustes oncques aultrement.

[1] Dieu.

[2] « Remettant le surplus à M. de Brion, lequel j'ay pour ce soir retenu, et désirerois fort qu'il ne se conclust aucune chose jusqu'à son arrivée par delà, pour raison que vous entendrez de luy. » (T. I, lettre 43, A Montmorency.)

[3] La venue de Brion.

Monseigneur, j'envoie Belanger ¹ devers Madame, luy porter vos bienvenues lectres, que, je suis seure, la rendra contente, et remettra hors de la peine que je ne doubte qu'elle a portée; car j'ay fait l'essay², et les ay trouvées si bonnes, que tout mon chemin s'en portera mieux, deslibérée de me diligenter de sorte que je feray Nouel à Narbonne, puisque l'espoir du retour ³ est converty si bien qu'il vous plest me coumander tirer avant pour vous fere service; car vous savez si de tout son cœur desire jusques à la mort vous en faire

Vostre très humble et très obéissante subjecte et seur MARGUERITE.

[Ms. n° 63.]

LETTRE XXIV.

AU ROI, A MADRID.

(Medina Celi, — ? 3 décembre 1525 ⁴.)

Monseigneur, je loue Nostre Seigneur qui vous donne tant de graces que de prendre toutes choses de sa main en sorte que, à ce que j'ay sceu, vostre santé se porte si bien que la créance m'en fait passer plus sainement mon long chemin; et si Dieu me fait la grace d'entendre quelque bonne fin et qu'il vous

---

¹ *Berangier* dans la lettre à Montmorency (t. I, p 204, lett. 43).
² C'est-à-dire, j'en ai pris lecture la première.
³ L'espoir d'être rappelée près du Roi.
⁴ Voyez *Rec. imp.*, t. I, lettre 42, p 102, à Montmorency.

plese me mander de retourner, vous savez bien de quel cueur, voulonté et diligence je vous obéirois; mais si leurs termes sont si haulx et difficiles qu'il ne se veulent accorder à vos raisonnables offres, je vous supplie, Monseigneur, unser[1] envers eux de la grace qui à peu coume à vous est donnée; car en leur tenant doulce et ferme parole, coume assez le savés faire, ils seront contrains à venir à vostre intencion, veu la necessité où Dieu les met. Je say bien, Monseigneur, que ce n'est à moy à vous conseiller; mais mon desir ne seroit content si je vous celois riens que je pense; car j'ai veu tant d'estrangeté en eux et de dissimulacion, que je crains tousjours la continuer, et me semble que s'ils vous veulent contraindre à chose si desraisonnable[2], que la pacience et retardement leur sera fort dommageable et à vous honorable; car vous savez coume va l'Italie et Angleterre, qui les contraignent de tous coustés à venir à vostre deslivrance. Mais, Monseigneur, quant tout est dist[3], mon principal soucy est de vostre santé que je doy bien avoir davant les yeux; vous suppliant la garder pour conserver celle de la mère et de la seur, et me fere ce bien que de m'en fere souvent entendre la vérité, qui me menera jusques au lieu où

[1] User.

[2] Probablement la cession de la Bourgogne qui faisait la principale difficulté entre le Roi et l'Empereur. Quelques historiens ont avancé que la duchesse d'Alençon avait persuadé à son frère de céder sur cet article, avec la résolution, une fois en liberté, de manquer à sa parole. On ne voit dans ces lettres rien qui ressemble à ce conseil ni qui y fasse allusion.

[3] Après tout.

par vous seray contremandée, ou du tout yray porter la créance qu'il vous a pleu me donner'. Par quoy jusques icy ay fait petites journées, et suis à cete heure pour partir de ce lieu de Médine, où je lesse le seigneur et la dame du tout affecsionnés pour vous ², et suis contrainte à faire plus grans journées jusques à Saragosse. Mais si vous prenez quelque bonne conclusion, je vous supplie, Monseigneur, quant ce seroit à Barcelone, ne faillir d'envoyer querir

   Vostre très humble et très obéissante subjecte
   et seur   M<small>ARGUERITE</small>.

[Ms. n° 106.]

LETTRE XXV.

AU ROI, A MADRID.

(Après avoir passé Sarragosse; vers le milieu de décembre 1525.)

Monseigneur, ainsin que je voulois despescher ce porteur, pour le desir que j'ay de savoir souvent de vos nouvelles et la doubte de votre santé, qui plus m'est importable tant plus je vous eslongne. Chasteauvieux est revenu, lequel fust despesché avant Babou, et m'a asseurée de la bonne guerison de Madame et que jamais il ne la vist en millieur estat. Vray

---

¹ L'acte par lequel François Ier abdiquait en faveur du Dauphin.

² Louis de La Cerda, duc de Médina-Céli, était gendre du duc de l'Infantado

est qu'elle a eu deux jours ung desvoyement d'estoumac, comme il vous plera voir par toutes les lettres qui m'ont esté escriptes, lesquelles j'envoye à Robertet pour vous monstrer, afin que ne soyez en la peine où, deux jours a, j'ay esté. Vous voirez, Monseigneur, ce qui est venu d'Angleterre et l'espoir d'Italie; et, pour votre passetemps, vous envoye une lectre de l'estat de vos enfans. Et s'il estoit possible de pouvoir faire plus ou mieux pour vostre consolacion et fere service, vous savez, Monseigneur, de quel cueur je y mettroys tout ce que Dieu m'a donné; mais ne vous pouvant servir aultrement pour cete heure que d'obéir, ay fait si bonne diligence, que, s'il plest à Nostre Seigneur me continuer la santé, je feray Nouel à Nerbonne, pour ne sejourner que je ne soye auprès de Madame à fere tout ce qu'il vous a pleu me commander.

Monseigneur, par les lectres qu'elle vous escript et à moy, vous connoistrez l'estresme desir que bien vous sentés qu'elle a de vostre deslivrance et de ma demeure avecques vous. Par quoy, voyant que je ne suis digne d'estre en vostre tant desirée et estimée compaignye, et que ainsin plest à Dieu pour ma penitence, au mains, Monseigneur, que mon absence n'empesche le principal, qui est vostre liberté, et qu'il vous plese voir que, après toutes dissimulacions et attentes, comme Madame dist, il vous fault avoir [patience], et si les honnestes offres que vous avez faites, et après la crainte que vous leur donnez, ne les fait parler autre langaige, je vous supplie, Monseigneur, mais c'est tant que très humblement je puis, qu'il vous plese, comment que ce soit, vous en venir [1]. Car le marché ne peult estre mauvais mais que nous vous voyons en France; et ne peult estre bon vous estant à Madrid. J'attens, non de maindre affecsion que de grant crainte, la conclusion que vous aurez prise avecques les envoyés de l'Empereur, connoissant leur façon. Et pour ce que, longtemps a, n'en ay eu nouvelles, ne puis estre sans peine, croyant que s'il y a bien, il vous plera ne me le celer, mais sus tout je crains quelque mal ou fiebvre. Vous suppliant, Monseigneur, s'il vous plest que je vive, me fere savoir comme vous estes et faire tout ce que Dieu vous mettra au cueur pour votre brefve issue, sans plus attendre leurs longues disimulacions.

J'ay trouvé deux courriers despuis Saragosse, venant d'Italie; parlant du siège de Milan; s'esbahissant fort comme je m'en retournois sans vous; disant asseureement que le marquis de Pescare et les capitaines ont escript que si l'on ne fait paix à vous, que l'affaire de l'Empereur s'en va perdu. J'ay aussy parlé à des personnes de gros estoffe [2], qui desirent que l'Empereur allast en Italie et vous laissast où vous estes, m'asseurant que bientoust seriez mis hors. Et n'eusse jamais pensé d'avoir trouvé tant de bonnes voulentés, qui accompaignent mon infortune avecques lermes

---

[1] Cette phrase paraît renfermer le conseil d'abandonner la Bourgogne, mais non pas celui de trahir la parole donnée.

[2] Probablement c'est la famille du duc de l'Infantado qu'elle venait de quitter à Guadalaxara. (Voyez *Rec. imp.*, t. I, lettre 38.)

fort affecsionnées¹. Mais quant tout est dist², le plus est, si vous voyez que votre pacience longue ne les fist parler mieux à votre advantaige, de ne vous arester à terre ny à enfans; car votre réaulme a besoing de vous pour l'amour que plus que jamais il vous porte. Et croyez, Monseigneur, que si je pensois que vostre longue demeure vous fust plus honorable, l'ennuy que j'ay de vostre peine ne me feroit point vous conseiller chose à l'encontre, connoissant vostre intencion; mais voyant combien vous estes nécessaire avecques vos amis et le peu que la longueur de la prison proufiterait à gaigner vos ennemis, je ne crains de vous fascher de longue lectre pour vous supplier, puis que je ne vous le puis dire, qu'il vous plese pour peu de chose ne demeurer à vous en venir. Tenant plus que jamais malheureuse ma litiere qui n'a eu le bien de vous rapporter, et encores plus de ne vous y tenir compaignye; suppliant celuy seul qui le peult et le veult, mettre bien tout à fin, ce que fermement en sa bonté espère

Vostre très humble et très obéissante subjecte et seur MARGUERITE.

[Ms. n° 9.]

¹ Elle écrit de chez le duc · « Je n'eusse jamais pensé voir compagnie si affectionnée, qui n'est grande consolacion » (T. I, lettre 38.)
² *Quand tout est dit*, expression qui revient souvent · *après tout*.

LETTRE XXVI.

AU ROI, A MADRID.

(Vers le milieu de décembre 1525.)

Monseigneur, remettant toutes choses sur la créance de ce seur porteur, tant de la santé de Madame, de messieurs vos enfans, que du bon estat en quoy est vostre réaulme, une seule vous veux bien dire, c'est que je vous supplie, ainsin très humblement que je dois et puis, qu'il vous plese croire que le plus grant bien, honneur et consolacion que me pouvez jamais donner, c'est qu'il vous plese ne penser que, pour servir à vostre desirée deslivrance, je seusse porter ne souffrir chose, quelque pénible quelle soit, que je n'estime le plesir que je puis avoir plus agréable. Et si connoissez que sus quelque point l'on fasse difficulté, ne pensez me fere ennuy de m'y fere servir non seulement de bien, mais d'empeschement de mal; et sur ce propos, il vous plera ne croire ce que vous en dira le sieur de Brion, car il glose tousjours mes paroles; mais je vous proumets la foy que à vous, comme frère, père, mary et mon tout en ce monde je doy, que tout ce qui se peult penser d'impossible, quant à moy m'est si facile, désirant vous fere service, que si ma vie allongée pour cette fin n'est employée, je l'estimeray pire que dix mille morts. Mais si Dieu me fait cete grace, en quelque façon qu'il luy plera, que je serve à vostre liberté, il n'y a peine qui après tel bien seult fere estimer aultre que bienheureuse

Vostre très humble et très obéissante subjecte et seur   MARGUERITE.

[Ms. n° 17.]

LETTRE XXVII.

AU ROI, A MADRID.

(Vers la fin de décembre 1525.)

Monseigneur, c'est trop pour moy d'honneur et de bien de voir qu'il vous plaise pour me mettre en repous prendre tant de peine que de m'escripre de vostre grant main, me donnant à connoistre qu'elle est du tout hors de la foiblesse où il vous plaisoit vous servir de la petite et indigne de si agréable office; qui me donne bien occasion d'en rendre à Dieu les très humbles louanges, et à vous merci; le suppliant que cete force qu'il vous a par sa bonté redonnée, soit employée bientoust pour la veue de vos amis, coume il vous plest m'en donner espérance, attendant ainsin que vous le sentez les nouvelles de la conclusion. Non que j'en doubte, voyant leur avantaige; car je croy que après avoir entendu les chouses d'Italie despuis la mort du marquis [1], il leur tardera bien d'avoir seureté de vostre amitié, qui les fera advancer à vostre deslivrance. Car

---

[1] De Pescaire (Ferdinand François d'Avalos), un des meilleurs capitaines de Charles V, mort à Milan, le 29 novembre 1525.

ils entendent bien que, sans ¹ avoir paix à vous, ils sont si mal que plus ne peuvent. Et plus je vois avant en leurs pays, et plus en ay connoissance. Mais celuy qui vous a retiré de la mort, s'il luy plest, vous amenera à ceux qui vous desirent plus qu'il ne se peult estimer, et où le gain de votre presence est si grant, le marché ne peult estre que bon, car il vous fault avoir, coume vous voirez par les lectres de Madame qu'elle vous desire. Et aussitoust que je suis arrivée icy, après avoir trouvé mon houme avecques vos lectres sus les champs, ay receu celles de Madame, qui semble suivre sans le savoir vostre intencion; car elle me mande qu'elle viendra à Tournon; mais je luy supplieray que pour l'amour de vous elle passe plus avant, esperant avant que elle et moy soyons au Pont Saint Esperist, que par vostre mareschal ², nous aurons nouvelles pour tirer à Toulouze, et pour n'y faillyr, espère estre samedy ³ à Narbonne, qui sont journées coume jeusnes, plus par commandement que par devocion et bien doubles; mais il fault se contraindre, oultre ce que vous m'avez mandé, pour des raisons que j'ai trouvées icy, assez rudes, coume plus au long j'escrips au baillif ⁴ pour le vous dire. Vous suppliant, Monseigneur, croire que, mais qu'il vous plese sou-

---

¹ *Sans*, pour *à moins de*, revient très-souvent dans le style de Marguerite.

² De Montmorency.

³ Le 21 décembre, le jour de Noel fut un mercredi.

⁴ Au bailly de Paris, Jean Delabarre, compagnon de captivité du Roi.

vent commander que je sache coume vous vous portez, il n'y a peine ny travail qui ne soit si aisé à porter que le temps et le chemin passé pour l'amour de vous n'estimera qu'un bien aisé proumenouer

Vostre très humble et très obéissante subjecte et seur   MARGUERITE.

[Ms. n° 109.]

LETTRE XXVIII.

AU ROI, A MADRID.

(Beziers, janvier 1526.)

(Après la rentrée en France de madame d'Alençon[1].)

Monseigneur, j'ay attendu jusques en ce lieu de Beziers, où je suis ce soir arrivée, de vous mander comme j'ay fait le Nouel à Narbonne, attendant avoir nouvelles de Madame, sans lesquelles ne vous ouserois nuluy envoyer. Mais, Monseigneur, ce porteur meismes qui les m'a aportées, je vous l'envoye afin que vous entendez le bon estat où nostre Seigneur la vous garde, et le demeurant de votre réaulme, qui m'ont pour l'entrée de cete frontière receue comme le Batiste de Jésus-Christ. Et, de ma part, ne leur ay celé la seureté de votre venue et paix avecques l'Empereur, qui

[1] Marguerite était arrivée en France vers le 15 décembre. Voyez la lettre au chancelier d'Alençon, où elle résume le succès de son voyage. (T. I, lettre 47.)

les a rendus recompensés de toutes leurs peines et si joyeux, que je ne vois onques peuple en fere plus de desmonstrance. Vous asseurant, Monseigneur, que quant je cuide parler de vous à deux ou trois, si toust que je nomme le Roy, tout le monde s'approche pour m'escouter; en sorte que je suis contrainte leur dire de vos nouvelles, dont je ne ferme le propous qu'il ne soit acompaigné de lermes de gens de tous estas, dont les desirs et prieres sont si souvent presentes davant Dieu, que je ne doubte que luy, qui les fait faire, ne les veuille exaulcer; car il est temps, et luy seul connoist bien que, sans vous revoir bientoust, l'amour que l'on vous porte est si grande, qu'il ne seroit possible de vivre, principalement la mère qui ne vist que pour vous, comme elle m'a mandé, et celle qui est née pour vous deux et de bon cueur le veult et à jamais estre

Vostre très humble et très obéissante subjecte et seur MARGUERITE.

[Ms. n° 4.]

LETTRE XXIX.

AU ROI, A MADRID.

(24 janvier 1526.)

Monseigneur, cete lectre ne sera que pour vous assurer de la bonne santé de Madame, laquelle me voulant faire l'honneur de venir au davant de moy jusques à Tournon, fust arestée à Roussillon[1], de la goutte qui l'a prise aux deux pieds et une main. Et pour me cuider advancer de la trouver, pris ung sault si lourt, descendant ung degré, que je fus contrainte demeurer à Douzère ung jour au lit; car le coup que je pris desoubs du genou fust tel, que au dessus bien ung doigt[2], la peau s'ouvrit et la chair jusques près de l'os, en sorte que les surgiens ne virent oncques chose plus estrange[3]. Mais j'en suis du tout guérie, et espère demain aller à l'esglise supplier celuy qui à tel jour vous fist sacrer roy et convertit son serviteur Pol[4], convertir nostre desir au contentement de l'effet; ce que plus que jamais j'espère, veu ce que nous a dist le gentilhoume de M. le prince d'Orange[5], qui est venu à bonne heure. Car depuis le disesetiesme de decembre n'avons eu une seule lectre ne nouvelle de vous. Parquoy, Monseigneur, je vous supplie coumander que plus souvent Madame soit advertie de vostre bonne

---

[1] Bourg du département de l'Isère, d'où Marguerite écrivit le 14 janvier au chancelier d'Alençon. (Voyez *Rec. imp.*, t. I, lettre 47, p. 207.)

[2] Le texte porte *ung doue*, apparemment *ung doué*, *ung doigt*.

[3] Elle parle de cet accident dans sa lettre au chancelier d'Alençon · « Je m'esclatay la peau dessus le genoul de près d'ung empan. » (T. 1, lettre 47, p. 207.)

[4] La conversion de saint Paul est le 25 janvier. François I*er* fut sacré le 25 janvier 1515.

[5] Philibert de Châlons, prince d'Orange et de Melphe, tué en 1530, au siége de Florence. Il fut le dernier prince d'Orange de la maison de Châlons. Après lui, son titre et sa fortune passèrent à son neveu, Rene de Nassau.

santé; car vous savez combien elle est desirée. Le sieur de Bossu vous dira de la sienne [1], qui est si bonne qu'il n'est possible de mieux. Parquoy, attendant Montmorency tous les jours [2], ne vous ennuyra de lire long propous

Vostre très humble et très obéissante subjecte et seur   Marguerite.

[Ms. lettre 128.]

LETTRE XXX.

AU ROI, A MADRID.

(Janvier ou février 1526.)

Monseigneur, la seureté que Madame vous donne par sa lectre de sa santé, après longue douleur de colique, et le rapport que vous en fera ce porteur me gardera de vous en dire plus, si non qu'elle, vos enfans et Réaulme sont ainsin que en vostre absence sauriez desirer. Mais, Monseigneur, la peur que j'ay passée de messieurs vos enfans, sans en dire rien à Madame, qui à l'heure se trouvoit fort mal, me con-

---

[1] De la santé de Madame. — Sur le comte le Bossut de Longueval, (Voyez t. I, p. 78, 347, 348.)

[2] Montmorency ayant persuadé au Roi qu'il travaillait plus efficacement à sa délivrance à Paris qu'à Madrid, François Ier paya dix mille écus pour la rançon du maréchal. (Voyez t. I, lettre 37, p. 194, en note, et lettre 50, p. 113.) Montmorency rentra en France au commencement de février 1526, et François Ier un mois après.

traint vous desclairer par le menu l'aise que j'ay de leur amendement. C'est que M. d'Angoulesme[1] a eu la rogeole et forte fievre et longue; après, M. d'Orléans[2] l'a prise avecques peu de fievre; et puis madame Madelaine[3], sans fievre ne douleur; et par compaignie, M. le Dauphin[4], sans peine ny fievre. Et maintenant sont tous entièrement gueris et bien sains, et fait merveille M. le Dauphin d'estudier, meslant avecques l'escole cent mille aultres mestiers; et n'est plus question de colère, mais de toutes vertus. M. d'Orléans est cloué sur son livre et dist qu'il veult estre saige; mais M. d'Angoulesme sait plus que les aultres et fait des choses qui sont aultant à estimer propheties que enfances, dont, Monseigneur, vous seriez esbahy de les entendre. La petite Margot[5] me ressemble, qui ne veult estre malade. Mais ici, m'a-t-on asseurée qu'elle a fort bonne grace et devient plus belle que n'a esté madamoiselle d'Angoulesme[6]. Vela, Monseigneur, toute la vérité de vos enfans, qui m'a contrainte pour une fois oblier la crainte de vous ennuyer; car puis que je ne suis digne de vous servir de

[1] Henri, second fils de François Ier, qui fut Henri II.

[2] Charles, troisième fils du Roi.

[3] Mariée à Jacques V, roi d'Ecosse (1537), et morte un an après.

[4] François, qui mourut à Tournon, empoisonné, dit-on, par Montécuculli; il avait, en 1526, huit ans.

[5] Marguerite, seconde fille de François Ier, filleule de madame d'Alençon.

[6] C'est-à-dire Marguerite elle-même, née mademoiselle d'Angoulème.

plus, en ce peu mettra, puis que c'est de vous sa pensée, peine et vie; car riens n'estimera petit, pénible, ny à peine impossible où pensera vous servir de quelque chose

Vostre très humble et très obéissante subjecte
et seur   Marguerite.

[Ms. lettre 117.]

LETTRE XXXI.

AU ROI, A MADRID.

(?Paris, — ?février — 1526.)

Monseigneur, pour ce que demain s'en part le mareschal de Montmorency, et que par luy entendrez toutes choses; après vous avoir asseuré que Madame est en parfaite santé et si bien fortifiée de sa goutte, ayant du tout recouvert le manger, dormir et proumener, qu'il ne paroist plus qu'elle ait eu mal ny ennuy, principalement quant, par ce porteur a seu que vous estes en bonne santé. Car vous savez, Monseigneur, qu'il ne luy fault que une lectre l'asseurant que vous estes sain et bien traicté pour la faire ressusciter. D'aultres propous ne vous empeschera par longue lectre celle qui estime sa vie pire que mort si elle n'est mise pour vostre service; suppliant le Créateur m'en faire digne, ainsin que inportuneement le supplie de tout son cueur, et vous, Monseigneur, d'estre sans fin en vostre bonne grace plus que très humblement recommandée

Vostre très humble et très obéissante subjecte et seur   MARGUERITE.

[Ms. lettre 131.]

LETTRE XXXII.

AU ROI, A MADRID.

(?Paris, — ?février — 1526.)

Monseigneur, je vous ouse plus que jamais asseurer la santé de Madame, avecques tous les vostres, estre telle que vous la desirez et mieux qu'elle n'a esté, comme ce porteur vous dira, qui en a veu la vérité, lequel elle a retenu, jusques à ce qu'elle se trouve si bien que le savoir vous en fist contentement; car, après vostre venue, ne desirons plus grant bien que de vous pouvoir par lectre donner consolacion, attendant l'heure bien heureuse que, non seulement ceux qui de si près vous touchent, mais que tout le monde doit demander à celuy seul qui la peult donner et donnera, comme en luy avons nostre parfaite fiance; dont incessamment est importuné par continuelles prières que fait faire Madame avecques telle foy et vraye espérance, que je ne doubte point que celuy qui luy donne la grace de si bon cueur le prier et pouvoir porter la peine que pour vos affaires elle fait, ne luy veuille donner l'effet de la seule fin qu'elle pretent. Vous suppliant, Monseigneur, bien que assez le savez, souvent penser quel plesir elle et nous tous avons quant nous soumes asseurés de vostre bonne santé, que je supplie nostre Seigneur, avecques tout ce qui s'y peult souhaiter, la vous donner telle que la vous desire aultant que son salust

 Vostre très humble et très obéissante subjecte et seur   MARGUERITE.

[Ms. lettre 130.]

LETTRE XXXIII.

AU ROI, A MADRID.

(?Paris, — 1526, avant le mois de mars.)

Monseigneur, si je vous disois que l'importable ennuy que nous avions eu de vos passées fortunes nous ait si fort mortifié les cueurs qu'ils ne puissent recevoir la joye que par vostre lectre donnez aux vostres[1], le sentement que vous avez du contraire me desmentiroit, car la grandeur des tribulacions n'a jamais vaincu l'esperance que nous avons en celuy seul qui, comme père, a toursjours conduite vostre affaire. Mais voyant nostre espoir approcher la fin de son travail, pensez, Monseigneur, que si par luy avons vescu, (quasi contre nature) coume maintenant sera fortifiée la force de la vie où vous la desirez, le voyant avoir

[1] L'espoir de sa très-prochaine delivrance.

vaincu l'opinion de tous les desespérés et doubteux.
Par cela voyez que il fait bon espérer en ferme foy en
celuy qui ne deslaisse ceux qui présument de sa bonté;
dont l'espérience est en vostre endroit si congnue,
que nul ne peult ingnorer que Dieu ne vous ayme,
dont plus que jamais soit loué! ce qui sera : car jamais
Réaulme ne recongnust mieux quelle perte leur est
vostre absence et n'a tant desiré vous ravoir. Et n'eusse
pas pensé d'avoir veu en tel temps tant de desmonstracion d'amour et d'obéissance et si continuelles et dévotes prières, qui donnent seureté que celuy qui les
fait prier les veult exaulcer. Or, soyez seur, Monseigneur, que en cete desirée attente, la santé de Madame
est si bonne que tous ses maux passés sont convertis
en tous les biens que luy souhaitez, bien desliberée
de s'approcher de son souleil[1]. Quant à moy, Monseigneur, je vous supplie que vous ne mettez en obly
qui je suis envers vous, et quel honneur et bien ce
me sera si Dieu me fait la grace de vous fere service;
car c'est la fin, à quelque prix que ce soit, qui seule
rendra en ce monde heureuse

Vostre très humble et très obéissante subjecte
et seur   MARGUERITE.

[Ms. lettre 108.]

[1] D'aller au-devant du Roi à son retour d'Espagne. « Madame me
demande, laquelle, Dieu mercy, se commence à amender..... Toutefois j'espère, mais que il soit question d'aller voir le Roy, que sa santé
redoublera et qu'elle pourra faire le voyage, car vous entendez bien
que *c'est son souleil qui la fait revivre.* » (T. I, lettre 59, p. 229.)

LETTRE XXXIV.

AU ROI, A MADRID.

(Avant mars 1526.)

Monseigneur, encore que la créance du porteur soit digne de m'en remettre à luy, et que la lectre que Madame vous escript est telle que je me dois taire, si ne me puis je garder de vous escripre ce mot, car la joye est telle, que celle qu'elle a de vous aller voir et de le vous mander ne me satisfait pas assez, si, en n'attendant estre la dernière à avoir l'heur de vous pouvoir voir, je ne vous suppliois croire que, sans rien luy ouster, je suis la première au parfait contentement de la seureté que nous a apportée M. le prevost [1], sans nous lesser ung seul scrupule de doubte de vostre santé, dont plus que jamais loue le Créateur, redoublant les mercis, comme il nous a redoublé nostre félicité,

Vostre très humble et très obéissante subjecte et mignonne MARGUERITE.

[Ms. lettre 22.]

[1] Jean Delabarre, prevost ou bailli de Paris, pris à Pavie avec le Roi, était encore en Espagne le 15 février 1526. Voyez sa lettre à madame d'Alençon. (T. I, p. 436.)

LETTRE XXXV.

AU ROI, A MADRID.

1526 (avant le mois de mars).

Monseigneur, le desir que j'avois d'obéir à vostre coumandement estoit assez grant, sans l'avoir redoublé par la cherité qu'il vous a pleu faire au pouvre Berquin [1], selon vostre proumesse; dont je suis seure que celuy pour qui je croy qu'il a souffert aura agréable la miséricorde que pour son honneur avez fait à son serviteur et au vostre. Et ceux qui en vostre tribulacion ont oublié et Dieu et vous [2], connoistront leur malice n'avoir seu faire ingnorer vérité à l'esperit que le Tout Puissant vous a donné; dont maindre ne sera leur confusion que la gloire perpétuelle que vous en rendra celui qui par vous augmente la louange de son nom; dont il fera le vostre immortel en ce monde et en l'aultre. Et de cete grace me sens tant obligée, que j'ay supplié Madame faire pour moy ce que je confesse m'estre impossible. Et ne vous saichant rendre aultre

---

[1] Voyez t. I, lettre 54, p. 219 et 220.

[2] On avait voulu profiter de l'absence du Roi captif, pour perdre les fauteurs des nouvelles opinions religieuses. François Ier, sollicité par Marguerite, avait envoyé d'Espagne l'ordre de suspendre les recherches et de ne pas inquiéter ces *hommes d'excellent savoir*.

grant mercy que d'obéissance, ne fauldra d'ung seul jour à vostre coumandement

Vostre très humble et très obéissante subjecte
et mignonne MARGUERITE.

[Ms. lettre 73.]

LETTRE XXXVI.

AU ROI, A MADRID.

(Montpellier, fin de fevrier 1526.)

Monseigneur, attendant la venue du mareschal de Montmorency, Madame ne vous envoye nuluy, coume elle m'a mandé, et a retenu Langes[1] jusques à ce que elle ait parlé à luy; toutesfoys, Monseigneur, de peur que la longueur du temps vous soit aussy ennuyeuse qu'elle m'est importaible, j'ay bien voulu mettre cete lectre à l'adventure, pour vous advertir que hier j'eus nouvelles que Madame fait fort bonne chère, et toutes choses vont selon vostre desir, tant de messieurs vos enfans que tous vos amys. Quant à moy, j'ay trouvé à Montpellier le légat d'Avignon et avecques luy le cardinal de Lorraine. Je les ramène à Madame, et pense que ledist légat vous y servira. Je m'en voys anuist à Nysmes, et bientoust trouveray M. de Vendosme et sa femme que Madame envoye au

---

[1] Langey (Guillaume Du Bellay, sieur de).

davant ¹, et puis j'espère le trouver par dessa Tournon. Mais le grant seneschal luy doit donner à l'entour de Vienne quelques chasses qui le pourront retarder. Croyez, Monseigneur, que plus j'entre en vostre pays, et plus je connoys que vous estes à Madrid; car sans doubte, nonobstant que tout vostre royaulme soit en aussy bon estat, force et bon vouloir qu'il se peut desirer, sy est il comme un corps sans chef, vivant pour vous recouvrer, et mourant pour vous sentir loing. Et de moy, le travail des grans journées d'Espagne m'estoit plus portable que le repous de France, où la fantaisie me tourmente plus que la peine. Vous suppliant, Monseigneur, mais c'est de toute l'extrémité de mon cueur, qu'il vous plese que souvent Madame ait de vos nouvelles; car sy toust que je l'auray veue, qui sera dimanche qui vient, je solliciteray selon son vouloir que bien souvent en aurez nouvelles. Suppliant celuy qui nous peult donner la grace de les vous envoyer bonnes, vous garder en santé, et bientoust mettre en la liberté en laquelle coume son salut vous desire voir

Vostre très humble et très obéissante subjecte et seur   MARGUERITE.

[Ms. lettre 45.]

¹ Le Roi était donc à la veille de rentrer en France, puisque sa mère envoyait déjà au-devant de lui.

LETTRE XXXVII.

AU ROI.

(Alençon, — ?1526.)

(François Ier était rentré en France depuis le mois de mars 1526.)

Monseigneur, puis qu'il vous a pleu me donner la charge de vostre duché d'Alençon ¹, et que je say bien l'affecsion que vous avez que justice y soit administrée, qui ne peult estre, sans qu'il vous plese encores en avoir de la peine, il vous plera ouyr Fors ; qui vous dira la necessité qui y est pour le bien de vos pouvres subjects, quy sont les imaiges vives de celuy qui aultre chose ne nous recommande plus que leur aider ; lequel je supplie, Monseigneur, vous ramener aussitoust voir une mère qui plus que jamais a envie de vous tenir en ce lieu, que de tout son cœur le desire

Vostre très humble et très obéissante subjecte et mignonne MARGUERITE.

[Ms. lettre 12.]

¹ Marguerite n'en était qu'usufruitière, après elle le duché faisait retour à la couronne. (Voyez un acte de 1525 dans le P. ANSELME, *Hist. génér. de France*, t. III, p. 281)

LETTRE XXXVIII.

AU ROI.

(Alençon, — ? 1526.)

Monseigneur, ainsin que je voulois coumancer cete lectre par ce seur messaiger, cele qu'il vous a pleu escripre par mon houme[1] est arrivée, par laquelle il vous plest en m'asseurant de vostre bonne santé me faire tant de bien et d'honneur que je ne vous en saurois assez mercier; vous asseurant, Monseigneur, que vostre lectre m'est venue au besoing pour la consolacion des ennuis que j'ay eus ces jours passez ; mais voyant que la seureté et bonne estime qu'il vous plest avoir de moy n'est point diminuée pour nulle occasion que l'on vous en puisse donner, cela me donne ung si grant contentement, que plus que jamais je desire vous faire voir que je n'ay ny ne saurois avoir aultre desir que vous obéir et suivre entièrement ce que je pense estre vostre intencion; suivant laquelle, Monseigneur, hier j'ay parlé aux coumissaires qu'il vous a pleu envoyer à Alençon pour leur offrir tout ce qui est en ma puissance de faveur et bon traitement. Et ay mandé à vos officiers par delà de leur mettre tous les procès entre les mains, et leur fere tout le service qu'ils pourront, coume vous pourrez plus au long

---
[1] Son messager ordinaire.

entendre. Vous suppliant vous en repouzer sur moy, et croire que, puisque j'ay cet honneur d'estre vostre seur, je mettray tant de peine à suivre entièrement ce que je say que vous voulez, que vous ne trouverez jamais aultre, en quoy qui se puisse dire ou faire, que vous mesmes

Vostre très humble et très obéissante subjecte et seur   Marguerite.

[Ms. n° 100.]

LETTRE XXXIX.

AU ROI.

(Saint-Germain-en-Laye, 2 avril 1527.)

Monseigneur, l'ambassadeur de ma seur la marquise [1] est venu à moy pour l'affaire que, s'il vous plest, monsieur le grant maistre vous dira [2]. Vous suppliant, Monseigneur, avoir pitié d'une mère et des enfans, que, je croy, n'ont aultre voulenté que de vous fere service; et jamais n'ay congnu qu'elle ayt eu aultre intencion. Monsieur de Lautrec et ceux qui ont

[1] Anne d'Alençon, sœur du premier mari de Marguerite, veuve de Guillaume Paléologue VIII, marquis de Montferrat.

[2] Cette affaire est une contestation entre la marquise de Montferrat et le marquis de Saluces, lequel réclamait le marquisat de Montferrat comme lui revenant faute d'hoirs mâles du marquis défunt. La reine de Navarre, en même temps qu'elle en écrivait au Roi, priait Montmorency de prendre en main la cause de la marquise. (Voyez t I, lettre 59, p. 228.)

fait espérience de sa fidélité, vous ont tousjours dist que, pour une veufve estrangière au pays, elle a fait plus que son possible; qui sont choses que, je suis seure, n'oublierez. Et veu, Monseigneur, que à vos ennemys vous pardonnez, à ceux qui ont l'honneur d'estre de vostre sang et qui vous ont servy de leur pouvoir, est impossible que vous ne leur soyez père, coume la pouvre femme a du tout son esperance; et vous plera voir que celuy qui vous en a parlé est de longtemps cherchant donner peine à leur maison[1]. Vous asseurant, Monseigneur, que madame se coumence à amender; mais despuis que je vous escripvis, elle s'est tant et tant trouvée mal, que je ne vous en ay riens ousé mander. Encores a elle estreume foiblesse.

Monseigneur, quant à ce qu'il vous a pleu me fere le bien de m'escripre, entendant vostre intencion, tout a esté fait si bien que vous aurez cause de vous en contenter; car je ne puis avoir plus grant bien que de penser fere chose qui me ramentoive à vostre bonne grace, de laquelle n'a maindre seureté que très humblement s'y recoumande

Vostre très humble et très obéissante subjecte
et seur MARGUERITE.

[Ms. n° 52.]

---

[1] « S'il plaisoit au Roi entendre M. de Lautrec, sans du tout croire ceulx qui de longtemps ont desiré ruyner la maison de Montferrat, il feroit grant honneur et bien à ceste pouvre femme. Je luy en escrips ung mot. » (T. I, p. 228.) On voit par là que les deux lettres furent écrites le même jour.

LETTRE XL.

AU ROI.

(Mai 1527.)

Monseigneur, l'honneur et bien que ce m'est de si souvent avoir de vos lectres tant estimées me fait redoubler l'aise que mon continuel mal jusques icy proumet [1]. Et quant aultre chose n'en viendroit que de vous en donner ung peu de contentement, si m'en tiens-je heureuse. Mais, Monseigneur, tout cecy tourne en ennuy, voyant la santé de madame qui ne peult porter ce qu'elle desire, qui est de vous aller voir. Car despuis mercredy elle s'est trouvée beaulcoup plus mal qu'elle n'avoit esté despuis qu'elle a coumencé à se lever; et pour s'estre esforcée de s'avancer plus qu'elle ne povoit, elle a retardé sa parfaite guerison, et encores à ce matin a eu grant vomissement et desgoustement, en sorte que les médecins doubtent qu'il y a quelque pierre, pour ce qu'elle n'a bougé de couchée despuis vostre partement, sinon ung jour ou deux, qu'elle alla jusques en la garderobe. Et quant tout est dist, je croy que le plus grant desplaisir que son mal luy fasse, c'est qu'il la garde d'estre auprès de vous. Mais voyant sa debilité et le temps qu'il fait, sans grant dangier il seroit impossible qu'elle partist.

[1] Elle commençait une grossesse.

Vous suppliant, Monseigneur, me perdonner de si long propos; mais la fiance que vous avez en moy me fait penser que je vous offenseroys trop de vous en celer la vérité. Si Dieu luy donne aultre chose, je le vous manderay sur l'heure, car jespère, si le temps s'adoulcist ou qu'elle fasse une pierre [1], que ce sera la guérison que, suivant vostre desir, desire

Vostre très humble et très obéissante subjecte et mignonne   MARGUERITE.

[Ms. n° 62.]

LETTRE XLI.

AU ROI.

(Mai 1527.)

Monseigneur, le seul bien des deux qu'il vous a pleu me faire est si grant, que je ne sais coume assez très humblement vous en mercier; car voir vostre lectre est pour vivifier ung esprist mortifié, et savoir la santé de Madame, dont le mal m'avoit esté celé [2], peult ressuciter ung cueur mort. Regardez donques,

[1] Il paraît que Louise de Savoie était sujette à ces crises : « Madame a eté merveilleusement malade.. elle fist hier une pierre grosse comme ung pois; despuis elle s'est toujours portée de mieulx en mieulx. » (T. I, lettre 2.)

[2] « Jamais femme ne feut en la peine où je suis, saichant la maladie de Madame avoir esté plus grande que l'on ne m'avoit escript; et de ce que vous m'advertissez de son amendement, je loue Nostre Seigneur. » (A MONTMORENCI, 2 avril 1527.) — (T. I, lettre 47, p. 224.)

Monseigneur, quel restaurant il vous a pleu m'envoyer, et si j'ay puissance pour le vous rendre, et vous jugerez que, en défault de ma force, vous devez recevoir la connoissance de mon obligacion, liée avecques ung desir d'estre digne d'y sactifaire si grant, qu'il me semble que vostre bonté et amour, qui mieux le sent que je ne le puis dire, se contente de moy. Et en cete foy, non fondée en mérite, m'asseure de vostre bonne grace, qui est la résistance que je treuve en tous les ennuys que peult avoir une femme grosse [1], laquelle, Monseigneur, vous supplie tenir pour très humblement recommandé le Roy de Navarre et moy, et penser que de ce quy sera au savoir et pouvoir des deux serez servy d'affection et léaulté. Et n'a desplaisir que de l'impossibilité de mieux

Vostre très humble et très obéissante subjecte
et mignonne   MARGUERITE.

[Ms. n° 111.]

[1] Elle accoucha de Jeanne d'Albret, le 7 janvier 1528.

LETTRE XLII.

AU ROI.

(? Gabarret, — octobre 1527.)

Monseigneur, je sais bien que l'eslongnement de ceux qui sont en vostre bonne grace n'a nulle puissance de les vous faire oblier ne mains aymer. Toutesfoys si n'est maindre le desir que la seureté d'avoir ce bien, et plus j'ay de fermeté en vostre amour et bonne voulonté, et plus j'ay d'envye de la garder et crainte de perdre par mon malheur ce que par mon mérite je n'ay acquis. Par quoy, Monseigneur, si je vous importune de mes continuelles et très humbles recommandacions, je vous supplie ne vous en ennuyer, et aussy peu de coummander que j'aye le bien de savoir souvent de vos nouvelles. Et pour cete cause vous renvoye Adrien, lequel ne pensoys mener si loing, par lequel il vous plera entendre la vie de ceux que vous avez mis ensemble, qui n'ont regard que à faire chose que vous ayez agréable. Par quoy, remettant sus luy le surplus, vous suppliant, Monseigneur, avoir memoire de ce qu'il vous plust me proumettre pour luy quand je pris congié de vous, ne vous ennuyra de plus long propous, priant Nostre Seigneur vous donner bonne et longue vie,

Vostre très humble et très obéissante subjecte et mignonne MARGUERITE [1].

[Ms. n° 71.]

[1] Voyez t. I, lettre 46.

LETTRE XLIII.

AU ROI.

(Du Béarn, — octobre 1527.)

Monseigneur, l'incrédulité de Sainct Estefve ne m'a point gardée d'obéir au commandement qu'il vous plest me faire de le croire; vous merciant très humblement, Monseigneur, des bons et honnestes propos qu'il vous a pleu par luy nous mander. Dieu nous doint grace de vous pouvoir faire tel service que vous congnoissiez nostre amour et reverence digne de la bonne affecsion que vous nous portez; car la vie et tout ce qui en despend y sera sans crainte de bon cueur mis. Et pour ce, Monseigneur, qu'il n'y a que cinq jours que je suis arivée ici [1], ne fais que commencer à entendre le langaige. Parquoy des nouvelles de vostre frontière en lesse rendre le conte à celuy auquel il vous plest en donner la cherge [2]; en quoy j'espère qu'il vous fera si bon devoir que vous luy ferez ce bien de vous en contenter; et ne tiendra à bonne diligence, car despuis qu'il est icy n'a regardé que aux affaires qui vous touchent, me lessant la cherge des siens, qui ne pourront que bien aller nous tenant tousjours à vostre bonne grace, à laquelle tant et si très humble-

[1] En Bearn, où son mari la conduisait pour la première fois. (Voyez t. I, lettre 56.)

[2] Henri d'Albret etait nommé lieutenant du Roi aux pays de Guyenne et de Languedoc.

ment qu'il luy est possible, vous supplie, Monseigneur, la tenir pour recommandée

Vostre très humble et très obéissante subjecte et mignonne   MARGUERITE.

[Ms. n° 67.]

LETTRE XLIV.

AU ROI.

(Octobre 1527.)

Monseigneur, après vous avoir asseuré de la bonne santé de Madame et de messieurs vos enfans, fault que je me plaingne à vous de la guerre que me fait madame du Vigan, que nous trouvasmes à Argenteuil; et despuis n'a cessé de me mener la guerre. Toutesfoys, Monseigneur, ne luy veux je tant de mal que je ne vous supplie très humblement vouloir voir une requeste qu'elle m'a priée vous fere pour elle, d'une terre du marquis d'Escot, de quoy j'escrips à M. le Grant et de Villeroy, pour le vous donner à entendre. Et j'espère que le bien que vous luy ferez vous sera rendu à force bonne chere que nous espérons vous fere, si Dieu me fait la grace de vivre après estre accouchée, ce que j'espère, contre ma santé; car despuis que je ne vous vis, la toux m'a tousjours tenue en estremité, dont me treuve tant foible, que, sans l'attente de vostre venue, auroit peur ne passer la Toussaints

Vostre très humble et très obéissante subjecte et seur   MARGUERITE.

[Ms. n° 6.]

LETTRE XLV.

AU ROI.

(Commencement de novembre 1527.)

Monseigneur, l'aise a esté si grande en cete compaignie des nouvelles que bien au long nous ont escript M. le prevost[1] et baillif Robertet de la prise de Pavie[2], que je ne le vous puis escripre. Car quant je pense l'ennuy que Madame et tous ceux qui vous ament ont porté à cause de cete place, il me semble que maintenant Nostre Seigneur leur veult recompenser leurs larmes en consolacion, voyant que M. de Lautrec, en continuant son voyaige, rend l'Empereur plus aisé à nous fere le plesir que sans force il devroit chercher. Car sa nécessité est bien si grande que, si celle de nostre amour ne la passoit, il nous devroit demander ce que nous lui requérons. Mais celuy qui connoist que en toustes choses avez usé d'honnesteté et de raison plus que d'aultres moyens qui vous estoient assez possibles, vous donnera à connoistre que sa bonté est aussy grande à vous rendre l'ennuy passé en joye, que sa puissance a esté de le vous donner. Par quoy, Monseigneur, ne vous pouvant faire plus grant service que de le louer des graces qu'il vous donne, et

---

[1] Le prévôt de Paris, Delabarre.
[2] Pavie fut prise par Lautrec, au mois d'octobre 1527. La ville fut impitoyablement saccagée.

le supplier continuer, en fera faire continuelles prières, espérant que celuy qui est libéral sans nombre n'a point commencé à vous donner sa grace que bientoust il ne vous donne le surplus, que vous et tout vostre réaulme desire; vous suppliant pour le plus grant bien que je vous demande, coumander quant il en viendra nouvelles de Messieurs, que nous en saichons, car oultre ma naturelle obligacion, la maison où vous m'avez mise [1] est si desdiée à vostre service et au leur, que je me tiens heureuse de connoistre combien vous y estes aimé et honoré; car c'est de tout leur cueur. Et de tout le sien se va à vostre bonne grace très humblement recommander

Vostre très humble et très obéissante sujecte
et mignonne MARGUERITE.

[Ms. n° 50.]

LETTRE XLVI.

AU ROI.

(De la Guyenne, fin de 1527.)

Monseigneur, de peur de vous ennuyer de propous longs, j'ay escript à madame d'Estampes d'ung affaire pour deux de vos serviteurs. S'il vous plest leur fere ce bien, je pense que ce sera pour vostre service, à quoy le bon houme s'emploira totalement, et il a des

---

[1] Marguerite était remariée depuis le mois de janvier.

moyens de vous en faire. Et vous plera me pardonner si pour vos subjets affectionnés je vous escrips; mais le lieu où vous nous mettez me fait prendre hardiesse de vous parler de ceux que je voy untiles [1] à votre service; car croyez, Monseigneur, que depuis que je suis par dessa, j'ay bien congnu ceux qui pour eux seulement ou pour l'amour de vous vous servent; et n'ay tendu à aultre fin que à pacifier toutes choses particulières, pour les apprendre à n'avoir en ce temps aultre guerre que à vos ennemys, ny aultre avarice que pour vostre proufist [2]; ce que je pense avoir persuadé à la pluspart de la Guienne, que l'on avoit bien mis peine pour rien de la troubler et désespérer de vostre bonté, qui maintenant est si congnue, qu'ilz n'espargneront riens pour vostre service. Et si mon ventre [3] me permettoit d'aller coume je voudrois, je n'en ferois mains partout, car je ne puis ne penser ne vouloir que ce que je say que vous voulez, Dieu me doint tel effect que vous soyez servi selon que le desire

Vostre très humble et très obéissante subjecte et mignonne MARGUERITE.

[Ms. n° 114.]

[1] *Utiles*, Marguerite écrit de même *unzer*, pour *user*; don *Ungues*, pour don *Hugues*, etc. C'etait apparemment la belle prononciation du temps.

[2] Il s'agit du refus du *don volontaire* que l'on exigeait de la noblesse pour acquitter la rançon du Roi. Marguerite agissait en Guyenne, et son mari dans le Berry et le Limousin. (Voyez t. I, lett. 64, p. 235.)

[3] Elle etait enceinte de Jeanne d'Albert.

LETTRE XLVII.

AU ROI.

(? 1527 ou 1530?)

Monseigneur, la grace qu'il plest à Nostre Seigneur de nous faire de vous donner tel amendement que je le croy estre parfaite guerison, est si grande, que vous pouvez penser quel plesir c'est à ceux qui jusques ici n'ont estimé leur vie que langueur, desirant de revoir en vous cete santé qui donne vie et force à toute la chrestienté et à nous entière félicité. Vous savez bien, Monseigneur, quelle joye le cueur de Madame en sent, voyant l'effet de sa continuelle prière envers Dieu, où gist sa resurrection. Car sans vostre lectre, elle s'en alloit tumber malade. Quant est de moy, Monseigneur, Babou [1] en sera tesmoing que je puis dire avecques Sainte Élizabeth : si toust que j'ay veu vostre parole, mon enfant a bien monstré sine de joye; en sorte que le repous que pour ma santé estois contrainte de prendre sus jours, est tourné en ung dormir de contentement, qui me rent assez saine pour me lever et de tout mon cueur louer celuy à jamais qui à la fin ne nous a obliés, quelque tribulacion qu'il nous envoye. Le suppliant plus que jamais

---

[1] Babou de la Bourdaizière qui faisait souvent l'office de courrier, soit en Espagne, soit en France.

vous conserver ce qu'il vous donne, aussy longtemps que le desire

Vostre très humble et très obéissante sujecte et mignonne MARGUERITE.

[Ms. n° 101.]

LETTRE XLVIII.

AU ROI.

(Fontainebleau ? 1527.)

Monseigneur, le desir que j'ay continuellement de savoir de vos bonnes nouvelles, etc. (T. I, lettre 63, p. 233.)

LETTRE XLIX.

AU ROI.

(Janvier 1528.)

Monseigneur, je n'ay point de peur de vous ennuyer à souvent vous redire que Madame et messieurs vos enfans sont en très bonne santé. Mais pour ce que Babou vous en sçaura mieux que ma lectre rendre conte, m'en remettray à luy, vous suppliant le croire de ce que je l'ay prié vous dire; car vous savez, Monseigneur, que je ne crains n'y ne desire chose en ce monde plus que meriter l'eslongnement ou la continuacion de vostre bonne grace, à laquelle avecques le mary et la fille qui vous attend à naistre ¹ vous suplie recevoir ses plus que très humbles recommandations

  Vostre très humble et très obéissante subjecte
  et grosse seur   MARGUERITE.

[Ms. n° 11.]

LETTRE L.

AU ROI.

(Janvier 1528.)

(La reine de Navarre étant sur le point d'accoucher de Jeanne d'Albret.)

Monseigneur, l'honneur et bien qu'il vous a pleu me faire de m'escripre une lectre telle que je ne suis suffisante pour la savoir assez estimer et louer, m'a donné si grant contentement que tout le mal que despuis votre veue j'ay eu, ne me peult garder de retrouver la santé que je pensois m'avoir du tout lessée. Et crois, Monseigneur, que vostre bonté a bien senty ma necessité, en quoy n'eusse seu avoir millieur remède que la connoissance qu'il vous plest me donner de vostre bonne souvenance, avecques la seureté de vostre bonne grace. Vous asseurant, Monseigneur, que la peur que j'ay eue d'essayer le mal que je doy aultant craindre que je l'ay desiré pour beaulcoup de

---

¹ Il paraît que Marguerite s'attendait à avoir une fille. Elle ne se trompa point · Jeanne d'Albert naquit le 7 janvier 1528.

raisons, s'est convertie en vœu quant j'ay veu qu'il vous plest tant faire de cas de ma peine que de vouloir faillir à vostre santé, qui m'est si très chère, que de bon cueur pour la vous conserver y vouldrois mettre la vie, et ne saurois avoir mal si grant qui me soit riens au prix de ce qui vous touche. Espérant toustesfoys que Dieu me fera la grace vous attendre. Mais si je n'ay cet heur, je m'aideray de vostre lectre que je feray lire en lieu de la vie de Sainte Marguerite [1], pour ce qu'elle est escripte de la main que, j'espère, m'aidera plus que nulle aultre recepte. Car je ne puis croire que ma fille ousast naistre sans vostre commandement; qui fera mettre peine d'attendre jusques au dernier jour vostre desirée venue

Vostre très humble et très obéissante subjecte et seur MARGUERITE.

[Ms. n° 41.]

LETTRE LI.

AU ROI.

(1529, — avant le 24 d'avril.)

Monseigneur, le pouvre Berquin, qui par vostre bonté tient que Dieu luy a saulvé la vie par deux foys [2], s'en va devers vous, n'ayant plus personne à

---

[1] Qu'on lit pour aider la delivrance des femmes enceintes.
[2] En 1523, puis en 1526. (Voyez la note sur Berquin, t I, p. 219.)

qui il puisse avoir adresse, pour vous donner à connoistre son innocence; et pour ce, Monseigneur, que je say l'estime en quoy vous le tenez et le desir qu'il a et a tousjours eu de vous fere service, je ne crains vous supplier par lectre en lieu de la parole qu'il vous plese en avoir pitié. Et s'il vous plest faire semblant de prendre son affaire à cueur, j'espère que la vérité qu'il fera apparoistre rendra [1] les forgeurs d'hérétiques plus maldisans et désobéissans à vous que zélateurs de la foy. Et pour ce, Monseigneur, que je say que vous entendez toutes les raisons qui s'y peuvent dire, et voulez soustenir le droit à qui il appartient, sans que le juste ait besoing d'avocat davant les yeux de vostre doulceur; par quoy m'en tairay, suppliant celuy qui vous a tant donné de graces et vertus vous donner bonne et longue vie pour longuement en ce monde et esternellement en l'aultre estre en vous loué.

Vostre très humble et très obéissante subjecte
et seur MARGUERITE [2].

[Ms. n° 93.]

[1] C'est-à-dire les convaincra d'être, etc.
[2] Cette recommandation ne sauva pas Louis Berquin. Il fut brûlé en place de Grève, le 24 avril 1529.

LETTRE LII.

AU ROI.

(1525.)

(Avant le 24 d'avril, pendant le dernier procès de Louis Berquin.)

Monseigneur, l'honneur et le bien que ce m'est de vous escripre est si grant que la crainte de vous ennuyer ne m'en sauroit garder, vous suppliant avoir memoire que vous l'avez coumandé, ce que n'ay mains de la seureté de vostre bonne grace, selon votre proumesse. Mais si sans cesser y estoient presentées mes très humbles recoumandacions, si ne diroit point mon affecsion que ce fust trop. Vous le savez et.... [1] tais, attendant estre digne que vous me.... [1] chose qui me rende envers vous telle.... [1] que je suis en voulenté. Le coumander est vostre, et de l'obéissance n'y aura faulte, tant que Dieu laissera en moy ce qu'il luy a pleu y mettre. Vous suppliant, Monseigneur, que les deux qu'il vous a plu mettre ensemble [2] pour vostre service soient advertis de vos bonnes nouvelles, et considérer que plus le chemin 'est long, et plus est bref le desir de savoir comme vous vous portez; car nous avons sçu que, après la goutte de Madame, vous avez eu ung reume, selon la coustume de vous [3] sem-

---

[1] Le papier est déchiré.
[2] Le roi et la reine de Navarre
[3] *Vous*, *vos*. Cette substitution de *ou* à *o* est continuelle dans Mar-

blables complecsions, dont vous estes guery à ce que l'on m'escript. A quoy fault que j'ajouste foy, non sans doubte du contraire, en quoy ne puis que pour celuy que, je suis seure, vous garde, pour plus grant chose, parfaire en vous son parfait coumancement, et me faire digne de vous faire service, vous faisant, Monsieur, pour la fin une très humble requeste; c'est qu'il vous plese avoir pitié du pouvre Berquin, lequel je connois ne souffrir que pour aimer la parole de Dieu et obéir à la vostre. Par quoy ceux qui en vostre tribulacion ont fait le contraire[1], l'ont pris en haine, en sorte que leur malice par hypocrisie a trouvé advocats davant vous pour vous fere oblier sa droite foy à Dieu et amour à vous; en sorte que s'il ne vous plest entendre par luy mesmes comme il en va, il est au desespoir. Il vous plera, Monseigneur, faire en sorte que l'on ne die point que l'eslongnement vous ait fait oblier

Vostre très humble et très obéissante subjecte
et seur MARGUERITE.

[Ms. n° 31.]

---

guerite On l'a soigneusement conservée, comme indication de la pronociation en usage à la cour de François Ier.

[1] Ceux qui pendant la captivité du Roi ont fait le contraire de ce qu'ordonne la parole de Dieu, en persécutant les gens accusés d'hérésie.

LETTRE LIII.

AU ROI.

(Du château de Blois, fin d'octobre 1529.)

Monseigneur, je say bien que vostre bonté ne doit estre sollicitée de faire du bien à vos serviteurs, mais pour ce que le nombre de ceux qui se disent tels est si grant qu'il n'est possible à tous satifaire, je n'ay craint vous en ramentevoir ung que, j'en suis seure, n'a espergné ni ne fera jamais ce que vous luy donnerez pour le mettre en vostre sarvice, et si suis seure qu'il ne demande nulle recompense que vostre bonne grace [1]. Toutesfois, Monseigneur, il vous a pleu luy donner tant de connoissance que vous avez fiance en luy et que vous ne l'oublieriez, que je say bien qu'il ne vous sollicitera point de ce qu'il espere venir de vostre liberalité. Toutesfois, si ainsin est que M. d'Alby [2] soit trespassé, comme si souvent l'on dit, il vous plaira avoir souvenance de M. de Tarbes; et ce qui m'en fait prendre la hardiesse de vous en escripre, est que jamais je ne l'ai veu lassé de prendre peine à vous servir, et si ne luy ouïs oncques parler de vous demander riens. Qui me rendroit ingrate envers vous, si je

---

[1] Il s'agit, comme l'on verra plus bas, de l'évêque de Tarbes, Gabriel de Grammont.

[2] Aymar de Gouffier. Il avait été élu en 1523, et mourut le 9 octobre 1529 (obiisse *dicitur* die 9ª octobris). (*Gall. christ.*, t. I, p. 38.)

vous celois ce que j'en connois, veu que je say que par luy ny aultre n'en serez adverty; et vous voulez bien que l'on vous parle pour vos bons serviteurs. Vous suppliant très humblement l'avoir pour recommandé, et moy plus que très humblement, à vostre bonne grace. Vous asseurant, Monseigneur, que tout vostre logis et celuy de Madame sera toust prest à la fin de cete semaine. Et ne vous pouvant fere aultre service, ne fauldra à solliciter vos ouvriers jusques à votre desiré retour.

Vostre très humble et très obéissante subjecte
et grosse seur   Marguerite [1].

[Ms. n° 24.]

LETTRE LIV.

AU ROI.

(Du château de Blois, juin 1530.)

Monseigneur, tant que vous et Madame avez esté icy, le contentement de vous voir a esté sy grant que je prenois plus de plaisir à vous ouïr deviser ce lieu que de le regarder; mais maintenant qu'il ne m'est plus riens demeuré que la memoire de vos paroles, connoissant vostre vouloir estre bientoust voir vostre devis parfait, je n'ay aultre bien que visiter les lieux

---

[1] La reine de Navarre n'obtint pas ce qu'elle sollicitait. Le successeur d'Aymar de Gouffier sur le siége d'Alby ne fut pas Gabriel de Grammont, mais le cardinal chancelier Duprat (*Gall. christ.*, t. 1.)

qu'il vous pleust me monstrer, pour solliciter vos ouvriers d'avancer ce que vous avez commandé. Et plus je regarde le bastiement et esperimente l'air de l'assiette, et plus je confesse vostre élection bonne; car en ma vie ne me trouvay sy saine que je foys; car pour estre en mon huitiesme moys [1], je ne laisse d'aller deux fois de jour par tout vos jardins et édifice, dont je me treuve en lieu de lesse fortifiée. Suppliant Nostre Seigneur, Monseigneur, que, après avoir mis fin à vos affaires, qui par sa grace est plus facile que ne nous paroist, puisqu'il luy a plu vous envoyer si bonnes nouvelles d'Italie, vous ramener bientoust avecques celle que sans vous ne devez conter pour vivre, prendre icy le repous que par long travail avez tous deux mérité; et avecques ses moynes en fera tous les jours prière

Vostre très humble et très obéissante subjecte
et seur MARGUERITE.

[Ms. n° 15.]

LETTRE LV.

AU ROI.

(Du château de Blois, entre mars et juillet 1530.)

[Madame arriva à Blois le 8 mars (voyez t. I, lettre 75), et la Reine accoucha d'un fils vers le 15 juillet (t. I, lettre 85).]

Monseigneur, la seureté de vostre tant estimée santé n'a seulement rendu à Madame la sienne, mais, coume

[1] Elle était grosse de son second enfant, qui fut Jean d'Albret.

vous dira Babou, l'a preservée de la douleur acoustumée ; car aussytoust qu'elle entendist par luy de vos bonnes nouvelles, encores que sa main fust enflée ce qu'elle pouvoit estre, si n'ousa elle luy fere plus de mal ; et me semble, Monseigneur, qu'elle est à cete heure si fortifiée de la joye qu'elle a, que toutes les peines qu'elle prent luy servent de passe temps. Et, quant est de ma part, je me treuve despuis cete bonne heure si legiere, que le faix que j'ay[1] me soustient. Et par cela, Monseigneur, pouvez vous connoistre combien vostre bien sert à vos amis ; qui me fait vous supplier très humblement vouloir parfaire nostre contentement, parfaisant vostre saige et heureuse deliberacion de vous contregarder, comme si bien avez coumencé, que je vous puis dire que, avecques vostre salut, vous nous mettez du purgatoire en paradis. Suppliant celuy qui nous donne cete félicité vous continuer vostre desir, selon que l'en requiert de tout son cueur

Vostre très humble et très obéissante subjecte
et mignonne   MARGUERITE.

[Ms. n° 26.]

[1] Sa grossesse.

LETTRE LVI.

AU ROI.

(Blois, 1530.)

Monseigneur, là où est ce porteur il n'est point de besoing de vous dire coume Madame se porte [1]; car du mal et de la guerison nul ne peult mieux parler que luy. Et quant est du ventre, dont il vous plest me fere l'honneur de me coumander par vostre lectre que je vous en mande des nouvelles, il me rend si feible et malade, que je ne say lequel je dois fere, ou en craindre le mal, ou en espérer le bien. Et de ce qu'il vous a pleu retenir le Roy de Navarre, ce luy est tant de bien et d'honneur, que je suis seure qu'il n'a aultre plesir en ce monde que d'estre auprès de vous, et vous fere service. Et me sens trop heureuse, puis que je n'y puis estre, qu'il y soit. Vous suppliant, Monseigneur, avoir tous les deux pour recoumandés en vostre bonne grace, où est leur espérance; requérant celuy qui par sa vertu s'est ressuscité vous donner aussy bonne vie et longue, avecques tel contentement que le vous desire

Vostre très humble et très obéissante subjecte et mignonne   MARGUERITE.

[Ms. n° 121.]

[1] Elle etait restee à Blois, auprès de sa fille enceinte. (Voyez t. I, lettre 76, p. 248.)

LETTRE LVII.

AU ROI.

(Du château de Blois, juin 1530.)

Monseigneur, *et unde hoc michi veniat,* tant d'honneur, tant de grace, de contentement qu'il vous plest donner à vostre très humble seur, que en une telle joye si digne de faire oblier toutes choses, avez eu memoire et pris la peine de l'en faire participante [1], dont assez très humblement ne vous en saurois mercier; mais je supplie celuy qui peult tout sactifaire mon impossibilité et vous donner tel contentement que je vous desire, espérant fermement que ainsin le fera, car jamais ne vous a oblié, après vous avoir esperimenté en longue pacience. Et de ce qu'il vous plest, Monseigneur, nommer Messieurs vos enfans miens, je ne puis désavouer cet honneur, estant seure que je n'aimeray jamais tant ceux que j'ai portés que le maindre d'eux; et si celuy qu'il vous plest dire vostre, eust peu saillir par la bouche, les yeux ou les oreilles, je suis seure, Monseigneur, qu'il eust obéy à vostre coumandement, et fust venu dehors à l'heure que nous eusmes ces bonnes nouvelles; car il me monta si hault dans l'estoumac, où il a demeuré toute cete nuyst,

---

[1] L'heureux événement dont François Ier avait écrit la nouvelle à sa sœur doit être la rentrée prochaine des enfants de France, qui arrivèrent à Bayonne, avec Éléonore leur belle-mère, à la fin de juin. (Voyez t. I, lettres 81, 82.)

qu'il sembloit qu'il vouloit voir et ouir vostre lectre. Dieu me doint grace que, pour recompence de l'ennuy que j'ay d'estre si longtemps, et encores en ce temps, hors du pouvoir dont j'ay si grant desir, je puisse accoucher de chose qui puisse estre pour le service de vous et des vostres. Vous asseurant, Monseigneur, que ma joye est si grande, que, vienne peine, douleur, voire la mort ne peult plus empescher d'oreanavant de vivre ou mourir contente

Vostre très humble et très obéissante subjecte et mignonne   MARGUERITE.

[Ms. n° 57.]

LETTRE LVIII.

AU ROI.

(Fin de juillet — 1530.)

Monseigneur, ce porteur s'en va devers vous si plein d'affecsion et desir de vous voir, et si chargé de toutes les nouvelles que vous desirez savoir, que je n'ouse par longue lectre empescher sa créance, pour ne vous donner l'ennuy de redire ce qu'il ne luy sera ennuy de vous conter. Par quoy, Monseigneur, rendant à Dieu tous les mercis, graces et louanges que cueur, corps, ame, esprit et tout ce qu'il a mis en moy peult soustenir, le voys supplier que mon desir, tant et si très longuement de grant desir desiré, sorte bintoust à son coumance (*sic*)[1] effet, et que, avecques la mère

[1] Marguerite vouloit écrire *coummancement*.

languissante d'envie de vous voir, puisse, en lui laissant le surplus, embrasser les pieds de son père, frère, fils, mary et son tout en ce monde, avecques la bienheureuse Dame que je tiens maintenant vous mesme¹,

Vostre très humble et très obéissante subjecte et mignonne   MARGUERITE.

[Ms. n° 77.]

LETTRE LIX.

AU ROI.

(? Du Béarn, — automne de 1530.)

Monseigneur, s'il vous plest faire l'honneur à ce jeune messaiger de l'escouster, il vous contera de nostre voyaige ² plus au long que mon escripture, de peur de vous donner ennuy, ne l'ouse entreprendre, et croy qu'il n'oubliera la bonne chère que nous ont

¹ Éléonore, sœur de Charles V, mariée à François Ier, le 17 juillet 1530, à Veries, dans l'abbaye des Urbanistes. (*Rec. du marquis d'Aubay*, t. I.)

² Favyn et Olhagaray disent que le roi et la reine de Navarre se retirèrent chez eux en 1530. (Voyez t. I, p. 55.) Je conjecture que c'est de ce voyage qu'il est ici question. Il ne put se faire qu'en automne, puisque la Reine fit ses couches à Blois environ le 15 juillet.

Il paraît que, chemin faisant, le Roi et la Reine de Navarre s'étaient arrêtés en un logis où ils avaient été reçus par les fils du Roi. Il faut réunir à cette lettre la lettre 167, t. I, p. 404, que je n'avais pas su dater.

fait Messieurs vous[1] enfans; qui nous a esté une aise si grande que nostre voyage s'en fera plus aiseement qu'il n'a esté commencé. Vous asseurant, Monseigneur, que pour porter l'ennuy de l'eslongnement de vostre veue, nous avions bon besoing de voir cete parfaite compaignie, qui ne se peult regarder sans avoir la lerme à l'euil, tant de la joye des graces que Dieu y a mises, que de l'ennuy que bientoust avecques les deux, nous [n']ayons ce bien de les voir avecques vous et Madame. Mais il me semble, Monseigneur, que si encores ces trois y estoient, que jamais vous deux ne sauriez avoir mal, et je vous supplie, Monseigneur, aultant que vous aimez vostre consolation et celle de Madame, que vous les tirez près de vous; et si je savoye chose qui vous feust de plus grant plesir, je croy que vous estes seur qu'il ne vous seroit celé; et si c'estoit marchandise à vendre, je n'ay veu chose ny à Paris, ny à Tours où sitoust je misse tout mon bien. Or, Monseigneur, avant que vous finer ce propous, qui jamais ne m'ennuyroit, je vous supplie faire tant de bien à celuy qui se va jetter à vos pieds, que de luy faire dire ce qu'il vous plera qu'il fasse et coummander à ceux qui ont l'heur d'estre près de vous, d'y avoir l'euil, afin qu'il preigne si bon coummencement à suivre vostre voulonté, que vous en fassiez un gentilhomme digne d'estre nommé vostre serviteur par les vertus que l'on acquiert seulement de connoistre les vostres; à quoy il m'a proumis mettre bonne peine.

---

[1] On a déjà vu plus haut *vous* pour *vos*, les *ous* pour les *os*, etc.

Et ce qui me fait espérer qu'il y parviendra, est qu'il a desja le sens de vous aimer plus que tout le monde, par quoy l'advoue pour filz et comme tel le vous recommande

Vostre très humble et très obéissante subjecte et mignonne MARGUERITE.

[Ms. n° 59.]

LETTRE LX.

AU ROI.

(? Du Béarn, automne de 1530.)

Monseigneur, celuy qui vous presente cete lectre est tant obligé et tenu à vous, et moy avecques luy, tant pour le bien qu'il vous a pleu luy fere que pour la bonne voulonté qu'il vous plest luy monstrer, et le contentement que vous avez du desir qu'il a eu toute sa vie de vous fere service, que je say qu'il ne vous cellera riens, mais le saura trop mieux desclairer que ma lectre de tout ce que je vous voudrois ou pourrois escripre. Et vous l'avez trouvé si fidele et affecsionné serviteur, que je suis seure que vous le croirez, dont je vous supplie très humblement; car pour l'avoir tousjours trouvé envers vostre service tel que je le desirois, et en mon endroit, coume vray filz, je ne luy ay rien dissimulé. Il est vostre facture, et ne connoist tenir nul bien ny honneur que de vous, vostre bonté seule luy a esté père et mère et advocat envers vous mesmes. Par quoy, Monseigneur, je ne le vous puis aultrement recommander que de vous supplier parfaire vostre œuvre, non pour luy, mais pour la sactifasion de vous, qui prenez plesir d'honorer ce que vous avez fait. Et en le tenant en vostre bonne grace et luy coummandant travailler pour vostre service, je suis seure que vous en aurez contentement; car Dieu luy a fait ce bien d'ajouter à son desir, la diligence et l'entendement avecques la longue pratique de vous fere service. Et croyez, Monseigneur, que sitost que ma force l'endurera, je ne faudray de vous aller très humblement mercier des infignies graces que vous faites au roy de Navarre, à sa fille et à moy. Et en vous recommandant ces trois, desquels Dieu vous a mis la seule et parfaite esperance, le va supplier vous donner bonne, longue et contente vie

  Vostre très humble et très obéissante subjecte
    et mignonne   MARGUERITE.

[Ms. n° 74.]

LETTRE LXI.

AU ROI.

(Non datée[1].)

Monseigneur, le bon visaige que j'ay trouvé à M. le Dauphin, etc. (T. I, lettre 167, p. 404.)

[1] Cette lettre est imprimée dans le sixième volume de l'*Histoire de Marguerite de Valois*, par mademoiselle de La Force (édit. de Didot l'aîné, 1783). L'auteur des deux derniers volumes, ajoutés en forme

LETTRE LXII.

AU ROI.

(Alençon, — vers le 30 décembre [1] 1530)

(Mort du prince Jean d'Albret, fils de Marguerite.)

Monseigneur, puisqu'il a pleu à Dieu tirer à luy celuy qu'il vous a pleu advouer pour vostre petit fils, etc. (T. I, lettre 90, p. 269.)

de commentaire historique au roman de mademoiselle de La Force, indique pour cette lettre la date de 1530. Cette date est très-vraisemblable.

[1] J'ai daté dans le premier volume cette lettre du mois d'octobre; c'est une erreur. Jean d'Albret n'est mort que le 25 décembre, comme le marque son épitaphe, que je ne connaissais pas alors. La voici telle qu'elle existe dans le caveau des ducs d'Alençon :

« Cy gist monseigneur Jean de Navarre, prince de Viane, fils aisné et unique de Henry II du nom, par la grace de Dieu, roy de Navarre, et de madame Marguerite de France, sœur unique du roy de France, François, Ier de ce nom ; lequel seigneur et prince trespassa le 25 décembre, l'an 1530, en l'âge de cinq mois et demi, et fut inhumé dans ce lieu le 26 dudit mois de décembre 1530. » (Voyez ODOLANT DESNOS, *Mémoires historiques sur Alençon*, t. II, p. 263.)

LETTRE LXIII.

AU ROI.

(Avant septembre 1531.)

(Le Roi, à ce qu'il paraît, avait reproché à sa sœur un mot dont elle se justifie en l'expliquant.)

Monseigneur, vous savez bien qu'il n'est pas en ma puissance de vous pouvoir riens non seulement celer, mais dissimuler, car toute ma vie, j'ai parlé à vous sans avoir regart à nule crainte, vous desclairant mon vouloir, priveement coume à mon frère, recevant vostre coumandement et conseil coume de mon père et de celuy que je tiens tout ce que je puis espérer et desirer d'avoir en ce monde; pour le service duquel j'ay estimé liberté le sacrifice de ma voulonté, ma vie heureuse, et ma mort glorieuse. Mais, Monseigneur, si j'estois si indigne que Dieu me vousist jusques là nyer la fin de mon intencion qu'il feust possible qu'elle feust de vous ingnorée, et que mon obéissance pour l'amour de vous voulontaire portast ung si contraire effet que de mettre en vostre pensée ce dont la mienne a tousjours esté si loing que seulement en ouyr parler ne se peult endurer sans importable paine, de laquelle, Monseigneur, je vous supplie très humblement ne me laisser plus soustenir le purgatoire, et me faites cet honneur de penser que si j'ay aultrefoys dist que je pensois demeurer la dernière [1], c'estoit pensant avoir la perfection de tous les malheurs et ennuis que Dieu peult envoier à sa créature ; et si mon desir se feust accordé à ma peur, j'eusse mis peine de garder ma vie et santé plus songneusement. Je suis seure, Monseigneur, que vous le sentez ainsin coume moi ; mais la parole que vous me distes au partir, que peult estre Dieu voyoit ma vie passer celle de vous et de Madame, m'a esté si pesante dans le cueur, que, sans vous avoir escript cete lectre, esperant vostre responce dont j'ay besoing, je suis seure que ma vie n'eust soustenu longuement cete peine ; car je n'ay fin, regart ni intencion que de vivre et mourir

Vostre très humble et très obéissante subjecte et seur MARGUERITE.

[Ms. n° 99.]

LETTRE LXIV.

AU ROI.

(Avant septembre 1531.)

Monseigneur, ce porteur vous saura si bien redire des nouvelles, tant du lieu dont il vient que de cetuy cy, que sa suffisance mérite donner lieu à sa parole. Vous suppliant estre seur de la santé de Madame, et que sa diligence ne lesse riens à prouvoir. De moy, Monseigneur, le desir de vous revoir m'est unne si

---

[1] Survivre à sa mère et à son frère.

forte passion à soustenir, qu'elle fait taire toutes aultres que sans cete là treuverais importaibles; car toutes mes pensées, desirs et affections sont davant Dieu si importuns, et tendans à cete seule fin, que de nul aultre propous ne luy puis faire oraison; le suppliant me donner l'effet du bien dont il me donne le pouvoir de si fort le prier; ce que fermement en sa bonté infaillible espère

Vostre très humble et très obéissante subjecte et seur   MARGUERITE.

[Ms. n° 18.]

LETTRE LXV.

AU ROI.

(Avant septembre 1531.)

Monseigneur, l'honneur qu'il vous a pleu me fere de m'escripre par ce porteur, me gardera de craindre par luy vous ennuyer de cete lectre, qui ne sera, Monseigneur, que pour vous asseurer de la bonne santé de Madame, qui toutesfois n'est encores si forte que je la desire; mais l'envie qu'elle avoit de vous voir la fortifioit en sorte qu'elle estoit preste à partir, ce qu'elle dist attendre tant, qu'il vous plera le luy mander. Et en attendant, la joye qu'elle a de vostre bonne santé et prosperité de vos affaires la rent fort contente, esperant bientoust vous voir. Mais quant à moy, je vous supplie, Monseigneur, pour estre contrainte à demeurer, n'avoir mains en vostre bonne grace, pour très humblement recoumandée

Vostre très humble et très obéissante subjecte et mignonne MARGUERITE.

[Ms. n° 69.]

LETTRE LXVI.

AU ROI.

(Avant septembre 1531.)

Monseigneur, l'eslongnement de vous me fait esperimenter le contraire de ceux qui sans amour cuident parler par raison ; car en lieu de diminuer ou appaiser l'affeission, elle croist par desir de savoir de vos nouvelles. Et après avoir seu que vostre santé continue selon que tous les vostres le demandent, ce m'est une chose si plaisante, que le redire souvent me donne force contre toute la peine que je porte d'estre sans vous. Par quoy, Monseigneur, pour sactifaire à ma voulonté, qui sans cesser veult ouïr parler de vous, ay bien voulu fere à ce porteur le bien, qu'il estime à grant honneur, de l'envoyer devers vous pour vous advertir du coumancement de mon voyage et de l'espoir que j'ay, puis qu'il vous plest le me coumander, d'estre bientoust devers Madame ; aussy, Monseigneur, afin qu'il vous plese par luy me faire entendre coume vous vous trouvez et l'estat où sont vos affaires. Car vous savez bien, Monseigneur, que hors le bien que j'en puis recevoir, le demeurant de ce monde ne me peult estre que peine ; et connoys bien despuis que je suis partie de vous, qu'il n'est nulle pire prison que d'ung corps en liberté eslongnant les lieux où son cueur est aresté. Mais esperant vous fere service, prends peine de rompre ma pensée, en quoy m'ayde bien le bon estat où je voy vos affaires et les serviteurs affecsionnés que vous avez.

Ce porteur vous dira ce que M. d'Albanye¹ escript à son houme, qui est d'affecsion. Je mettray peine que tous ceux qui vous aiment connoistront que vous n'estes ingrat, car en toutes choses ne pensera que à vous servir

Vostre très humble et très obéissante subjecte
et seur Marguerite.

[Ms. n° 105.]

LETTRE LXVII.

AU ROI.

(Avant septembre 1531.)

Monseigneur, je n'ay craint vous ennuyer de cete lectre pour vous advertir de la bonne santé de Madame, qu'elle n'a peu recouvrer despuis vostre partement jusques à cete après dignée, qu'elle a eu trois petits médecins qui luy ont fait oblier sa douleur ; car

---

¹ Jean Stuart, petit-fils de Jacques II, roi d'Écosse. Il était né en France (1482), fut gouverneur des pays d'Auvergne, Forez, Bourbonnais et Beaujolais, et mourut à Paris, en 1533, sans enfants.

il n'est possible de faire millieure chère qu'ils lui ont faite. Mais ils ne sont pas contens dont vous estes party, car monseigneur d'Angoulesme[1] a bien desliberé, si une fois il vous peult trouver, de jamais n'abandonner vostre main, et dist que, si vous allez à la chasse du sanglier, que vous le garderez bien d'estre blessé. Croyez, Monseigneur, que Madame n'a pas ouy tous ces propous sans pleurer bien à bon escient, qui luy a fait grant bien, car l'on dist que

> Qui pleure lermes par amour,
> N'en sent jamais mal ny doulour.

Et sus ce propous, vous asseurant de leur bonne santé, va supplier le Créateur bientoust parfaire la compaignie de vous et des deux, dont monseigneur d'Aire asseure qu'ils sont sains et bien traités, comme pourrez voir. Vous suppliant, Monseigneur, tenir en vostre bonne grace très humblement recommandée selon sa foy

  Vostre très humble et très obéissante subjecte
   et mignonne   Marguerite.

[Ms. n° 70.]

---

[1] Charles, duc d'Angoulême, né en janvier 1522, par conséquent alors fort jeune.

LETTRE LXVIII.

AU ROI.

(Entre 1527 et 1531.)

Monseigneur, je ne lesseray pour les lectres de Madame de vous assurer de sa bonne santé, ce que, jusques à aujourd'huy, ne vous eusse ousé escripre, pour ce qu'il n'a esté jour qu'elle ne se soit plainte de sa goutte. Mais hier qu'elle prist sa médecine, tout son mal se passa, dont la seule occasion n'a esté que les bonnes nouvelles qu'elle a de vous; et du soir qu'elle a receu vostre lectre, elle est du tout fortifiée, estant seure de vostre entière guerison, dont je loue Nostre Seigneur de tout mon cueur.

Monseigneur, je ne craindray de vous supplier n'estre mal content de la longue demeure que fait le roy de Navarre contre sa voulonté; car despuis qu'il partist d'avecques vous, a eu une douleur de dents importable; et sans le repous du bateau, je croy qu'il eust eu pys : car depuis que nous partismes de Villeneufve-Saint-George, je le vis en sorte et la gorge si enflée, que nous eusmes peur de l'esquilencie. Mais despuis s'est bien trouvé, et fust retourné devers vous, sinon que les médecins ont supplié Madame ne luy donner congié jusques à ce qu'il ait pris médecine; ce qu'il a accordé pour s'en aller bientoust vers vous. J'ay bien ousé prendre la hardiesse de vous fere son escuse, car aultre chose ne luy desire, ny à elle aussy, que vostre bonne grace

Vostre très humble et très obéissante subjecte et seur   Marguerite.

[Ms. n° 135.]

LETTRE LXIX.

AU ROI.

(Avant septembre 1531.)

Monseigneur, après vous avoir perdu de veue, Madame vint icy ouïr complies avecques les religieuses, et le soir se trouva si bien, qu'elle tint des propous pour mener la guerre à toutes, que, s'il vous plest, ce porteur vous dira; car elle lui coumanda s'en retourner devers vous, pour ce qu'elle l'estime millieur houme de chasse que de religion. Toutesfois, Monseigneur, après s'estre couchée de bonne heure et avoir dormy, avant mynuist elle s'est réveillée avecques une grant douleur d'estoumac, et a esté long-temps à tirer en grant peine pour voumir, et a fait ung grand voumissement et grans selles, en telle abondance, que maistre Jean Goinret[1] dist que nacture

---

[1] Médecin de la cour dont Marguerite parle souvent avec estime dans ses lettres à Montmorency. (Voyez t. I, p 220.) — « Le plus ancien livre imprimé à Alençon que j'aye vu, dit M. Odolant Desnos, est *Le sommaire de toute médecine et chirurgie*, par maistre Jehan Gouévrot (*sic*), docteur en médecine, médecin du roy très chrestien François, premier de ce nom, de madame la Régente, des roys et royne de Navarre. Alençon, 1530, in-16, goth. 88 feuillets » (*Mém. hist.*, p. 512.)

a fait ce que trois médecines eussent seu faire. Et despuis elle a bien dormy, et à cete heure m'a asseurée qu'elle se treuve fort bien, et m'a coumandé que je le vous escripve avecques ses très humbles recommandacions. Parquoy, Monseigneur, obéissant au vostre et au sien coumandement, vous mandant nouvelles de sa bonne santé, suis seure de faire chose qui vous est agréable, qui est le bien de ce monde que plus desire

Vostre très humble et très obéissante subjecte et mignonne   MARGUERITE.

[Ms. n° 129.]

LETTRE LXX.

AU ROI.

(? Fontainebleau ? 1531, avant le 29 septembre.)

(Cette lettre peut se rapporter à la dernière maladie de Louise de Savoie [1].)

Monseigneur, je ne vous saurois dire l'ennuy et la fascherie qui est en cete compagnie, car tout le bien que en vostre absence avons acoustumé d'avoir, qui est Madame, donne plus d'occasion de peine que de contentement. Car l'on voit bien, quelque dissimulacion qu'elle fasse, qu'elle est si changée, que jamais, pour voyaige que vous ayez fait, ne l'ay trouvée de cete sorte. Et s'il vous plest savoir son passe temps, c'est après digner, qu'elle a donné audience, en lieu de faire ses ouvraiges acoustumés, elle envoye querir tous ceux qui ont quelque mal, soit en jambes, bras

[1] Voyez t. 1, lettre 99.

ou tetins, et de sa main les habille et panse, pour esperimenter ung ongnement qu'elle a, qui est fort singulier. Au demeurant, ne voy chose qui ne la rende si triste que je suis contrainte m'en plaindre à vous, et vous supplier qu'elle n'entende point ce que je vous escrips, car elle n'en seroit contente de moy. Mais, Monseigneur, il vous plera pour sa santé et sa consolacion ne la laisser guères en ce lieu sans vous, et quant vostre santé le pourra porter, l'envoyer querir avecques peu de train. Le surplus pourra demeurer ici avecques messieurs vos enfans, et je les y serviray pour contenter le duc (*sic*) et le demeurant. Vous asseurant, Monseigneur, que si je voyois qu'elle le peust bien porter jusques au bout, je m'en tairois ; mais ce que je connoys me fait vous en escripre comme à celuy à qui ne dois, veux et puis riens celer, pour l'amour et affecsion que vous porte et qu'il vous a plu souffrir tousjours estre privée,

Vostre très humble et très obéissante subjecte et seur MARGUERITE.

[Ms. n° 36.]

LETTRE LXXI.

AU ROI.

(Grez en Gâtinois, septembre 1531.)

(Dernière maladie et mort de Louise de Savoie.)

Monseigneur, voyant la maladie de Madame, etc. (T. I, lettre 99, p. 280.)

LETTRE LXXII.

AU ROI.

(Mars ou avril 1534.)

(Relative au mariage d'Adrienne d'Estouteville avec M. de Saint-Paul.)

Monseigneur, incontinent que j'ay recu, etc. (T. I, lettre 102, p. 284.)

LETTRE LXXIII.

AU ROI.

(?Fontainebleau, — 1534.)

Monseigneur, vous escuserez, s'il vous plest, mon acoustumée façon de faillir à vous vouloir suivre; car je n'ay jamais veu blasmer ignorance de desirer approcher de parfecsion; qui me garde d'avoir honte de ma faulte, estant seure qu'il n'y a si bon esprist qui ne me tienne compaignie à n'estre riens davant le vostre; qui donnera hardiesse à la voys de ces rochiers d'ainsin parler :

> D'ung ennuy pris elle ne se doit plaindre,
> Mais le cacher, s'il ne se peult estaindre,
> Par honneste dissimulacion,
> En regrettant la consolacion
> Du temps passe qui ne se peut rattcindre.

O! que je voy d'erreur la teste ceindre
A ce Dante qui nous vient icy peindre
Son triste enfer et vieille passion
    D'ung ennuy pris!

A quarante ans vouloir encores faindre
D'avoir le mal que l'age doit refraindre [1]
Puis par despit courre à devocion
Prenant tan (*sic*) pour ferme ficsion,
C'est une fin plus qu'à ensuivre à craindre,
    D'ung ennuy pris

Toutesfois, Monseigneur, pour estre de cet eaige ne laissera à ramentevoir son antique affecsion et continuel desir de demeurer en vostre bonne grace plus que très humblement recommandée

    Vostre très humble et très obéissante subjecte
      et mignonne   MARGUERITE.

[Ms. n° 21.]

LETTRE LXXIV.

AU ROI.

(P Juillet — 1534.)

(Réné, vicomte de Rohan, comte de Porrhoët, épousa Isabelle ou Isabeau d'Albret, sœur de Henri II, roi de Navarre, par contrat du 6 août 1534. ANSELM., *Hist. généal.*, IV, 71.)

Monseigneur, je suis tant tenue à vous, oultre l'obligacion que je vous ay dès ma naissance, que je

---

[1] D'être amoureux.

ne me puis garder, puis que je n'ay moyen de mieux faire, de desirer incessamment faire chose qui vous soit agréable service. Et puisque pour cete heure Dieu ne m'en permet l'occasion selon ma voulenté, si ay je pensé en quoy le roy de Navarre et moy nous vous puissions mains donner de charge : c'est, Monseigneur, pour le mariage de sa seur, à qui vous avez tant fait d'honneur que de souvent vous en estre soulcié pour la mettre en lieu grant et honorable; dont à jamais elle et nous vous devons très humbles mercis. Mais, Monseigneur, voyant tant de charges que vous avez et tant d'importuns qui vous rompent la teste de tels propous, j'envoye ce porteur devers vous, qui est vostre nourriture, pour vous dire la prière que, sous vostre bon plaisir, nous fait M. de Rohan et son oncle l'arcevesque de Lyon, qui, pour le desir qu'il a à ce mariage, desire faire tout l'avantaige qu'il pourra à ma seur, esperant par là trouver vostre bonne grace, coume, s'il vous plest, Monseigneur, vous entendrez par ce porteur et les raisons qui me meuvent à me haster de vous supplier nous vouloir coumander vostre bon plaisir, dont la principale est pour vous descharger d'une orpheline qu'il vous a pleu recevoir pour fille, après la mort du père et de la mère; qui a desja tant attendu, qu'elle s'en va si maladifve que je ne voy pas qu'elle soit pour porter grant travail ny vous fere service en lieu qui soit loing. Et s'il vous plest, Monseigneur, vous contenter qu'elle soit en ce lieu, vous la logerez selon son vouloir et en maison qui est vostre. Vous en commanderez ce qu'il vous plaira, et en cela et toute aultre chose vous obéira jusques à la mort

> Vostre très humble et très obéissante subjecte
> et seur   Marguerite.

[Ms. n° 91.]

LETTRE LXXV.

AU ROI.

(Au commencement d'août 1534.)

Monseigneur, ce porteur vous rendra conte, s'il vous plest, de la santé où il laisse ce qui est icy vostre, qui est selon que nous avons seureté que la vostre se porte; si bien que je n'ay cause que de louer Dieu et attendre vostre retour avecques tel desir que vous, Monseigneur, pouvez sentir; ce qui ne se peult dire par lectre. Et pour plustoust recouvrer ce bien tant et tant desiré, après que M. de Chasteaubriant [1] et les parens de M. de Rohan auront advisé au mariage qu'il vous plest trouver bon [2], je m'en yray le fere le plus avant au chemin que vous tiendrez que je pourray. Car il n'y a rien en ce monde qui me peust retarder une heure le bien qui n'a point de pareil; car le temps que j'ay esté sans vous voir m'a esté si long, qu'il ne me semble point que jamais je puisse trouver la veue

[1] Jean de Laval, seigneur de Chateaubriant, mari de Françoise de Foix.

[2] D'Isabeau d'Albret avec Réné de Rohan, dont le contrat fut signé le 16 août.

dont maulgré moy j'ay esté trop separée. Par quoy, Monseigneur, je vous supplie, si ma vie vous plest, me fere mander le chemin que vous tiendrez, afin que je ne perde ung jour l'heur tant attendu, coume j'ay prié ce foible porteur vous dire, qui confesse coume moy que en vous voyant, ceux de qui vous estes la fin de leur amour tiennent en vous leur force, santé et resurrection ; ce que espère en bref avoir

Vostre très humble et très obéissante subjecte et seur MARGUERITE.

[Ms. n° 97.]

LETTRE LXXVI.

AU ROI.

(? 1536.)

Monseigneur, pour ce que ce porteur est fils de l'ung de vos vieux serviteurs qui vous vint servir en Espaigne, et qu'il vous a pleu en plusieurs affaires dont vous luy avez donné cherge, vous contenter de sa suffisance, le roy de Navarre le vous envoya pour vous rendre conte de toutes choses dont il vous a pleu luy donner cherge de dessa; qui me gardera d'en faire redicte. Mais, Monseigneur, pour ce que le roy de Navarre estoit à la frontière à l'heure que le cordelier Salezart vint devers moy à Nérac, lequel je fis passer, selon que le cardinal de Bellay[1] m'escripvist estre vostre vou-

[1] Jean du Bellay fut promu au cardinalat en 1535

loir, sans en parler à nul, il me semble que je ne vous doys celer la fin de son voyage. Et pour ce que la lectre seroit trop longue, je l'ay fait entendre à ce porteur pour le vous dire, afin qu'il vous plaise juger sur tous ces propous, si vous y pouvez avoir fiance ou non. Car la mortelle haine que l'Empereur vous porte me fait doubter non seulement des Espaignols, mais des François, principalement des gens de religion; et ce beau père Salezart est homme de plus grant menée que je n'eusse pensé. S'il vous est aussy affectionné qu'il en jure et que je le voudrois, il a grand moyen de vous fere service par advertissemens; mais s'il est tel que je crains, il vous fera plus de dommaige que de service, car il ny a rien en vostre court qu'il ne saiche, jusques aux secretes amitiés, et en parle très bien. Le général de leur ordre est passé par icy et n'a voulu voir l'Empereur, ny le duc d'Albe, ny le visroy de Navarre, qui l'avoient mandé par Salezart : mais s'en va tout droit devers vous où que vous serez. Il est Corse, et parent proche de César Fourgouze[1], et dist que la pluspart des siens sont morts en vostre service. Il est entierement au Pape, ennemy des Anglois et des Lutériens et de l'Empereur, le voyant pour certain joint à l'Anglois. Il s'en va recevoir le chapeau que le Pape luy a proumys; et saichant, Monseigneur, les bons propous que le Pape tient et l'amytié qu'il desire avoir à vous (chouse qui me semble très necessaire d'estre conservée, princi-

---

[1] César Frégose, assassiné avec Antoine Rincon, le 2 juillet 1541, comme ils allaient en ambassade de la part de François Ier, l'un à Venise, l'autre auprès de Soliman.

palement en ce temps), je luy ay fait si bonne chère et l'ay tant asseuré de l'amour que vous portez à son maistre, qu'il n'a aultre desir que de vous y fere service. Et si vous luy portez quelque bonne parole et le visaige dont vous savez gaigner tout le monde, je suis seure que vous en tirerez très bon service, car il y a puissance, et luy semble, s'il voit uni le Pape avecques vous, qu'il sera en Paradis, et a belle envie de vous monstrer qu'il a desir et pouvoir de le fere. Salezart sera avecques luy; vostre prudence advisera s'il doit parler à vous ou non; mais il ne se veult fier que en vous, ou en madame d'Estampes, pour dire tout ce qu'il sait; car il craint quelques ungs pour les raisons que vous entendrez; qui me fera finer ma longue lectre, suppliant le Créateur vous ramener en santé, victorieux de vos ennemis : car jusques là ne peult estre sans peine

  Vostre très humble et très obéissante subjecte
   et mignonne   Marguerite.

[Ms. n° 19.]

LETTRE LXXVII.

AU ROI.

(Montfrin, 1536.)

(Éloge de Montmorency et du camp d'Avignon.)

Monseigneur, encore que ne soit à moy, etc. (T. I, lettre 127, p, 325.)

LETTRE LXXVIII.

AU ROI.

(? Fin d'août — ? 1536.)

(Le Roi étant au camp de Valence ou dans les environs, à Arles, Tarascon, Beaucaire, Avignon, qu'il parcourut durant ce mois.)

Monseigneur, hier par Ysernay, il vous pleust me mander le lieu où vous estiez, et ce qu'il vous plest que cete compaignie fasse, à quoy vous serez obéy. Mais il nous desplaist bien que ce n'est plustoust; toutesfois nous ferons annuist si bonne diligence, que j'espère que demain nous aurons le bien de vous voir, coume vous dira ce porteur, lequel nous envoyons devers vous, afin d'entendre mieux ce qu'il vous plera nous coumander. Vous asseurant, Monseigneur, que, sans la pitié que madame la Daulphine [1] et madame d'Estampes ont eu de ma vieillesse [2], je crois qu'ils eussent pris la poste, de peur qu'ils ont de faillir à vous trouver et qu'il surviengne quelque occasion qui vous contraigne les contremander. S'il vous plesoit par Fors, qui reviendra demain à la dignée, feindre qu'il ne vous plest pas que nous passons oultre, vous leurs feriez une terrible alarme! et sy ne say si vous seriez

---

[1] Catherine de Médicis, femme de Henri, devenu dauphin par la mort de François (10 août 1536).

[2] Si la lettre est de 1536, Marguerite avait quarante-quatre ans.

obéy; car je croy que vous n'avez capitaine en vostre armée qui de millieur cueur s'y treuve qu'ils feront [1]. Et quant à moy, Monseigneur, oultre le bien que ce m'est d'aller où vous estes, ce m'est grant heur d'estre à cete bande; car je vous asseure qu'il n'y a debat sinon à qui plus desire vous obéir et servir. Et combien que mon esperience soit la plus longue, je voy leur affection si grande, que, coume de chose impossible, se sent honorée d'estre vaincue, regardant plus à vous que à soy mesmes

Vostre très humble et très obéissante subjecte
et seur　　　　　　　　　　MARGUERITE.

[Ms. n° 55.]

LETTRE LXXIX.

AU ROI.

(? Automne de 1536.)

(Méchanceté et déloyauté de Charles V. Allusion à la mort du Dauphin, récemment empoisonné à Tournon.)

Monseigneur, j'ay reçu la lettre, etc. (T. I, lettre 130, p. 332.)

[1] Elles y allaient donc.

LETTRE LXXX.

AU ROI.

(Alençon, 1531.)

Monseigneur, la seureté qu'il vous plest avoir de moy me fera vous advertir de ce qui a esté fait à Alençon. C'est que les deux jeunes hommes ont esté jugés par toutes les barres [1], non seulement d'Alençon, pour ce que la pluspart estoient leurs parens, mais de toutes les assises du pays, où se sont trouvés tous advocas et gens qui ne jugent que selon leur loy. Ce qui a esté exécuté sans nulle grace ne moderacion, coume j'espère que vos coumissaires connoistront, auquels j'ay prié revoir le procès, nonobstant les previléges que vous, Monseigneur, savez estre entre la justice et eschiquier d'Alençon [2]. Vous savez ce que je vous en dis à Argentan, et du dommaige que vous pourriez avoir aux terres acquises et réunies à vostre duché, à cause et à la fin de l'augmentacion de cete juridicion. Par quoy, Monseigneur, il vous pleust me coumander garder entierement l'auctorité ancienne, et vous remonstrer quant il y auroit quelque chose que l'on voudroit in-

---

[1] Ce terme, dans la langue de l'ancienne jurisprudence, avait plusieurs significations; il désigne ici des juridictions subalternes.

[2] L'échiquier d'Alençon, érigé par Philippe-le-Hardi, sous le duc Charles Ier, avait un pouvoir égal à celui de Normandie pour juger *sans appel* toutes les affaires du duché. (ODOLANT-DESNOS, *Mémoires historiques sur Alençon*, t. II, p. 430.)

venter au contraire; me proumettant dedans deux ans au plus la donner à ung de Messieurs vos enfans. Qui m'a donné double vouloir d'éclaircir vostre droit, et y fere tel amendement que j'espère que vous en serez content. Et me fiant à vostre proumesse, j'ay bien voulu donner à connoistre à vos officiers que ces coumissaires estoient envoyés de par vous à ma requeste, afin qu'ils eussent telle obéissance que vous entendez, et que aussy, usant de leur coumission telle qu'elle est despeschée, les héritiers d'Alençon [1] ne prinsent occasion de vous fere querelle sur l'anéantissement de la justice. Ce qui me fait le vous escripre, c'est que je vous supplie ne permettre plus telles choses sans m'en fere advertir; car, sans moy, l'on avoit fait chose pour donner bonne couleur à vous fere perdre les acquetz, qui sont dix mille livres de rente [2]; comme ils faisoient audist Argentan, en baillant coumission à ung de vos mestres des requestes pour ung criminel; ce que vous defendistes, ayant entendu la perte que vous y aviez, où j'ay plus de regard que à la mienne propre. Toutesfoys, Monseigneur, j'ay conduist cet affaire de sorte que vous serez obéy, et si n'y aurez nul dou-

---

[1] Les principaux étaient madame de Vendôme et la marquise de Montferrat, sœurs du feu duc Charles IV.

[2] Après la mort du duc d'Alençon, un arrêt de 1526 avait adjugé au Roi la propriété des duché d'Alençon et comté du Perche. François I*er* cependant voulut que sa sœur restât usufruitière. Mais les acquisitions de la maison d'Alençon donnèrent lieu à de longues contestations, qui ne furent définitivement accommodées que par Henri II. (Voyez l'*Art de vérifier les dates*, édit. in-8°, t. XIII, p. 168.)

maige. Vray est que qui m'en eust advertie, le tout eust esté fait plus honorablement; mais me confiant que vous le vouliez ainsin, j'ay dist à tout le monde que c'estoit à ma requeste; vous suppliant, Monseigneur, pour la conservacion de vostre bien, m'en advouer, et vous trouverez que, en ce qu'il vous a pleu me bailler en charge, je m'en suis acquittée et m'en acquitte coume celle qui a plus esperé en les vous remettant entre les mains estre louée de vous, que d'en porter longuement la peine que j'en ay eue despuis le trespas de monsieur d'Alençon. Dont, je suis seure, vous me deslivrerez, coume il vous a pleu le me proumettre; ce que j'attendray en faisant mon devoir jusques à vostre retour, qui par vostre vue me rendra entier contentement. Esperant en vostre bonté que vous me mettrez à repous de tant de charges pour n'avoir plus riens à penser que à vous suivre, et vous obéir et servir tant que Dieu me prestera de vie; lequel je supplie, Monseigneur, la vous donner aussy longue et heureuse que la vous desire

Vostre très humble et très obéissante subjecte et seur MARGUERITE.

[Ms. n° 29.]

LETTRE LXXXI.

AU ROI.

(Alençon, 1537.

Monseigneur, j'ai receu une lectre qu'il vous a pleu escripre à vos commissaires d'Alençon, où vous leur commandez m'apporter leurs informacions et procedeures pour faire sur icelles exécuter les pugnysions requises. Je croy, Monseigneur, que vous avez pensé faire beaucoup pour moy; mais je vous puis bien asseurer que c'est tant et tant, que vous ne le pourrez savoir par longue escripture. Car premierement, vous avez ousté ung bruist qui commençoit à courir, que lesdits commissaires estoient allés là pour s'enquerir de tout ce que j'avois fait en la duché despuis douze ans [1]; d'aultre part, vous avez ousté l'orgueil de ceux qui, après avoir fait contre vous tout le pis qu'ils ont peu, se vantoient d'avoir la victoire de moy, qui, durant vostre prison, les ay tenus en telle crainte que je devois; vous avez ousté l'opinion que plusieurs avoient, que j'estois si suspecte en cete matiere, qu'il ne vous plesoit vous en fier ny en moy, ny en nul du (*sic*) duché. Mais, Monseigneur, combien que vous m'ayez fait plus d'honneur que je ne vous eusse ousé demander, et le plus grant et le plus necessaire que j'eusse seu avoir, si en suis je encores plus aise pour

---

[1] Le duc d'Alençon, premier mari de Marguerite, était mort le 11 avril 1525.

vous que pour moy : car, en gardant l'auctorité de vostre previlaige d'Alençon, vous sauvez quinze mille livres de rente, qui s'en alloient en grant branle de retourner aux héritiers [1]; ce dont ils ont secretement cherché les moyens, comme j'espère une fois vous dire. Vous suppliant croire, Monseigneur, que ne vous pouvant aultrement rendre la grace que vous me faites, je m'acquiteray si bien à faire l'execusion de ceux qui seront chargés par le procès des commissaires, que je vous rendray l'honneur que vous me faites, en m'acquittant selon vostre vouloir; en sorte que l'on connoistra que tout ce qui peult estre en moi ne taiche que à honorer la nature, l'exemple et la nourriture prise de vous, tant en vostre foy que en vostre zele. Et afin, Monseigneur, que la vérité puisse pour vous et pour moy desmentir tout le monde, je vous supplie escripre aux gens tenant vostre eschiquier à Alençon, que, tous affaires lessés, ils ayent à vuider les choses concernant l'honneur de Dieu, et donner ordre que tous ces propous cessent, tant des meschans scandaleux, que aussy des faulx accusateurs. Vous avez en l'échiquier quatre conseilliers de vostre cour de Paris; deux de la cour de Rouen, et deux du grant conseil, et tant d'aultres suffisans personnaiges, que vous y serez trop mieux obéy qu'ils n'ont esté bien accusés. Il vous plera, Monseigneur, me pardonner ma longue lectre; mais vous vous monstrez si affecsionné frere, que vous me contraignez à parler

---

[1] De son premier mari.

comme seur, et vous supplier, pour la fin de toutes mes fascheries, ouyr ung mot de ce porteur, lequel j'envoye seulement pour vous dire que vous m'avez laissé en si grant repous, et que je vous suis tant tenue, que je me souhaite grosse de cent mille hommes d'armes [1] qui, en mettant leurs vies pour vostre service, vous peussent montrer quel desir a d'en faire aultant

Vostre très humble et très obéyssante subjecte
et seur M<small>ARGUERITE</small>.

[Ms. lettre 13.]

LETTRE LXXXII.

AU ROI.

(Mars 1537.)

Monseigneur, s'il vous plest ouïr ce porteur, il vous dira les maulx que des aventuriers vagabonds font à vostre pays de Berry, ce que plutoust vous eusse faict entendre, sinon que j'esperois que M. le mareschal d'Aubigny [2], qui estoit sus le lieu, fist son office. Monseigneur, les maulx qu'ils ont faits, combien qu'ils soyent grans, ne sont riens au prix de leur parole, que je treuve si mauvaise et si conforme à ce que ceux qui sont à Paris prisonniers ont dist, que je suis contrainte vous supplier m'envoyer une commission adressante à monsieur de Lignieres, et de valeur d'assembler l'ar-

---

[1] Elle fit une fausse couche.

[2] Robert Stuart, seigneur d'Aubigny, maréchal de France, commandait huit mille suisses. (Du Bellay, *ad ann.* 1537, fol. 201, in-fol.)

riere ban pour en nettier le pouvre pays qui en est destruit. Et je y envoyeray Jenton pour fere l'informacion des prisonniers qu'ils prendront, pour entendre qui est la cause qui leur fait crier *vive* aultre que vous, coume j'ai prié le sieur de Nançay de vous dire, et aussy coume demain je m'en revoys à Amiens. J'ai grant peur, Monseigneur, que je y trouveray M. de Vendosme en l'estat que je crains de voir vos bons serviteurs, duquel nombre je le tiens aultant qu'il en soit point [1]. Et aussy pour ma pouvre seur je me hasteray, car elle a bien besoing que Dieu et vous luy soyez en aide. Je y feray le mieux que je pourray, vous suppliant, Monseigneur, en l'honneur de Dieu, n'esperimenter si souvent le cueur que Dieu vous a donné si bon que vous luy devez garder la vie pour saulver celle de vostre reaulme. Et je supplie celuy qui le peult et veult, vous donner aussy joyeux et content retour que sans cesser l'en requiert avecques tous les vostres

Vostre très humble et très obéissante subjecte et mignonne MARGUERITE.

[Ms. n° 40.]

[1] Du Bellay (ann. 1537) dit qu'il mourut d'une fièvre chaude à Amiens, à la fin du mois de mars. Madame de Vendôme était une sœur du duc d'Alençon, premier mari de Marguerite.

LETTRE LXXXIII.

AU ROI.

(Avril 1537.)

(Le Roi étant au camp près de Hesdin.)

Monseigneur, nostre joye indicible nous ouste l'esperit et la force de la main pour vous écrire, car combien que la prise de Hesdin feust fermement esperée, si nous demeuroit il une peur de toutes les choses qui peuvent estre à craindre si très grande que nous avons esté despuis lundy coume mortes. Et à ce matin ce porteur nous a ressuscitées d'une si merveilleuse consolacion, que, après avoir couru les unes chez les aultres pour annoncer les bonnes nouvelles, plus par larmes que par paroles, nous soumes venues icy avecques la Royne, pour ensemble aller louer celuy qui en tous vos affaires vous a presté la destre de sa faveur. Vous assurant, Monseigneur, que la Royne a bien embrassé et le porteur et toutes celles qui participent à sa joye, en sorte que nous ne savons que nous faisons ny que nous vous escripvons. Il vous plera nous escuser si nous soumes transportées en l'aise que nous sentons que vous avez. Suppliant le Père Éternel, qui a eu memoire de son David et de sa mansuétude [1], vous continuer, coume il a fait et fera, son amour et sa grace.

[1] *Memento Domine David et omnis mansuetudinis ejus.* (Psalm. 131, v 1.)

Et pour ce, Monseigneur, qu'il n'est en nous recompenser le bien que par ce porteur nous avez envoyé, nous toutes vous supplions le vouloir avoir pour recommandé, et luy donner moyen d'avoir sa vie; et de nostre cousté chascune s'y employera, combien qu'il ne fault point d'aide à vostre liberalité.

Monseigneur, pour la fin, la Royne m'a coumandé vous supplier, avecques toutes les dames, qu'il vous plese nous coumander de vous aller voir en tel lieu qu'il vous plaira; car, avecques saint Thomas, nous ne serons contentes que nous n'ayons veu nostre Roy ressuscité par heureuse victoire; et très humblement vous en resupplions

Vos très humbles et très obéissantes subjectes
CATERINE [1], MARGUERITE [2], MARGUERITE [3],
MARGUERITE [4], ANNE [5].

[Ms. n° 104.]

[1] De Medicis; elle signe la première en sa qualité de dauphine.
[2] Fille du Roi.
[3] La reine de Navarre.
[4] Je ne sais qui est celle-là.
[5] Anne de Pisseleu, duchesse d'Etampes?

LETTRE LXXXIV.

AU ROI.

(Juin 1537.)

Monseigneur, j'ay tant à vous mercier très humblement de tant et tant de graces qu'il vous plest fere au Roy de Navarre et à moy, que je ne sais par quel bout coumencer. Par quoy, Monseigneur, j'ay supplié M. le Daulphin et M. le cardinal de m'ayder à vous dire combien l'honneur que vous nous faites de vous soulcier de sa maladie et de mon ennuy, nous donnent de santé et de consolacion. Je n'ay peur sinon que la maladie tant honorée de vostre visitacion veuille demourer plus longuement que je ne pensoys. Toutesfois, Monseigneur, la joye que le malade receut après avoir veu M. le grand maistre [1], l'a tant amendé, que soudain il perdist deux ou trois signes qui me faisoient peur et mettoient les médecins en desliberacion d'une segonde saignée ; mais je croy qu'ils se contenteront de la médecine qu'il a prise aujourd'huy, qui luy a ousté la jaulneur qui depuis trois jours luy estoit venue. Mais quelque fieuvre qu'il ait eue et grande sueur, jamais il ne s'est fasché ny ennuyé despuis qu'il parla à M. le grant maistre ; car au plus fort de son mal, il ne fait que parler et s'esbattre. Ce qui me fait vous en escripre

[1] Ceci fut écrit avant mai 1538, date de la nomination de Montmorency à la connétablie. Le roi de Navarre fut malade en juin 1537. (Voyez t. I, lettre 136.)

si au long, c'est pour vous monstrer combien peult l'aise que vos serviteurs ont d'estre en vostre bonne grace, et de savoir que vostre santé et vos affaires se portent si heureusement. C'est pour les faire non seulement guerir, mais ressusciter. Et pour ce, Monseigneur, que les tesmoings qui, pour l'amour de vous, ont pris la peine de venir exercer leur charité en cet hospital [1] sont plus suffisans que nous ne méritons, nous avons mis nos très humbles mercis, recommandacions et excuses entre les mains du fils, par lequel presentées ne vous peuvent estre désagréables. Suppliant celuy qui peult sactifaire à nostre impuissance vous donner avec tout ce que vous aimez aussy bonne et longue vie que plus que la sienne vous souhaite

Vostre très humble et très obéissante subjecte et mignonne MARGUERITE.

[Ms. n° 66.]

LETTRE LXXXV.

AU ROI.

(Juin — 1537.)

Monseigneur, vous avez tant fait de bien au roy de Navarre de l'envoyer voir [2], qu'il est bien marry qu'il n'a assez de mal pour mériter cet honneur. Car celuy

---

[1] Le grand maître Anne de Montmorency, accompagné du duc d'Orléans.
[2] Par le duc d'Orléans et le grand maître Anne de Montmorency. Voyez la lettre précédente

qu'il a eu a esté si peu de chose, que la médecine le luy a ousté entierement. Je croy que s'il ne l'eust prinse, il feust tombé en tel mal qu'il nous eust plus longuement fallu eslongner vostre compaignie; combien que ce peu me semble trop : car encores n'avoys je eu le lesir de vous avoir bien veu, qu'il m'a fallu vous lesser; dont je ne me puis contenter. Mais je vous supplie, Monseigneur, pour la parfaite guerison du mary et le plus grand contentement que peult avoir la femme, nous tenir en vostre bonne grace pour très humblement recommandés. Suppliant Nostre Seigneur vous donner entière santé et sactifacion de vostre voulenté que plus que la sienne desire

Vostre très humble et très obéissante subjecte
et mignonne MARGUERITE.

[Ms. 103.]

LETTRE LXXXVI.

AU ROI.

(? 1537.)

Monseigneur, je suis contrainte en despist de moy et contre mon desir et ma voulonté de vous fere la requeste du monde qui me desplest le plus; c'est qu'il vous pleze, Monseigneur, me douner congié pour si peu qu'il vous plera, d'aller avecques le roy de Navarre en Guyenne. Vous suppliant très humblement, Monseigneur, de croire que sans estremité d'affaires je ne le voudroys demander; mais voyant l'estat où ils sont, et que, sans y donner ordre, il est impossible qu'il vous puisse suivre coume il desire, le desplaisir que ce me seroit de voir la maison où pour vostre service vous m'avez mise, en telle sorte qu'il feust contraint de vous importuner, et que la faulte feust par moy, m'a ousté la crainte de vous demander cet ennuyeux congié, qui ne se peult escripre sans tel regret que peult sentir la plus obligée personne qui oncques fust à vous, perdant pour ung temps la plus desirée et estimée presence qui jamais ait esté veue. Et de tant plus je sens et connois le bien et l'honneur que ce m'est de l'avoir, de tant plus l'eslongner m'est importaible. Et n'estoit l'esperance de bientoust la recouvrer et de vous rendre le Roy de Navarre hors d'importunité pour vous et de honte pour luy, je l'eusse très voulontiers lessé fere le voyage tout seul. Mais je say bien, Monseigneur, que je ne vous puis mieux plaire que de m'acquitter où j'ay le devoir; car tout l'honneur que je puis avoir tourne à vostre gloire, pour laquelle je desire plus garder mon honneur sans tache que pour la mienne propre. Vous suppliant très humblement, Monseigneur, vouloir ouïr ce porteur, par lequel vous connoistrez que je ne m'en vois pas si loing de vous sans assez d'occasions, auxquelles j'espère mettre si bonne fin, que vous aurez contentement du rapport et service de l'effet. Et pour la fin de ma très humble requeste, et pour le millieur et seul moyen de venir à fin de tous mes ennuis, je vous supplie que, selon ma foy, la part de vostre bonne grace ne me soit jamais diminuée. A laquelle, n'en pouvant plus dire, se va tant et si très humblement qu'il luy est possible recoumander

  Vostre très humble et très obéissante subjecte et mignonne   MARGUERITE.

[Ms. n° 90.]

LETTRE LXXXVII.

AU ROI.

(1537.)

(Le roi et la reine de Navarre venaient de quitter le Roi pour retourner chez eux.)

Monseigneur, si je n'ay eu le pouvoir d'avoir pris congié de vous, et vous supplier me tenir pour très humblement recoumandée en vostre bonne grace, il vous plaira, Monseigneur, recevoir les lermes qui de loing vous dirent adieu, et la lectre pour la parole; et croire que, si ce n'estoit l'esperance que j'ay de vous fere millieur service au lieu là où je voys que je ne vous puis fere icy, il ne seroit en ma puissance, pour toutes les chouses de ce monde, d'esloingner tant de bien, en qui gist tout celuy que je puis avoir. Mais j'ai si grant regret de voir que aux affaires où vous estes, le roy de Navarre et moy, ne vous faisons aultre service, que je ne me repouseray que en quelque endroit nous ne vous fassions connoistre combien nous desirons faire chose qui vous soit agréable. Et si je prends la hardiesse de vous importuner pour vos affaires, il vous plaira le me pardonner, et, si vous voyez que ce soit chose raisonnaible, coummander qu'il y soit prouveu. Et j'espère, Monseigneur, que, mais que nous soyons au païs ¹, il n'y viendra nulle fascherie. Tout ce que je crains n'est que une surprise par faulte de satisfaire à ce que M. de Bourdeaulx a tant demandé ², qui me fait desirer que M. de Saint-André y peust estre avant nous. Mais en attendant ce qu'il vous plaira coummander, nous ferons la diligence qu'il nous sera possible pour nous advancer d'y estre; car pour appaiser l'ennuy de perdre le bien de vous voir ne cessera de travailler pour vostre service

Vostre très humble et très obéissante subjecte et mignonne   MARGUERITE.

[Ms. n° 65.]

LETTRE LXXXVIII.

AU ROI.

(? 1537.)

Monseigneur, de l'honneur et contentement qu'il vous a plu donner au roy de Navarre, luy mandant par ce porteur qu'il aille devers vous, il vous en ira luy mesmes mercier, et feust desjà party, si le retardement n'eust été pour vostre service. Mais, Monseigneur, de ce qu'il vous plest vous fier en moy

---

¹ En Guyenne.
² Que l'on couvrit Dax et Bayonne. (Voyez t. I, lettre 136, p. 346.)

de vous servir en son absence, si le sens et la puissance estoient coume l'affecsion, vous n'y sauriez lesser millieur lieutenant; et nonobstant toute l'inutilité que je congnois en moy, j'espère en celuy qui m'a fait naistre vostre seur, qu'il me donnera la grace de vous faire quelque service, au mains de ne rien gaster de la bonne ordre que jusques icy le roy de Navarre a tenue.

Il est vray, Monseigneur, que nos voisins[1] ne dormiront pas et s'advanceront à fere le pis qu'ils pourront; pour laquelle occasion je m'en iray au Mont de Marsan, pour estre plus près de la frontiere, et avecques vos serviteurs, je ne cesseray d'avoir l'euil à toutes choses pour vostre service, afin de vous en advertir, afin de donner ordre à ce que nous voirons qui promptement le requerra. Et si l'Anglois, comme l'on dist, vient à ce printemps par ce cousté, et les Espagnols s'y veulent joindre, mais qu'il vous plese par vostre très saige prudence donner moyen au païs dont vous estes[2] de se défendre et le vouloir secourir, comme vous y congnoyssez le besoing, que vous serez aussy bien servy et d'aussy bon cueur de vostre Guienne que de païs que vous ayez. Je suis seure, Monseigneur, que la connoissance que vous avez de vos affaires vous recoumande cetuy cy par dessus tous; qui me fera supplier Nostre Seigneur vous donner une bonne paix[3], selon vostre desir, par laquelle puissions saillir hors de toutes les craintes que

---

[1] L'armée de Charles-Quint, qui s'etait jete sur la Provence.
[2] François Ier était né à Cognac.
[3] Le traité de Bomy fut signé le 30 juillet 1537.

nous avons, non tant de la force de vos enuemys que de leurs meschantes pratiques. Et s'il ne luy plest la nous donner, que par une glorieuse victoire il luy plese mettre à riens vos ennemys visibles et couvers, afin que en cete joye pleine de parfait contentement puisse recouvrer votre desirée veue

Vostre très humble et très obéissante subjecte
et mignonne   MARGUERITE.

[Ms. n° 53.]

LETTRE LXXXIX.

AU ROI.

(Du Languedoc, — été de 1537.)

Monseigneur, j'escrips quelque chose à madame d'Estampes ; je vous supplie le faire, car c'est pour tromper nos ennemis, contre lesquelz si vous voyez que je soye si heureuse que vous y servir, je vous supplie le me coummander ; car je ne desire sinon par quelque service monstrer ce que Dieu a mis dedans mon cueur. Mais s'il vous plest que je vous serve icy en l'absence du mary, il vous plera prouvoir à ces frontieres d'un millieur cerveau que le mien et d'ung cueur aussi fidèle et loyal ; car il en est bien besoing, si l'Anglois et l'Espaignol s'assemble.

(*Sans signature. Cette lettre paraît n'avoir pas été achevée.*)

[Ms. n° 60 *bis*.]

LETTRE XC.

AU ROI.

(Mont-de-Marsan, été de 1537.)

Monseigneur, la lectre qu'il vous a pleu m'escripre par Frotté et sa créance m'a apporté plus de contentement que je n'en eusse ousé desirer, voyant que, non seulement ma longue demeure en ce païs ne m'a en riens eslongné de vostre bonne grace, mais qu'il vous plest avoir la veue agréable de celle qui jamais en esprist ne vous abandonne. Dont je ne vous ouse par escript très humblement mercier, car je say que ma presence et parole ne sauroient sactifaire à mon obligation. Si est ce que le plus tost qu'il me sera possible je seray au lieu où je vous presenteray pour toute satifaction la plus afecsionnée voulonté à vous obéir et faire service que peult avoir la plus obligée personne qui onques feust à vous. Et vous supplie croire, Monseigneur, que . . . . .[1] ne desplaise à ceux qui ont causé ma demeure sur les affaires que j'ay, dont ils ont parlé sans cherge de moy et contre ce que je leur ay dist. La principale occasion qui m'a fait demeurer en l'absence du roy de Navarre, c'est le desir que j'ay eu toute ma vie de vous pouvoir fere service, non coume seur, mais coume frère. Et voyant que vous me faisiez cet honneur de m'escripre que en son absence vous aviez fiance en moy et me coumandiez regarder de près à vos affaires, j'ay converty le desir de vous

[1] Un mot surchargé illisible.

voir en celuy de vous servir, et m'en suis venue en ce lieu pour estre plus près de Bayonne; duquel je n'ay failly à toute heure advertir le roy de Navarre de tout ce que j'ay peu entendre pour le vous monstrer. Et voyant l'apprest que font nos voisins de nous faire beaucoup de maux, s'il leur est possible, coume par les postes à toute heure j'escrips, j'ay mandé le seneschal de Bazadois et M. de Bourdeaux se trouver à Daqz, où se rendra M. de Burie[1], afin de prendre ensemble une bonne resolucion des affaires de pardessa, pour incontinent vous en advertir. Car par trois fois M. de Burie m'a escript qu'il me prioit aller le plus près de Bayonne que je pourrois pour parler à moy, et que il y avoit tant de dangier à la ville qu'il ne l'ousoit abandonner; ce que pour vostre service est necessaire que je fasse; qui ne sauroit retarder mon partement de [2] six jours, mais je les gaigneray, car je m'en iray tout droit à Bordeaux sans passer par Nérac, ny me tordre[3] en riens. Et vous supplie, Monseigneur, ne pensez que nulle necessité me seust retenir; car combien que je n'ay nulle terre à vendre pour vostre service, et que tout le bien que j'ay en ce monde c'est celuy qu'il vous a pleu de vostre grace me donner, si est ce que, veu les affaires où vous estes, j'aimerois mieux vendre les meubles que j'ay faits de vostre argent, que de vous ennuyer ni cherger en ce temps. Toutesfoys, Monsei-

---

[1] Lieutenant du Roi en Guyenne.

[2] Probablement Marguerite a sauté deux mots, et il faut lire : *de moins de six jours*.

[3] *Détourner*.

gneur, l'on m'a escript qu'il vous plest me bailler pension; mais craingnant que ce soit une ouverture pour plus importuns que moy, je vous supplie déffendre que l'on n'en parle point jusqu'à ce que je soye devers vous. Et s'il vous plest me fere ce bien pour entretenir plus honnestement ma despense, je l'estimeray encore mieux s'il vous plest le me faire bailler secrètement, par forme de don, et non de pension, pour ne venir à conséquence. Et des dix mille livres qu'il vous plest maintenant me donner, je les prendray comme don pour fere mon voyaige. Mais si j'en pouvois trouver aultant à emprunter, je n'en eusse pour riens desgarny vos finances; car le temps vient où vous en aurez bien affaire. Et n'ay regret que de tant de bien que j'ay reçu de vous j'ay esté si peu mesnaigière que je n'en ay seu espargner pour maintenant vous servir. Et quant à ce qu'il vous plest me dire, que le desir de voir ma fille[1] me devroit advancer de partir, vous me feriez bien grant tort, Monseigneur, si vous pensiez que au prix de celuy que j'ay de vous voir, mary ny enfant me feussent riens, comme plus au long vous dira Frotté. Vous suppliant pour toutes graces croire assureement que aultre chose que vous et vostre service n'a davant les yeux

Vostre très humble et très obéissante subjecte et mignonne MARGUERITE.

[Ms. n° 85.]

[1] Jeanne d'Albret, que François Ier faisait elever au Plessis-lez-Tours.

LETTRE XCI.

AU ROI.

(?1537.)

Monseigneur, la crainte que j'ay de vous ennuyer de longue lectre, et le desir qu'il vous plese entendre des affaires où je suis, me fait vous envoyer ce porteur, pour les vous desclairer, comme celuy qui, je suis seure, ne vous celera riens; car il n'a regard que à vous seul et vostre service. Je say bien, Monseigneur, que de si petites choses doy craindre vous fascher; mais veu que je n'ay parent ny amy où je puisse et doive chercher conseil et parler priveement, je ne regarde point que vous estes mon roy et seigneur, mais seulement que vous m'estes père, frère et filz, et que Dieu ne m'en a lessé nul aultre proche qui puisse parler pour moy. Mais le plus grant et principal affaire que j'ay, c'est de demeurer en vostre bonne grace, et de vous mercier très humblement de tant de bien qu'il vous plest me faire [1]. Car je congnois bien, Monseigneur, que, en la vieillesse où je m'en vois, suis plus inutile que je ne fus oncques de vous faire service; et que, par raison, le bien qu'il vous a pleu me faire devroit diminuer. Et voudrois bien qu'il feust tout employé aux grans affaires que vous avez, et devoir vivre très petitement;

[1] Le don ou la pension de 10,000 livres dont il a été question dans la lettre précédente.

mais il vous a pleu y prouvoir en m'aidant d'entretenir ma fille, comme m'a escript M. l'admiral [1]. J'espère, Monseigneur, par ce moyen saillir bientost hors de tous mes affaires et aider si bien au roy de Navarre à faire les siens, que vous en tirerez, par en avoir millieur moyen, plus de service; qui est la fin où met toute sa peine

  Vostre très humble et très obéissante subjecte et mignonne   MARGUERITE.

[Ms. n° 49.]

LETTRE XCII.

AU ROI.

(Dax, été de 1537.)

Monseigneur, après avoir entendu de M. de Burie [2] et de Bourdeaux [3] coume les affaires de vostre fontiere se portent, j'estois desliberée m'en partir incontinent. Mais il y a quelque affaire d'importance duquel m'avoit adverty ledit sieur de Burie, dont au soir il nous vint nouvelles telles, Monseigneur, que, si Dieu veult y mettre la fin aussy bonne que le coumencement, je ne

[1] Chabot de Brion.

[2] Lieutenant du Roi en Guyenne, ou du moins qui en faisait l'office. Il n'eut le titre qu'en 1546.

[3] Charles de Grammont, qui succéda à son frère Gabriel en 1534, et mourut en 1544. Gaillard l'appelle *le plus vertueux des intolérants*, et dit qu'il était, avec M. de Tournon, le directeur de conscience et l'ami de la reine de Navarre. Sur l'amitié du roi et de la reine de Navarre pour Charles de Grammont, voyez t. I, p. 68 et 69 en note.

voudrois pour bien du monde n'estre venue icy. Si est ce que les propos sont venus si avant, que, encores qu'ils ne passassent oultre, nous savons assez pour bien nous garder. Et tant à leur priere que congnoissant qu'il estoit necessaire, j'ay desliberé demeurer icy trois jours, lesquels passés, m'en iray le plustoust que je pourray devers vous.

Il est vray, Monseigneur, que si nos voisins sont tels qu'ils nous veulent faire croire, et que à l'improviste fissent icy une course ou à Bayonne, coume ils ont coustume, je n'en partirois que je ne leur fisse recevoir telle retraite qu'ils craindroient à venir jouer icy à leurs barres. Mais si dedans trois jours n'en est nouvelles, je m'en partiray.

MM. de Burie, de Bourdeaux, seneschal de Bazadois et moy avons regardé à ce qui est necessaire pour cete ville qui a ung cousté très dangereux [1], coume par cy davant vous a escript M. de Burie, coume plus au long j'escrips au roy de Navarre. Vous suppliant, Monseigneur, veu qu'il y fault bien peu pour la mettre en seureté, y vouloir promptement prouvoir. Je les fais mettre main à l'euvre, prenant quelque peu d'argent qu'ils ont sur ma parole. Et ne me desplaist sinon que n'a le pouvoir tel que le vouloir de vous fere service

   Vostre très humble et très obéissante subjecte
    et mignonne   M<small>ARGUERITE</small>.

[Ms. n° 34.]

---

[1] « J'ai mandé le seneschal de Bazadois et M. de Bourdeaux se trouver à Daqs, où se trouvera M. de Burie, pour prendre une bonne resolucion des affaires de pardessa » (Au Roi, t. II, lettre xc, p. 146)« Il

LETTRE XCIII.

AU ROI.

(Dax ou Mont-de-Marsan, été de 1537.)

(Trois jours après la précédente.)

Monseigneur, je vous supplie que mon tardif partement vous soit plus agreable que sy j'eusse fait une diligence ayant lessé vos affaires en necessité de ma presence. Mais, Dieu mercy, avec le bon sens et diligence de M. de Burie, je m'en pars après demain, lessant l'affaire dont je vous ay escript [1] si esclaircy que je ne voudrois pour tout le bien de l'Empereur n'avoir veu ce que M. de Burie a entre ses mains, esperant que en nous descouvrirons davantaige, où vous trouverez des meschancetés d'ung cousté ou d'aultre. Et n'estoit l'envie que ledit sieur de Burie a de vous fere service, il a maintes fois le jour grant occasion de se souhaiter plus toust à une bataille où l'ennemy se voit et le maistre connoist le servicteur, que demeurer entre tant d'ennemys couverts qui ne desirent que vostre ruine et sa mort ou honte. Mais Dieu qui garde le maistre de la malice de son ennemy, en a gardé jusques icy son servicteur; que je n'estime peu de bien pour vostre service. Et après que luy et moy avons devisé de

me semble que si vous ne prouvoyez à Bayonne et Dax, ce cousté la est bien foible » (A Montmorency, t. I, lettre 136, p. 346.)

[1] Voyez ci-dessus, p. 152.

toutes choses, il m'a dist que je pouvois partir seurement, et que puisque Dieu le saulvoit des traysons, il donneroit bien ordre au demeurant. Et vous asseure, Monseigneur, qu'il ne s'estonne point pour toutes les alarmes que l'on luy fait; et si ne vous a mis ny ne mettra en despense sans une si bonne occasion que vous aurez cause de vous en contenter, comme j'espère de vous dire bien au long. Que plust à Dieu que mon corps peust aller aussy toust que ma voulenté, tant pour l'envie que j'ay de vous voir, que pour ne vous celer riens de ce que je congnois de pardessa, afin qu'il vous plaise y donner l'ordre qui y est bien necessaire. Et croyez, Monseigneur, que le chemin me sera bien long, car jamais n'eust tant d'envie ny d'occasion de vous aller fere la revérence et mercier des infinies graces et desmonstracions d'amour que vous luy despartez que a maintenant

Vostre très humble et très obéissante subjecte
et mignonne MARGUERITE.

[Ms. n° 25.]

LETTRE XCIV.

AU ROI.

(?1537.)

Monseigneur, je n'eusse tant attendu à vous mercier de ce qu'il vous a pleu par vostre lectre me coumander advancer et me dire le lieu où je pourray recouvrer le bien et l'honneur de vous voir, sinon que j'ay eu ung rheume qui m'a cuidé arester; mais le desir de vous voir a esté jusques icy le plus fort. Si est ce, Monseigneur, qu'il m'a empeschée de faire les journées que j'eusse bien desirées et de vous escripre; et pour cete occasion j'ay retenu ce porteur, Belleville, beaufrère de M. de Burie, jusques à ce que j'aye peu fere cete lectre, par laquelle, Monseigneur, vous supplie entendre ce qui est advenu de nostre houme de Bayonne, dont la parole ne s'accorde à l'escripture. Si suis je seure qu'il fait plus qu'il ne dist; mais il a eu assez de loisir pour estre gaigné de vos ennemis. Et si j'estoys digne d'estre crue sur ces affaires, je ne craindrois de vous dire qu'il est besoing, avant que l'année passe plus avant, que vous parlez à M. de Burie, lequel a beaucoup de chouses à vous dire qu'il ne pourroit escripre. Et veu, Monseigneur, que vos affaires de delà sont assez bien et que son absence n'y peult nuire, je pense que vous ferez beaucoup pour vostre service de l'ouyr[1], et sur ses propous pourrez coumander ce qu'il vous plera estre fait, où vous seul pouvez prouvoir.

Monseigneur, le desir que j'ay de vous voir aussy bien servy que vous le meritez me ouste toute crainte de vous parler de vos afferes, car le temps est tel qu'il est besoing que ceux qui n'aiment que vous n'espargnent riens pour vostre service. Par quoy jamais ne vous celera riens pour le desir que a de vous voir satisfait

Vostre très humble et très obéissante subjecte
et mignonne MARGUERITE.

[Ms. n° 35.]

[1] On voit, par la lettre suivante, qu'en effet il se rendit auprès du Roi.

LETTRE XCV.

AU ROI.

(? 1537.)

(M. de Burie, qui allait trouver le Roi, fut le porteur de cette lettre.)

Monseigneur, je ferois tort à M. de Burie et encores plus à vos affaires, si par ma lectre je donnois empeschement à sa parole; car sa suffisance, sa léauté et sa prudence sont telles qu'il vous saura rendre compte de toutes choses pour le bien de vos affaires, repoz et contentement. Et je sais, Monseigneur, que vous l'avez en si bonne estime qu'il ne fault nulle prière pour servir à croire sa créance. Si est ce, Monseigneur, que si ma prière a telle puissance envers vous que ma foy le me asseure, je vous supplie ne le croire ny ne luy accorder une requeste qu'il est desliberé de vous fere : c'est de vous supplier luy ouster la cherge qu'il vous a pleu luy donner de vostre lieutenant en Guyenne [1]. Il est vray, Monseigneur, qu'il luy est impossible de porter plus la despense, car vous savez sa portée, et s'il estoit aussy riche de biens qu'il l'est de vertu et bonne voulenté, je suis seure qu'il n'en parleroit pas; mais la necessité le contraint de lesser la cherge, s'il

---

[1] M. de Burie en faisait l'office en l'absence du roi de Navarre, à qui ce titre appartenait. Il fut nommé titulaire de cette charge, mais plus tard, en 1546. Ses lettres de provision sont du 17 décembre. (Voyez D. Vaissette, *Hist de Languedoc*, t. V.)

ne vous plest accompaigner l'honneur de vostre liberalité. Car en l'absence du roy de Navarre, tant aux visitacions qu'il luy convient faire que en sa maison, veu le nombre de gens qui ont affaire à luy, il fait une telle despense que tout son bien ne le sauroit garder d'estre bientost destruit. Il vous plera, Monseigneur, y avoir regard, non tant pour luy que pour vostre service ; car je vous puis assurer pour l'avoir encores ce voyaige plus entendu que jamais, que vous n'y sauriez mettre homme plus aymé de vos subjectz ni plus craint de vos ennemys. Car quant il demeure en ce païs, vous pouvez dormir en seureté, combien que l'on luy donne assez d'alarmes ; mais son bon sens prouvoit à tout. Je vous supplie encores une fois, Monseigneur, luy donner moyen de vous servir pardessa, et le nous renvoyer bientoust. Et pour vostre service et l'acquist du roy de Navarre, je vous supplie le croire des propous que je luy ay tenus. Et en cete esperance que vous ferez ce bien à vos affaires et à nous vos servicteurs de le nous renvoyer, vais prier Nostre Seigneur vous donner, Monseigneur, aussy bonne et longue vie que desire vostre amour et bonne grace

  Vostre très humble et très obéissante subjecte
   et mignonne   Marguerite.

[Ms. n° 28.]

LETTRE XCVI.

AU ROI.

(Fontainebleau, septembre 1537.)

Monseigneur, je ne craindray de vous ennuyer de ce qui ne se peult trop redire, c'est que la Roine continue sa bonne santé, laquelle luy est augmentée à la venue de monseigneur d'Orléans [1], en sorte qu'elle fut hier plus de trois heures levée et se trouva plus forte qu'elle ne pensoit, et nous dist qu'elle esperoit bientoust partir, mais qu'elle ne diroit point le jour. Par quoy, Monseigneur, la voyant en si bon estat, et tous messieurs et mesdames vos enfans, que l'on ne sauroit les desirer mieux en toutes sortes, tant de leurs personnes que de leurs condicions, ayant demandé mon congié à monseigneur vostre lieutenant général [2], lequel a si bonne grace à tout ce qu'il fait, qu'il semble, à voir son audace et sa prudence, qu'il ait quarante ans et que jamais ne fist aultre mestier que de commander et se faire aymer et honorer à tout le monde, je n'ay craint par son commandement à reprendre mon voyaige, duquel il m'avoit fait retourner; et luy mesme m'a fait cet honneur de me conseiller partir pour revenir au davant de la Roine à Chastillon ou à Nevers [3], là où je la pourray retrou-

---

[1] Charles, dernier fils du Roi.
[2] Henri, second dauphin.
[3] Voyez t. I, lettres 144-147.

ver : ce que je feray, Monseigneur, en la millieure diligence qu'il me sera possible. Car du lieu où vous m'avez coumandé faire service ne m'eslongneray que le moins que je pourray. Et vous savez, Monseigneur, tant bien de quel cueur je desire obéir à vos commandements, et quel plesir ce m'est en quoy que ce soit de vous obéir, que je ne vous dois escripre ne presenter ce qui est vostre avant que vous fussiez né [1], et qui est et sera encores après ma mort ; m'asseurant que s'il y avoit quelque faulte, vous me feriez l'honneur de me faire entendre vostre voulenté, laquelle je veux suivre de si près que vous ne trouverez jamais que nulle aultre que la vostre mesme puisse avoir ny sentir

Vostre très humble et très obéissante subjecte et mignonne   MARGUERITE.

[Ms. n° 14.]

LETTRE XCVII.

AU ROI.

(Septembre ou octobre 1537.)

Monseigneur, vous m'avez tant fait d'honneur et de bien de m'avoir daigné si au long escripre par vostre lectre, tant de la seureté de vostre santé que de la bonne ordre que vous mettez en vos affaires, qui sont les deux points qui plus donnent de contentement à tous ceux qui sont entierement vostres, que je ne saurois assez

---

[1] Marguerite avait deux ans de plus que son frère.

très humblement vous en remercier, sinon en lieu de
vous fere millieur service, incessaument prier Nostre
Seigneur continuer la faveur qu'il a tousjours donnée
à toutes vos entreprises; dont le bon coumencement
de cete cy fait esperer asseureement que la fin en sera
très heureuse. Et quant je voy par vostre lectre quelles
sont vos forces, et combien prudemment elles sont
conduites, ce qui ne peult estre aultrement là où vous
estes en personne, je vous supplie, Monseigneur, penser qu'icy je m'en esjouis d'une part pour le desir que
j'ay de vostre prosperité; que de l'aultre, le regret de
ne le pouvoir voir n'est moindre que la joye de l'ouyr:
car en tous vos affaires où femme peult servir, despuis
vostre prison, vous m'avez fait cet honneur de ne
m'avoir separée de vous, que j'estime le plus grant que
vous me sauriez faire. Et maintenant, Monseigneur, que
la Roine est si saine et toute sa compagnie[1] que je ne
vous y puis de rien servir, s'il vous plesoit me fere hos-
pitaliere de vostre camp, je prendrois cete peine à grant
gloire, coume l'office de ce monde que plus j'estimerois.
Et fault que je die, si vous passez sans que je soye en
vostre compaignie, que je tiens la condicion des femmes
des Allemans millieure que la mienne : car en servant
leurs maris, elles ont le bien de vous voir; et moy, qui
ne desire aultre chose, ne le puis recouvrer. Qui me fera
voulontiers pour ce voyaige renoncer le sang réal pour
estre chamberiere de vostre lavandiere. Et vous promets
ma foy, Monseigneur, que sans regretter ma robe de

[1] Voyez t. I, la lettre 144 et les précédentes.

drap d'or, j'ay grant envie en habit incongnu m'essayer à fere service à vous, Monseigneur, qui, en toutes vos tribulations n'avez jamais tant tenu de rigueur que de separer de vostre presence et du desiré moyen de vous fere service

Vostre très humble et très obéissante subjecte et mignonne MARGUERITE.

[Ms. n° 79.]

LETTRE XCVIII.

AU ROI.

(Fontainebleau, septembre 1537.)

Monseigneur, jusques icy je n'ay veu chose digne de vous escripre; mais maintenant que je vous puis asseurer du bon amendement de la Roine [1], qui n'a plus que ung bien peu de fievre et coummence à se fortifier et fere meilleure chere qu'elle n'a encores fait, et aussy que madame la Dauphine [2] est entierement guerie, il me semble que je feroys trop mal de craindre à vous escripre sy bonnes nouvelles, par lesquelles nous esperons vous voir plustoust que nous n'ousions penser; à quoy malades et sains feront bonne diligence. Et si toutes celles qui ont l'honneur de vous voir quelques fois après digner et au soir desirent tant l'heur de vous revoir, je vous supplie, Monseigneur, penser combien je le dois desirer, et combien despuis vostre

[1] Voyez t. I, lettre 143.
[2] Catherine de Medicis.

partement je vous doy trouver à dire. Croyez, Monseigneur, que c'est tant, que, sans votre coumandement, il m'eust esté plus fort à porter qu'il ne se peult dire, non pour aultre peine que pour celle de perdre le bien de vous voir; car, au demeurant, vous m'avez laissée en une compaignie tant aisée à vivre, que je n'ay encores ouy une seule parole que une seur ne deust dire à l'aultre, et ne me puis plaindre que de la honte que me font la Roine et Mesdames de ne se vouloir servir de moy, mais me fere tant d'honneur et de signe d'amistié que sy j'estoys la mère de toutes, ils ne ne me sauroient traiter en plus grande honnesteté. Et, qui plus me plest, tous les propous qu'ils me tiennent c'est de me parler de vous et m'en fere conter ce qu'ils n'en ont pas veu, et après cela aller prier Dieu pour vous. Vela, Monseigneur, nostre vie, qui, en parlant de vous, se garde en santé, pour l'esperance de vous voir bientoust; dont Notre Seigneur nous fasse si heureuses.

Monseigneur, je ne veux oblier de vous dire que quelque femme de céans, fort amie de Flamerans, frère de l'evesque de Condom[1], m'a priée n'empescher la résinacion dudist esvesque envers vous, sans me dire aultre chose. Je luy ay respondu que vous l'aviez donnée[2] à M. le cardinal du Bellay, en quelque sorte qu'elle seust

---

[1] L'évêque de Condom, Erard de Grossoles, avait prêché contre le Roi, au sujet de quoi Marguerite lui suscita une grande affaire; elle voulait le forcer, à ce qu'il paraît, à résigner son évêché. Elle n'y réussit pas, puisqu'en 1541 seulement, le Roi le fit passer du siége de Condom à celui de Blois. (Voyez t. I, lettre 149.)

[2] L'évêché.

vaquer, et que j'estoys seure que vous tiendriez vostre parole, et que, de moy, je n'y avois aultre puissance que de très humble supplication que je avoys desja presentée pour luy, coume pour celuy que je connoissois vous ayant fait service, et le plus pouvre cardinal de vostre réaulme, et si affectionné qu'il ne refuse jamais nulle coumission; qui n'a esté sans grandes despenses; dont j'estois certaine que vous ne l'oublieriez, et que je la priois advertir ledist esvesque qu'il est assez heureux dont l'esvesché luy est demeurée, sans en dispouser à sa voulenté. Je le vous ay bien voulu mander, pour vous fere souvenir de la proumesse par laquelle en faisant bien à ung servicteur, vous mettrez en grant repous

Vostre très humble et très obéissante subjecte
et mignonne MARGUERITE.

[Ms. n° 71.]

LETTRE XCIX.

AU ROI [1].

(De la Basse-Bretagne, — octobre ou novembre — 1537.)

Monseigneur, pour ne vous ennuyer d'ung si fascheux propous, j'escrips à Sourdis la necessité qui m'a contrainte de venir en ce païs de Bretaigne, qui a esté si

---

[1] Cette lettre fut écrite peu après la mort de madame de Châteaubriant. L'épitaphe en vers de Françoise de Foix par Marot, gravée sur le tombeau de la comtesse, et rapportée par Dreux du Radier (*Anecd.*,

pressée, que, si j'eusse failly d'huit jours, le seigneur et la dame de Blain ¹ estoient ruinés, non par leur faulte, mais de ceux qui en ont eu la charge soubs l'autorité qu'il vous avoit pleu m'en donner ; ce que, jusques à venir sur le lieu, n'ay jamais entendu. J'espère que encore, s'ils me veulent croire, ils vous feront du service.

Aussy, Monseigneur, j'ay veu M. de Chasteaubriant, qui a esté si près de la mort que à peine le pouvoit on reconnoistre ², et si a eu bien grant regret de sa femme ³. Mais le bon traitement qu'il vous plest luy faire et la joye qu'il a eu de me voir l'a fort amendé. Et, à ce que j'ay peu entendre de vos bons serviteurs, vous eussiez fait une grande perte, car il n'a regart ny à son proufist ny à complaire à nulluy pour vostre service ⁴ ; dont ceux de la Basse Bretaigne le tiennent

IV, 281, in-12), se termine par cette ligne de prose : *décéda le 16 d'octobre, l'an* 1537.

Or, Marguerite écrit très-peu de temps après cet événement. Les détails sur la maladie de M de Châteaubriant, sur l'affaire de Brest, se retrouvent dans une lettre à Montmorency (t. I, lettre 135, p. 341), et Marguerite ajoute : « A la prière de M. de Châteaubriant, j'en escrips au Roy. » Évidemment c'est ici la lettre dont elle parle. J'ai donc eu tort de dater la lettre à Montmorency du mois d'avril ; il faut la reculer jusqu'à la fin de l'automne suivant.

¹ M. et madame de Rohan, beau-frère et belle-sœur de Marguerite. (Madame de Rohan était de son nom Isabeau d'Albret.) Ils étaient ruinés, et avaient plus de 60,000 francs de dettes. (Voyez t. I, lettre 147, p. 365.) Blain est dans la Loire-Inférieure.

² T. I, lettre 135.

³ Françoise de Foix, que Varillas et d'autres romanciers font mourir en 1526, assassinée par son mari.

⁴ Dreux du Radier, combattant l'opinion alors accréditée du crime

pour mauvais Breton, mais pour trop bon Françoys. Il m'a parlé de deux propous que je ne crains prendre la hardiesse de vous escripre, pour le desir que j'ay que vous soyez partout servy coume vous le meritez : c'est que le bruist est par dessà fort grant que il se fait ung procès contre Monseigneur l'admiral¹ qui luy touche de près ; en sorte que ceux de Brest l'ont entendu, et ne se voyant point payés, tant lieutenant que mortespayes, l'on craint fort, veu qu'il ne sont pas bien confirmés bons François, qu'ils fassent quelque meschancété. Vous savez de quelle importance le lieu est ; il vous plera y penser, car M. de Chasteaubriant en a souvent la fievre de peur², veu qu'il est en dangereuse main et gardé par gens non payés et mal contens.

Aussy, Monseigneur, il vous avoit escript pour une abbaye qu'il vous a pleu donner à l'abbé de Saint Guydens. S'il vous plest que, à sa requeste, le don sorte effet, vous le favoriserez fort, et si n'avez houme au païs de millieur service que ledist abbé.

Monseigneur, il m'a priée de vous escripre ces deux points, ce que je ne crains à fere, saichant que vous escuserez ma faulte, puisqu'elle vient du desir que vos

---

de M. de Châteaubriant, dit avec beaucoup de raison · « Je vois toujours ce seigneur très bien à la cour, particulièrement auprès de Marguerite de Valois. » (*Anecd.*, t. IV, p. 286, in-12.)

¹ De Brion, recherché pour crime de péculat, et condamné après un long procès qui rappelle celui du surintendant Fouquet. Le chancelier Poyet, dans cette affaire, servit d'instrument à la haine du connétable de Montmorency contre son rival. (Voyez t. I, p. 354, en note.)

² Voyez ces details dans la lettre 135 du tome I.

affaires aillent selon vostre intencion. Je m'en pars de ce lieu pour aler à Blays[1], et de là où il vous plera me coumander; car où que ce soit, mais que je soye si heureuse de vous pouvoir fere service, le reputera à grant contentement

Vostre très humble et très obéissante subjecte et mignonne   MARGUERITE.

[Ms. n° 92.]

LETTRE C.

AU ROI [2].

(? 1527.)

Monseigneur, sytoust que j'eus receu la lectre qu'il vous pleust m'escripre à Tours, m'en partis sans aller devers la Royne pour ne allonger mon chemin; car après vostre coumandement, je n'ay regard à nul aultre, et ne voulus mener personne (combien que assez eussent voulu fere le voyaige), pource que vous me commandiez seulement m'en aller devers vous; ce que par avant le roy de Navarre m'avoit escript pour luy aller aider à solliciter son affaire; ce que je n'eusse jamais fait sans vostre esprès coumandement, combien que ce soit l'affaire, après vostre service, qui plus luy touche le bien et l'honneur. Mais, Monseigneur, estant arrivée à Limoges le lendemain, Longueval me bailla

---

[1] A Blois.
[2] Imprimée d'après une copie dans le tome I, p. 347.

une lectre de vous qui ne portoit aultre créance sinon que, en s'en allant chez luy, il me diroit des nouvelles de vostre bonne santé. Toutesfoys, Monseigneur, il me dist qu'il vous plesoit que j'attendisse madame d'Estampes, et que je ne allasse point sans elle devers vous, et d'aultre propos que je remetz à vous conter, qui ne sont point fascheux. Et me dist que le roy de Navarre avoit cherge de l'amener, et qu'il me diroit plus au long vostre voulonté, qui feust l'occasion que je demeuray le jeudy et le vendredy à Limoges, les attendant, ce que je n'eusse fait.

Le roy de Navarre vint au matin, et madame d'Estampes au soir, qui me dist que vous luy aviez escript qu'elle me vinst trouver pour aller ensemble. Je demanday au roy de Navarre si vous luy en aviez riens coumandé; il me dist qu'il n'en avoit jamais ouy parler. Croyez, Monseigneur, que je ne feus sans grant peine, car vous savez les propous qu'il vous pleust me dire au partir, tant d'elle que de celuy quy par vous le me coumandoit[1]; et puis le roy de Navarre me dist n'en avoir nulle cherge, et, de moy, je n'en ay eu nulle lectre de vous ne de nul des vostres; et je say que jamais vous ne voulustes que je menasse nulle compaignie, ny en Bretaigne, ny allieurs, qu'il ne vous ait pleu le m'escripre. Craignant en vous cuidant obéir vous offenser, je dis à elle et à Longueval que vous m'aviez permis aller pour l'affaire du roy de Navarre, et que je n'avois nul coumande-

---

[1] De Longueval.

ment de vous d'aller en aultre compaignie; et que d'entreprendre une telle chose de mon auctorité sur celles qui sont à la Royne[1], j'aurois peur qu'elle le trouvast estrange, et que cela nuisist à l'affaire pour lequel j'allois ; mais que je vous en escriprois, et qu'après avoir receu vostre coumandement, je ne craindrois personne de ce monde. Ce qu'elle me dist estre bon, et nous en allons droit à Toulouze, où elle viendra après moy. Et si c'est vostre vouloir que je fasse ce que m'a dist Longueval, je l'attendray là où j'auray vos nouvelles. Vous suppliant, Monseigneur, de toutes chouses en quoy il vous plera que je vous serve, me faire l'honneur que je l'entende de vous ou de ceux que vous estimez[2]; car quoy que ce soit, sans regarder la qualité du coumandement, je vous obéiray; mais il ne vous desplaira point, si en toutes chouses et pour quy que ce soit je demande lectre de vous : car jamais je n'ay peur de faillir, mais que je soye seure de vostre voulonté; et si ay tant veu de mensonge, que je ne croiray que en vostre escripture, à laquelle obéira jusques à la mort

Vostre très humble et très obéissante subjecte et mignonne MARGUERITE.

[Ms. n° 68.]

[1] Madame d'Étampes était dame d'honneur de la reine Éléonore.

[2] Il n'estimait donc pas le comte de Longueval. Voyez, sur ce personnage et sur madame d'Étampes, les notes de la lettre 137, t. I, p. 347.

LETTRE CI.

AU ROI.

(Castelnau, — ? 1537.)

Monseigneur, en ce lieu de Castelnau m'a trouvée ce porteur qui m'a apporté les lectres qu'il vous a pleu m'escripre. Mais avant les avoir receues, j'avoys eu celles que l'houme du roy de Navarre m'avoit apportées il y a deux jours, qui m'ont fait faire millieures journées, voyant ce qu'il vous a pleu mander à madame d'Estampes, de laquelle, Monseigneur, je me plains, et de ce porteur par luy mesme[1]. Car, pour avoir creu Longueval, ay attendu trois jours à Limoges, et pour trouver madame d'Estampes à Toulouze, me suis torse[2] de beaulcoup de journées. Car elle m'avoit proumis fere bonne diligence, et si alloit le plus court chemin, et, à ce que je voy, le plus aisé, car elle m'escript qu'elle espère vous voir plustoust que moy. Mais, Monseigneur, n'ayant eu regard que à vous obéir et luy ayant tenu proumesse, si elle m'a failly de la sienne, je ne laisse pourtant de demourer contente, mais que vous connoissez, coume je say que vous faites, de quelle amour et vérité je vous veux obéir et vivre avecques tous mes amis sans dissimulacion, coume je

[1] *Ce porteur* était le comte de Longueval; aussi Marguerite se garde-t-elle bien de laisser paraître ici, comme dans la lettre précédente, son opinion sur le comte et sur madame d'Étampes.

[2] Détournée.

l'ay appris de vous, qui estes l'esemple seul que j'ay desiré d'ensuivre. Par quoy, Monseigneur, le sentemant et le jugement que vous en avez me fera sans crainte asseurer d'estre en vostre bonne grace, à laquelle sans cesser plus que très humblement se recoumande

Vostre très humble et très obéissante subjecte et mignonne MARGUERITE.

[Ms. n° 102.]

LETTRE CII.

AU ROI.

(Décembre 1537.)

Monseigneur, ce n'estoit pas raison que pour si peu de chose que la maladie de ma fille, je vous eusse deu ennuyer de lire ma lectre, car j'ay bien veu l'heure que je reservois à vous donner peine pour estre, après Dieu, ma seule consolacion, veu le coumencement de sa fievre, et de son flux, quy estoit, avecques sang et raclures, tant fort et furieux, que, sy Dieu au bout des vingt et quatre heures n'eust diminué la fievre, son petit corps en avoit plus que sa portée. Demain sera son cinquiesme jour de son flux. A ce matin elle a pris de la reubarbe, dont je la treuve amendée, et espere que celuy qui l'a mise en ce monde pour vous fere service luy donnera grace de parfaire le desir du père, de la mère et d'elle, qui est de plustoust la voir morte que d'y voir une seule faulte contre vostre intencion.

Et sur cete afecsion, j'ay fondée l'esperance de sa guerison ; car j'ay cete ferme foy, que ceux qui vous aiment et que vous faites l'honneur d'aimer, ne sauroient périr. Et pour ce, Monseigneur, que jamais vous n'avez eu mal que ma fille n'en ait eu au mesme jour, pour le desir que j'ay de vostre bonne santé et la crainte du contraire, envoie ce seur messaigier pour m'en rapporter la vérité, et aussy pour vous supplier, Monseigneur, pour le vray moyen de donner santé à la fille et contentement à la mère, nous tenir toutes deux à vostre bonne grace; en laquelle, croyant fermement n'en pouvoir jamais partir, s'y va plus que très humblement recoumander

Vostre très humble et très obéissante subjecte
et seur MARGUERITE [1].

[Ms. n° 81.]

LETTRE CIII.

AU ROI.

(Tours, janvier — 1538.)

Monseigneur, le desir que j'ay de ne faillir à nul de vos coumandemens, me fait prendre la hardiesse de vous ramentevoir que le matin que vous partistes de Fontainebleau [1], voyant que vous estiez en peine de

---

[1] Voyez, sur cette maladie de Jeanne d'Albret, la lettre 146 à Montmorency, t. I, p. 363.

[2] « Mon nepveu, je vous veux bien ramentevoir que quand le Roy

l'estat où vous laissiez la Roine, je vous demanday s'il vous plesoit que je demeurasse pour luy fere service durant sa maladie; à quoy il vous pleust me respondre que ouy; ce que j'ay fait jusques à la voir du tout guerie. Et combien que jamais despuis que feu Madame est trespassée, ne demeuray en la compaignye sans vous, mais en vous en partant m'avez tousjours donné congié d'aller fere mes afferes, sy n'ay je voulu partir sans entendre vostre bon plaisir. Mais, Monseigneur, ayant receu vostre coumandement, m'en allay voir ma fille à Blais ¹, que je trouvay guerye. Par quoy la menay jusques en cete ville de Tours, où de là m'en allay querir ma pouvre seur ² en toute la diligence que je peus, car la necessité d'elle et de ses enfans ne pouvoit plus attendre, mais estoit si estreme, que la pitié du sang et la honte de voir ung si proche lignage ³ tant abaissé, m'a fait convertir la demeure que j'eusse fait avecques ma fille, pour secourir à ceux quy en ont plus de besoing, en un fascheux voyage; duquel en trois semaines suis retournée, amenant ma pouvre seur grosse avecques ma fille pour la nourrir; attendant

---

partit de Fontainebleau, je luy demanday, voyant l'estat où estoit la Royne, etc. » (Lettre à Montmorency, t. I, lettre 147, p. 365.)

¹ A Blois.

² Madame de Rohan, qui était ruinée. Voyez la lettre 147 à M. de Montmorency (t. I, p. 364), qui donne un plus ample détail des faits touchés dans celle-ci.

³ Madame de Rohan (Isabeau d'Albret) était sœur du roi de Navarre, et d'ailleurs il y avait parenté entre la maison de Rohan et la maison d'Angoulême, comme la reine de Navarre le dit quelques lignes plus loin.

que leur maison soit acquittée. Et pour ce, Monseigneur, que j'ay trouvé la faulte ne venir point d'eux, j'ay plus voulentiers mis peine de leur secourir, esperant, Monseigneur, que avecques vostre bonne ayde, vous tirerez encore du service de la maison qui a l'honneur que d'ung costé vous en estes venu.

Monseigneur, je ramene ma fille à Blais pour là attendre ce qu'il vous plera me coumander; car, tout ainsin que avecques vostre congié je suis partie, il vous plaira que avecques vostre coumandement je y retourne, si vous voiez que je puisse servir à la maindre personne qui y soit. Combien, Monseigneur, que je me sens telle que, contre mon desir, ne vous puis là ny ailleurs fere service, si n'est l'affecsion maindre pour l'impuissance; laquelle il vous plera recevoir et coumander, car en l'obéissance la plus voulontaire qui oncques fust jusques à la mort, n'en trouverez jamais qui passe

   Vostre très humble et très obéissante subjecte
    et mignonne   M<small>ARGUERITE</small>[1].

[Ms. n° 43.]

---

[1] Cette lettre fut envoyée avec celle à Montmorency, qui roule sur le même sujet (t. I, lettre 147), et la reine de Navarre met en *Postscriptum* : « Je vous prie voir ce que j'escris au Roy, et, s'il vous semble bon, la luy bailler, ou faire bailler, ou la brusler. Je remets tout à vous. » Marguerite ne pouvait accorder une plus grande preuve de confiance au connétable, qui certes ne la méritait guère.

LETTRE CIV.

AU ROI.

(Tours, janvier 1538.)

Monseigneur, en tant de sortes la lectre qu'il vous a pleu m'escripre m'a rendue plus que contente, que je puis dire que par elle j'ay receu une nouvelle vie, dont, je vous proumets, Monseigneur, j'avois besoing; car, pensant partir de cete ville de Tours pour aller devers la Royne, vostre petite fille[1] s'est trouvée bien mal; qui m'a contrainte parachever mon année de servir les malades avecques elle. Mais avecques vostre lectre sa santé est retournée, et combien qu'elle garde le lit, je n'y voy point de dangier de la lesser, ce que fois demain, esperant fere telles journées que le corps le pourra porter. Car sy j'allois selon l'esprit, qui n'aura jamais repous bien loing de vous, je prendrois la poste. Aussy, Monseigneur, j'avois eu quelque aultre fascherye qui m'estoit plus forte à porter que le mal de ma fille; de quoy votre seule lectre me pouvoit guerir : ce qu'elle a fait. Dont tant et si très humblement qu'il m'est possible je vous remercie. Et fault, que je vous die, Monseigneur, que si vous pouviez sentir le bien que vous m'avez donné, tant par la seureté de vostre bonne grace que le coumandement que vous me faites de m'approcher de toute la felicité

---

[1] Jeanne d'Albret.

que je puis avoir en ce monde, l'aise que vous auriez d'avoir fait une euvre cheritaible et necessaire pour moy, seroit la recompense qu'il n'est en ma puissance de vous rendre. Mais je supplie celuy qui vous a esleu pour fere par vous ses grans euvres sactifaire pour moy, en vous donnant après tant d'heureuses et honorables victoires, une ferme paix, en laquelle vostre vie ne soit empeschée de tout le contentement et repous que incessaument vous desire

Vostre très humble et très obéissante subjecte et mignonne   Marguerite.

[Ms. n° 42.]

LETTRE CV.

AU ROI.

(1540, — avant le 15 juillet [1].)

Monseigneur, en mon estresme desolacion je n'ay eu que ung seul recomfort : c'est de savoir certainement que jamais le roy de Navarre ny moy n'avons eu aultre desir ny intencion que de vous obéir, non seulement en ung mariaige, mais où vous coumanderez mettre la vie. Mais maintenant, Monseigneur, ayant entendu que ma fille, ne connoissant ne le grant honneur que vous luy faisiez de la daigner visiter, ne l'obéissance qu'elle vous doit, ny aussy que une fille ne doit point avoir de

[1] Le 15 juillet 1540, le duc de Clèves épousa Jeanne d'Albret à Châtellerault.

voulonté, vous a tenu ung si fou propous que de vous dire qu'elle vous supplioit qu'elle ne feust point mariée à M. de Cleves [1], que je ne say, Monseigneur, ne ce que j'en doy penser, ne ce que je vous eu doy dire, car je suis oultrée de douleur, et n'ay parent ny amy en ce monde de qui je puisse prendre conseil ni consolacion. Et le roy de Navarre en est de sa part tant esbay et marry, que je ne le vis oncques plus couroucé; car je ne pouvons penser dont luy procede cete grande hardiesse dont jamais elle ne nous avoit parlé. Elle s'ezcuze envers nous qu'elle est plus privée de vous que de nous mêmes; mais cete privaulté ne doit pas engendrer une telle hardiesse, sans jamais, coume j'ai seu, s'en estre conseillée à personne, car si je savois créature qui luy eust mise telle opinion en la teste, j'en ferois telle desmonstracion, que vous, Monseigneur, connoistriez que cete folie est faite contre l'intention du père et de la mère, qui n'ont jamais eu ny n'auront que la vostre.

Par quoy, Monseigneur, saichant que vostre coustume est plus d'escuzer les faultes que de les pugnir, principalement où le sens deffault, coume il l'a fait à ma pouvre fille, je vous supplie très humblement, Monseigneur, que pour une requeste injuste qu'elle vous a fait, qui est la première faulte qu'elle a jamais faite envers vous, ne veuillez oublier la pater-

[1] Guillaume III, duc de Clèves et de Juliers. Il avait alors vingt-quatre ans, étant né le 28 juillet 1516; Jeanne d'Albret, née en janvier 1528, * en avait douze à peine.

* Et non en 1532, comme il est dit dans une note des *papiers d'état du Card. Granvelle*, t. 2, p. 569.

nelle bonté dont vous avez toujours unsé[1] envers elle, et envers nous ; mais par la perfecsion que Dieu a mise en vous supporter nos imperfecsions et nous corriger coume père, et non pas vous couroucer. Car si vostre courroux donne crainte à vos subjets, croyez, Monseigneur, qu'il nous donne la mort ; et ne nous sauriez faire plus grande pugnycion que de nous ouster vostre bonne grace, de quoy nous avons tousjours fait nostre reaulme et nostre trésor, coume par toute nostre vie l'avons monstré. Par quoy, Monseigneur, je vous supplie ne nous ouster point le bien que de si long-temps vous nous avez fait proceder, et au pris duquel tous aultres biens et honneurs ne nous sont riens; perdant lequel, n'y a peine dont nous fassions estime. Car, après la perte de vostre bonne grace perdre les biens, les houneurs de ce monde et la vie, nous seroit grant contentement, car jamais n'eu avons fait cas que pour vous en servir.

Par quoy, Monseigneur, s'il vous plest que le père, la mère et la fille vivent en vostre service, il vous plera doncques leur redonner la vie par la seureté de vostre grace ; car aultrement ceux qui en ont desiré la fin la voiront bientoust ; car nostre amour et nostre cucur n'est point semblable au leur, qui peuvent avoir joye eslongnés d'ung tel bien. Et afin, Monseigneur, que vous entendez par le menu, s'il vous plest tant vous humilier, coume tout est passé, nous envoiryons l'esvesque de Séez qu'il vous a pleu nous prester, lequel, je suis seure, vous est tel servi-

[1] Usé.

teur que s'il connoissoit nostre voulonté aultre que la vostre et qu'elle ne vous feust totalement vouée et desdiée, il n'eust pas demeuré avecques nous, car il vous est né fidele et léal serviteur. Par quoy, Monseigneur, je le foys juge, et say qu'il ne vous en dissimulera riens de nostre obéissance et voulonté et de la peine où nous soumes, où nous n'avons ny ne voulons ayde ne secours que de Dieu et de vous; lequel je supplie vous donner en santé très bonne et longue vie, et n'eslongner de vostre bonne grace

Vostre très humble et très obéissante subjecte
MARGUERITE.

[Ms. n° 138.]

LETTRE CVI.

AU ROI.

(? 1540.)

Monseigneur, j'ai receu la lectre qu'il vous a pleu m'escripre par M. de Plainpied, et ouy tant de bonnes paroles qu'il m'a dites de par vous, que ne vous en pouvant assez très humblement mercier, je supplie Nostre Seigneur vous rendre en ce que vous desirez telle consolacion que vous m'en avez donnée. Et, suivant vostre coumandement, Monseigneur, j'ay envoyé devers M. de Mirepoix pour essayer, en ce qu'il me sera possible, de mettre fin au mariage dont il vous plest m'escripre [1].

---

[1] Celui de mademoiselle de Negrepelisse avec le fils du baron de Saint-Paul. Mademoiselle de Negrepelisse était orpheline; M. de Mirepoix était son oncle. (Voyez la lettre suivante)

Et attendant la response, continuons nostre chemin, et nous en allons à Moulins, où ce porteur se retrouvera, lequel le roy de Navarre envoye devers vous, pour savoir où il vous plest que nous vous trouvons, afin que, vostre voulonté entendue, nous redoublons nos journées. Car vous ne sauriez estre si loing que je ne mette peine d'y aller, ne si près que je vous peusse voir assez toust, coume vous tesmongnera le visaige que je vous porte, qui est soustenu de la grant envie que j'ay de vous voir, à laquelle, j'espere, vous coumanderez de sactifaire

Votre très humble et très obéissante subjecte et seur MARGUERITE.

[Ms. n° 27.]

LETTRE CVII.

AU ROI.

(?1540.)

Monseigneur, sitoust que j'eus receu la lectre qu'il vous pleust m'escripre par le sieur de Saint Paul[1], pour parfaire le mariaige de la fille de Neigre Pelice[2] avecques son filz[3], pour accomplir vostre coumandement j'envoyay querir les deux tucteurs[4], pour leur desclairer l'honneur que vous leur faisiez de vous dai-

---

[1] Jean de Villemur, seigneur de Saint-Paul.

[2] Anne, fille d'Antoine de Carmain, seigneur de Negrepelisse, décédé, et de Françoise d'Aure d'Aster.

[3] François de Villemur.

[4] Manaud d'Aure, seigneur d'Aster, et Antoine d'Ébrard, seigneur

gner mesler de cet affaire. Je ne vous diray point, Monseigneur, la responce qu'ils me firent, car la rudesse du pays me doit plustoust contraindre à les escuzer que à vous en faire le rapport. Pour conclusion, ils me prièrent qu'ils allassent devers vous pour entendre vostre voulenté, je n'ose dire comme doubtans que sans vostre coumandement je leur portasse cete parole. Je ne leur dis sinon : faites ce qu'il vous semble bon, et je feray ce que le Roy me coumande. Mais si vostre niepce ne le veult, je ne la presseray ne persuaderay jusques à ce que je soye devers le Roy.

Or, Monseigneur, je vous supplie entendre qu'ils avoient baillé à cete fille une femme toute telle de visaige et condicion coume la Rousseliere, qui par argent vendroit sa mestraisse. Cete femme par trois fois lui a fait faire la malade pour la faire demeurer par les chemins et la me desrober; en sorte que, à force de desclairer sa folie, je fus contrainte de la renvoyer aux tucteurs, ce qu'elle ne voulut, mais maulgré mes dens s'en alla à Toulouze[1], en la maison du seneschal, où il n'estoit, et de là au palaiz, faire partout plainte de moy, comme une femme furieuse. Mais, Monseigneur, après qu'elle fust partie, la fille de Neigrepelice vint à moy me dire que cete femme l'avoit

---

de Saint-Sulpice. Le testament (du 4 juillet 1527) en désigne un troisième, frère Jean de Solages, prieur de Saint-Martin de la Graulet.

Le même acte donne à mademoiselle de Negrepelisse, en dot, la somme, prodigieuse pour le temps, de 12,000 livres tournois.

[1] M. de Negrepelisse était, en 1527, lieutenant général de Languedoc.

menassée de verges [1] si elle parloit au filz de Saint Paul et si elle se consentoit au mariage, quelque coumandement que vous en fissiez; et qu'elle dist qu'elle n'avoit pas onze ans, toutefoys qu'elle en avoit treize; et qu'elle aymoit fort le filz de Saint Pol, et qu'elle me prioit de faire le mariaige sans attendre les tucteurs, car elle savoit qu'ils en vouloient fere leur proufist et que sa mère et M. d'Asté, son oncle, avoient proumys ce mariaige.

Monseigneur, voyant la voulenté de la fille et les menées faites contre vostre intencion, il m'a semblé que je ne devois tarder d'accomplir vostre coumandement. Le Roy de Navarre, de qui la fille est plus proche que des tucteurs [2], avecques quatre ou cinq de ses parens, ont tous esté d'opinion qu'il se devoit faire. Par quoy, en bonne compaignye nous fismes les fiansailles par parole de present, et le lendemain, vint un des tucteurs, qui m'apporta une lectre de vous, Monseigneur, par laquelle vous me coumandez mener la fille devers vous; qui me met en merveilleuse peine, quant l'obéissance de vostre coumandement m'empesche de l'accomplir. Qui m'a fait perdre la crainte de vous en-

[1] Il paraît que c'était alors la coutume suivie dans ces occasions. La reine de Navarre faisait fouetter aussi sa fille, Jeanne d'Albret, pour la contraindre à épouser le duc de Clèves (Voyez la note 3, p. 239, et la protestation de Jeanne à la fin de ce volume.)

[2] Ils étaient les oncles de leur pupille, mais les maisons de Foix et d'Albret s'étaient alliées deux fois avec celle de Carmain; au xive siècle, par le mariage d'Arnaud de Carmain avec Rosine d'Albret, et tout récemment, en août 1540, par celui de Louis de Carmain (frère d'Anne) avec Marguerite de Foix Candale.

nuyer de longue lectre pour vous monstrer ce que j'ay fait et les estranges tours que l'on m'a fait; afin, Monseigneur, que si l'on vous en parle il vous plese respondre que j'ay fait vostre coumandement. Et, ne desplaise à ceux qui sont plus hardis à mentir que moy à dire vérité, vous ne tenez point de tort à la fille de la mettre en la maison de Saint-Pol, coume j'espère le vous dire. Vous suppliant, Monseigneur, me mander s'il vous plest que je la maine devers vous pour entendre d'elle coume je l'ay trectée, ou si je parferay ses nopces pour la lesser en son mesnaige. Car, quant à moy, je l'ay reccue par vostre coumandement, mariée par vostre coumandement, et ne m'en defferay que par vostre coumandement, pour lequel acomplir n'aura regart à parent ny amy de ce monde

Vostre très humble et très obéissante subjecte et mignonne MARGUERITE.

[Ms. n° 32.]

LETTRE CVIII.

AU ROI.

(? 1540.)

Monseigneur, je n'estimeray jamais temps perdu, sinon celuy où je ne vous pourray fere service; qui me donne occasion de ne refuser nul advertissement qui vous puisse tant soit peu toucher. Et si je prends la hardiesse de vous mander par ce porteur tout ce que j'ay peu savoir, je vous supplie très humblement, Monseigneur, qu'il vous plese le prendre coume de celle qui n'a jamais acoustumé ny ne sauroit vous celer ou dissimuler ses pensées. Et ce qui m'a fait et fera parler à vous franchement, c'est la seureté que j'ay que vous savez bien que je ne vous dis oncques ny ne diray que vérité, et que vous congnoissez la néifveté de mon cueur et de mon affecsion, et aussy, Monseigneur, que, quoy que je vous mande, vous le tiendrez plus secret que moy mesmes. Cete asseurance m'ouste toute crainte, et me fait vous envoyer ce porteur pour ung affaire qu'il vous dira, à vous seul et à qui il vous plera de luy coummander. Le roy de Navarre n'a ousé envoyer des siens, pour ce que il eust esté seu; car nous soumes en lieu où nous avons des gens qui savent ce que nous faisons et devinent ce que nous n'avons encores pensé. Mais, Monseigneur, je vous supplie croire que ce que en fait le roy de Navarre n'est que pour le desir qu'il a de s'essayer à vous fere quelque service; car je ne vis oncques houme avoir millieure voulonté que luy; et ce que j'en dis n'est point coume sa femme, mais comme celle qui pour son plus grant heur se sent plus que jamais

   Vostre très humble et très obéissante subjecte
  et seur   MARGUERITE.

[Ms. n° 72.]

LETTRE CIX.

AU ROI.

(? 1540.)

Monseigneur, la peine où je suis de celle que je say et sens que vous portez et avez soustenue si longtemps me contraint envoyer ce porteur, qui est vostre du tout, devers vous, non pour aultre occasion que pour estre par luy asseurée de vostre bonne et desirée prospérité, pour laquelle, sans cesser, faisons d'affecsionnées prières envers celuy qui par sa grace conserve vostre santé contre la malice de vos ennemis; desquelz je vous supplie, Monseigneur, vous garder plus que jamais; car s'ils ne peuvent par force satifaire à leur orgueil, croyez que par tous moyens infasmes s'essayront à contenter l'envie qu'ils ont de la ruine de vostre personne et de vos affaires; desquels je suis seure que Nostre Seigneur Dieu sera si bon protecteur, que vous en saillirez à vostre honneur et contentement et à leur confusion; et que la bonté qu'il a mise en vous ne sera vaincue par leur estresme malice. Et croyez, Monseigneur, que de ce cousté ne faillons de nous tenir sur nos gardes, car nous sommes souvent menassés. Mais le desir que Dieu a mis au cueur du roy de Navarre de vous fere service est tel, que je suis seure et ay cete ferme foy, qu'ils n'auront puissance contre luy; et croy plus que jamais que là où Dieu donne l'amour et la léaulté, il donne les moyens de fere service. Ce porteur vous en dira la vérité de tout; qui me gardera de vous en faire redite. Vous suppliant, Monseigneur, le vouloir croire, et tenir en vostre bonne grace pour plus que très humblement recoumandée

Vostre très humble et très obéissante subjecte et mignonne   Marguerite.

[Ms. n° 41.]

LETTRE CX.

AU ROI.

(Du Béarn, printemps de 1541.)

Monseigneur, j'ay seu par le viconte de Lavedan, qu'il vous a pleu vouloir ouyr les folies de ce pays, et que vous avez trouvé mon opinion bonne, que je pensois que ces proupous ne venoient que de gens qui veulent donner peine à tous vos serviteurs; chose que tous les jours trouvons véritable. Car despuis est venu ung jeune gentilhomme de Navarre, parent de Saint Estefve, lequel nous a dist, de la part de ceux que l'on disoit capitaines des entreprises de dessa, qu'il avoit entendu les propous, qu'il nous asseuroit estre pure mensonge, et que l'Empereur n'a eu une seule pensée de rompre l'amitié qu'il a avecques vous, ne de faire desplesir à vos serviteurs. Nous asseurant que les gens que l'on avoit levés en Espaigne estoient, ou pour aller à Argel[1], ou contre les protestans, où l'Empereur estoit si empesché, qu'il avoit plus de besoing de fortifier son alliance avecques vous que de la rompre. Nous priant de tenir la main à la continuacion d'une chose si bonne et sainte. Et sur ce propous nous dist le jeune homme que la pluspart des grans d'Espaigne desiroient fort de voir Madame estre leur princesse[2]; mais que d'aultres tenoient le party de Portugal. Sur quoy nous n'avons rien lessé à dire de l'heur et du proufist que ce seroit à l'Empereur, à leur prince et à leur pays d'avoir une telle dame et une si proufitable alliance. Il me desplaist, Monseigneur, que nous n'avons moyen de faire mieux; mais il vous plera croire que, quoy qu'il vous viengne, nous n'espargnerons riens pour vostre service. Je ne veux oublier de vous dire que à peine ont ils creu cete paix d'Angleterre qui les estonne fort. Et les plus saiges disent que l'Empereur eust mieux fait de se asseurer par alliance avecques vous avant lesser joindre deux telles puissances; car

---

[1] Alger. — *Argel* est la forme espagnole de ce nom. Charles V en personne commença le siége d'Alger le 21 octobre 1541, et fut contraint de le lever à la fin de novembre. (*Art de vérifier les dates.*)

[2] Il s'agit de madame Marguerite de France, quatrième fille du Roi et filleule de la reine de Navarre. Elle avait alors dix-huit ans, étant née le 5 juin 1523. Dès l'âge de trois ans, elle avait été accordée à Louis de Savoie, prince de Piémont, qu'elle n'épousa pas. On voit ici qu'il fut question de la marier avec Philippe, fils de Charles V. Les historiens n'avaient point parlé de ce projet d'alliance, qui échoua comme le premier. Marguerite épousa, en 1559, Philibert Emmanuel, duc de Savoie. C'était une femme de grande vertu et de grand mérite. Elle avait été formée par sa tante et marraine.

à peine acepterez vous ce que à l'heure [1] vous demandiez. Leur estonnement est nostre asseurance, et leur regret nostre joye. Je supplie Nostre Seigneur, Monseigneur, vous continuer en la bonne santé où vous estes, en augmentant vostre prospérité, en laquelle vous supplie recevoir à vostre bonne grace les plus que très humbles recoumandacions que vous presente avecques le mary et la fille,

   Vostre très humble et très obéissante subjecte
   et mignonne   M<small>ARGUERITE</small>.

[Ms. n° 136.]

LETTRE CXI.

AU ROI.

(Mont-de-Marsan, — mars — ? 1541.)

Monseigneur, despuis la lectre que je vous escripvis, vous merciant des bons propous que Frotté m'avoit escript qu'il vous avoit pleu luy tenir de moy, j'ay entendu plus au long par luy ce qu'il vous a pleu luy coummander me dire; dont je me sens si heureuse et sactifaite, que, ne vous en pouvant assez mercier, je supplie celuy qui peult amender ma faulte vous donner pour recompense longue vie en parfait contentement. Et ne fauldray, Monseigneur, puis qu'il vous plest, d'estre plus songneuse de ma santé que je n'ay esté, et de mettre ordre à mes petis affaires, afin que plus

---

[1] Alors, — *allora*.

saine, vous puisse plus fere de service que je n'ay fait. Car vous savez que je ne desire aultre bien en ce monde. Aussy ne fait celuy que j'ay trouvé à ce Mont de Marsan[1], qui a esté jusques à la frontière, où pour sa venue le visroy de Navarre[2] s'est cuidé esmouvoir; mais ayant entendu que vous et vos servicteurs tenez la paix pour seure, ils se coummencent à rapaiser. Si monstrent ils bien qu'ils n'ont pas envie de la guerre, mais d'une plus estroite alliance entre vous et l'Empereur par le mariaige de Madame[3], chose qu'ils ne celent point, estant par ce moyen là asseurés d'ung repos perpétuel.

Monseigneur, encores que l'air chault de ce pays devoit aider au roy de Navarre, il ne laisse de se ressentir bien fort de la cheute qu'il prist; et, par le conseil des médecins, à ce moys de may, s'en va mettre aux baings de Cotteretz, où il se fait tous les jours des choses mervilleuses. Je me deslibère, après m'estre repousée ce Caresme, d'aller avecques luy pour le garder d'ennuyer, et faire pour luy ses affaires; car tant que l'on est aux baings, il fault vivre coume ung enfant, sans nul soulcy. J'espère, Monseigneur, avecques le bon régime qu'il tient, que Dieu luy redonnera la santé, qu'il desire plus pour vostre service que pour soy. Et le plus grant bien et millieure médecine que luy et moy puissions avoir, c'est d'estre souvent asseu-

[1] Son mari, le roi de Navarre.
[2] M. de Burie, qui suppléait Henri d'Albret dans les fonctions de lieutenant général en Guyenne.
[3] Marguerite de France. (Voyez la lettre précédente.)

rés de vostre bonne santé et qu'il vous plest nous tenir en vostre bonne grace, à laquelle tant et si très humblement qu'il luy est possible se recommande

    Vostre très humble et très obéissante subjecte et mignonne   MARGUERITE.

[Ms. n° 96.]

LETTRE CXII.

AU ROI.

(? Octobre 1541.)

Monseigneur, je loue Dieu et vous mercie très humblement de ce qu'il vous plest me fere ce bien de m'advertir de vos bonnes nouvelles, tant de vostre desirée santé que de la prosperité de vos affaires de tous coustés; quy me donne tant de consolacion, que je ne saurois sentir nul mal; esperant fermement en celuy que vous adorez et aymez qu'il vous continuera et augmentera sa faveur, car l'imaige de sa bonté qu'il a peinte en vostre cueur, le contraint à se reconnoistre soy mesmes, et, pour sa gloire, parachever en vous son chef d'euvre à vostre honneur et contentement; ce que vous voyez par le bon coumencement que M. de Cleves a mys en son affaire [1], que je tiens pour relevé

---

[1] Guillaume III, duc de Clèves et de Juliers, gendre de la reine de Navarre. Charles V, irrité de cette alliance d'un de ses sujets avec la France, « se vantoit de ruiner le duc et rendre le plus pauvre homme

de tous ses maulx, veu l'ayde qu'il vous plest luy fere ; qui a prevenu la recommandacion que je vous en doy fere, et l'a convertie en très humbles mercis. Espérant que le bien que vous luy faites tournera à vostre proufist ; aquerant tous ses amys de pardela pour esclaves ; voyant l'heur que c'est d'estre du tout à vous. Vous suppliant, Monseigneur, ne luy lascher point la main de vostre heureux secours.

Et quant à vos affaires de Piémont, vous connoissez que le jugement qu'il vous a pleu tousjours faire de Monseigneur le mareschal [1] est véritable, et qu'il est tel que vous l'estimez. Dont je le tiens heureux, et vous encore plus : car, mais que vous ayez de bons servicteurs, veu la grace que Dieu vous a donnée de bien coumander, vos affaires ne peuvent mal aller. Et ne me puis tenir de vous dire qu'il ne me desplest sinon que ma léaulté, amour et fidélité envers vous ne treuve moyen d'esercice selon mon desir. Si est ce que, si en choses grandes ma fortune contrevient à ma nacture, au mains en petites choses je desire employer mon desir de vous faire service, coume j'ay prié Ysernay de vous dire, lequel j'ay instruit bien au long de vos affaires de pardessa ; lesquelz,

---

de la chrestienté, disant haut et clair qu'il quitteroit plustost sa couronne que de lui laisser un poulce de terre. » (Du Bellay, *ann.* 1541, in-fol., p. 288.) François Ier, pour soutenir son parent contre la guerre que lui déclarait l'Empereur, envoya le duc d'Orléans et le duc de Guise dans les Pays-Bas, avec des troupes dont du Bellay donne le détail. Le duc d'Orléans prit et rasa Danviller, se fit rendre Ivoy et Arlon, et alla attaquer Luxembourg. (Du Bellay, *ibid.*)

[1] D'Annebault, que le Roi avait envoyé contre le marquis du Gast.

combien qu'ilz soient petiz, si ne sont ilz à negliger. Et je say que si ceux quy vous aiment n'y pensent, ceux qui font semblant de vous craindre preféreront leur proufist au vostre; à quoy il y a bon remède. Et soyez seur, Monseigneur, que vous avez icy de bons serviteurs, qui léalement y feront leur devoir.

Et quant à l'estat où je suis, il vous en dira ce qu'il a veu; mais si je n'avois que vingt ans, j'ouserois dire ce que cinquante me font taire¹, jusques à ce que aultre que moy soit juge en ma cause. Mais il en a veu ce quy s'en peult escripre, et pour l'avoir congnu tousjours vostre léal et vray serviteur, je vous supplie, Monseigneur, l'avoir en vostre bonne grace et souvenance, et le croire de plusieurs chouses quy vous touchent, desquelles craint vous ennuyer de longue lectre, mais non, s'il vous plest, de ramentevoir en vostre bonne grace ses très humbles recoumandacions

Vostre très humble et très obéissante subjecte
et mignonne   MARGUERITE.

[Ms. n° 47.]

---

¹ Un commencement de grossesse. (Voyez t. I, lettre 149, à Ysernay.)

LETTRE CXIII.

AU ROI.

(Pau ou Nérac, novembre 1541.)

Monseigneur, pour ce que le roy de Navarre vous escript bien au long par ce porteur, lequel aussy a veu et entendu tout ce qui se peult dire de ces frontieres, je m'en tairay, laissant faire cet office à ceux qui l'entendent mieux que moy, et ne feray que parler mon langaige acoustumé. Ce, sans cesser très humblement vous mercier de ce qu'il vous plest vouloir savoir comme va mon ventre, qui se grossit tousjours ; mais je [ne] puis entendre que ung enfant de Gascoingne feust si endormy que ce que j'ay dedans. Si est ce, Monseigneur, que despuis que je suis en ce lieu, je l'ay senty bouger presque tous les jours, mais c'est bien faiblement. J'ay bien eu d'aultres enfans qui estoient deux mois sans bouger ; mais ce ne sont pas ceux qui ont vescu ; combien que ma fille estoit si foible que jamais femme ne la sentit soubs la main. Par quoy, Monseigneur, je me garde le mieux que je puis soubs cete doubte, et n'y mets point tant mon esperance que le contraire me sceust donner peine ; car je seray contente de Dieu en ce monde, s'il luy plest que le roy de Navarre et moy vous puissions faire service agréable. C'est le bien que plus que tous aultres pour cete heure desire

(Ici devait être la formule finale et la signature, mais la Reine continue.)

Monseigneur, Frotté n'est point encores icy, et m'a mandé que la dame qu'il m'amaine par vostre commandement, est si délicate et divine¹ qu'elle ne peult fere grandes journées. Et de vray, j'ay tant d'aise de lire tous les jours vostre espitre, qu'il ne m'en fault point davantaige, et ne croy pas qu'il y ait saint en Paradis qui me seult tant donner de consolacion. Mais, s'il vous plest, cete parole ne sera entendue de la Sorbonne, car il ne pourroient entendre quelle amour et revérence vous porte

Vostre très humble et très obéissante subjecte
et mignonne MARGUERITE.

[Ms. n° 3.]

LETTRE CXIV.

AU ROI.

(Nérac,—fin de décembre 1541.)

Monseigneur, vostre lectre est si grande, qu'elle ne se peult recompenser que de son propre contentement. Par quoy je vous supplie, Monseigneur, congnoissant que, non mes mercis très humbles, mais tous mes mérites passés et à advenir ne sauroient satisfaire au bien qu'il vous a pleu donner à ung mary et à une

---

¹ Serait-ce madame d'Etampes? Marguerite, obligée de vivre politiquement avec la duchesse, ne l'aimait pas dans le fond. (Voyez t. I, lettre 137, p. 347.)

femme, qui, à la venue de vostre lectre, estoient bien fort mal, l'ung d'une colique et néfrétique la plus fascheuse que je luy vis onques, avecques l'eau noire coume encre[1]; l'aultre de mal de cueur et desvoyement d'estoumac, que j'attendois durer jusques à mercredy, qui est le bout de mon troisiesme mois[2]. Mais la lectre qu'il vous a pleu m'escripre a guery et le mary et la femme, et leur a ousté leur grans douleurs, dont la seule occasion est la veue d'une escripture tant pleine d'amour qu'elle nous rent satisfaits du continuel desir que j'ay qu'il vous plese nous tenir en vostre bonne grace pour plus que très humblement recoumandés; respondant pour nous à vous, et nous escusant; sentant combien nous connoissons l'obligacion que nous vous devons et de quel cueur et amour nous recevons vos graces.

Monseigneur, quant au fait de M. de Condom[3], je vous supplie croire que je suis tant ungnie à vous que

[1] Marguerite se loue à M. d'Ysernay du merveilleux effet produit par ces lettres du Roi qui l'ont guérie : « Je les porteray sur moy comme relicques, dont elles ont aussy bien servy au roy de Navarre comme à moy; car il a esté environ vingt quatre heures aussy malade d'une colicque que je le vis onques, *et a fait de l'eau aussy noire que encre*. Mais il a prins si grant joie de ouir la lecture des dictes lettres que je luy ay faicte durant sa maladie, qu'il en est guary. » (Lettre à Ysernay, du 30 décembre 1541. T. I, lettre 150, p. 378.)

[2] Elle était enceinte du 25 septembre.

[3] Érard de Grossoles, évêque de Condom, un des prélats français qui firent répéter en chaire les calomnies inventées en Allemagne contre François Ier. (Voyez t. I, la lettre 149, à Ysernay, et la note de la page 372.)

je ne puis desirer mal à ceux qui m'en font. Et si aultre que moy n'estoit offensé, j'aurois plus de plesir à pardonner que à pugnir. Mais vostre offense ne se peult oublier de ceux qui n'ont que vous davant leur yeux; et j'espère, Monseigneur, que envoyant icy les coumissaires [1], vous serez mieux congnu et craint en ce pays que l'on ne vous y a voulu desguiser, et trouverez de grandes faultes. Et quant à l'ordre qu'il vous a pleu mettre à vostre court de parlement, elle est si bonne, que aultres que les mauvais ne s'en peuvent plaindre. Car coume vous desirez que l'innocent ne soit prevenu par malice, aussy vous voulez que le téméraire et qui tourne l'escripture de Dieu en liberté de la chaire et désobéissance des supérieurs soient pugnis, coume la raison est juste. Je vous asseure, Monseigneur, que vous en avez maintes prières, et n'y a houme qui ayme à lire la Sainte Escripture, que, s'il voit quelqu'un en parler légierement, qui ne le repraigne, plus pour la crainte de vous desplaire que de pugnisions. Dieu merci, Monseigneur, nul des nostres n'ont esté trouvés sacramentaires, combien qu'ils n'ont guères porté maindres peines [2]; et ne me puis garder de vous dire qu'il vous souviengne de

---

[1] « Vous savez comme le Roy a ordonné que MM. de Bayf et Bagie viendroient par dessa avec commission d'informer sur le fait de M. de Condom. » (Lettre 151, à Yscrnay, t. I, p. 380.)

[2] Par cette phrase remarquable, il paraît que l'évêque de Condom accusait le Roi et sa sœur de favoriser l'hérésie. Les chefs de la secte sacramentaire étaient Zwingli, Bucer et OEcolampade.

Sur l'affaire de M. de Condom et le zèle de la reine de Navarre à la pousser, voyez t. I, lettres 149, 150 et 151.

l'opinion que j'avois que les vilains placars [1] estoient faits par ceux qui les cherchent aux aultres.

Monseigneur, je ne vous puis assez mercier du secours qu'il vous plest faire à M. de Cleves [2], avecques lequel j'espère que vous en tirerez service qui vous tournera à honneur et à proufist. Et combien, Monseigneur, que l'amour que vous portez à ceux qui souffrent pour vostre service n'a besoing de recoumandacion, si est ce que je vous supplie très humblement parachever l'obligacion en quoy vous l'avez lié en vostre service, et y faire coume de chouse qui est du tout vostre. Et je suis seure, Monseigneur, que vous le trouverez tel que vous serez content du bien que vous luy faites.

Aussy, Monseigneur, Monsr Bayard [3] m'a envoié une acoustumée mensonge que l'Empereur a escripte au Pape, dont je suis très aise, car les enfans peuvent estre juges de la vérité. Sy j'estois aussy bon orateur que affecsionnée en cete matierre, il n'y a article sus quoy je ne pensasse trop mieux luy respondre qu'il n'en est digne. Je vous asseure qu'il sera bien marry de voir que vous usez de misericorde envers vos subjets; car de tant plus vous vous eslongnez de sa nature [4], et mains il vous aime. Mais la louange vous en demeure davant Dieu et les houmes, avecques

---

[1] En 1534. Voyez l'affaire de ces placards, t. I, lettre 110, p. 298, en note.

[2] Gendre de Marguerite. (Voyez ci-dessus p. 190, la lettre CXII.)

[3] Secrétaire général du Roi.

[4] Allusion à la punition sévère des Gantois révoltés (1540).

vostre proufist; dont j'ay eu une grande joye. Vous savez les mines qu'il fait du costé de Languedoc et de Navarre; je suis seure que vous y donnerez bonne ordre. Et je supplie celuy quy le peult, en rendre contente de vostre parfait contentement

Vostre très humble et très obéissante subjecte et mignonne MARGUERITE.

[Ms. n° 133.]

LETTRE CXV.

AU ROI.

(Du Béarn, fin de 1541.)

Monseigneur, ce porteur se connoist tant et en tant de sortes obligé à vous estre fidèle et léal oultre le commun de vos subjets et serviteurs, veu les biens et honneurs que de vostre seul mouvement il vous a pleu luy faire, que je luy ay dist plusieurs propos de ce que despuis vostre partement de Bourdeaux[1] j'ay entendus. Car, Monseigneur, aultant que vous avez laissé de repos et contentement aux bons, vous avez donné de torment aux mauvais, qui jamais n'eussent pensé ny voulu voir leur Roy en ce pays, et encores mains ouyr les propos que vous y avez tenus de vouloir entendre la vérité de toutes chouses, lesquelles [ilz] mettent bien peine de pallier. Vous suppliant, Monseigneur, en vouloir ouyr deux mots seulement et y prouvoir

---

[1] « Le Roi, allant à La Rochelle avec forces pour chastier les rebelles, passa par Bourdeaux. » (DE LURBE, *Chronique Bourdeloise*.)

selon la grace qui est en vous, et, j'en suis seure, de celuy qui vous fera regner heureux sur vos ennemis; où, si les prières d'une malade estoient dignes de vous servir, vous savez bien, Monseigneur, que de nulle personne ne peuvent faillir, ne de millieur cueur, ny de personne plus affecsionnée ne plus tenue à vous que de celle qui plus que très humblement vous supplie avoir en vostre bonne grace pour très humblement recommandée

Vostre très humble et très obéissante subjecte et mignonne   MARGUERITE.

[Ms. n° 94.]

LETTRE CXVI.

AU ROI.

(Du Béarn, — fin de 1541.)

Monseigneur, encores que l'on m'asseure de vostre bonne santé, tant par les lectres de Monsr le grant mestre, que le rapport de ceux qui en viennent, si ne me puis je garder d'user du coumandement qu'il vous a pleu me fere d'ouster toute crainte et revérence que je vous doy porter, pour vivre en la privaulté que vostre bonté me permet et vraye amour me coumande. Qui me fait, Monseigneur, vous escripre cete lectre, afin qu'il vous plese par vostre parole et la veue de ce porteur, lequel je vous supplie croire, donner repous au travail où mon esperit a esté jour et nuit pour la peur que j'ay du mal que je vous ay veu dernièrement porter icy, et que j'ay seu avoir esté redoublé à Saint Mer [1], que je sens bien n'estre douleur maindre que la mort. Vous suppliant très humblement, Monseigneur, divertir vostre cueur en toutes pensées d'aultre propous, afin que, en venant [2], donnez vie à ceux qui ne veulent vivre que pour vous fere service.

Suppliant le vray consolateur, le benoist Saint Esperit, vous donner telle consolacion que vostre vie en bonne santé puisse aussy longuement durer que de bon cueur le desire

Vostre très humble et très obéissante subjecte et seur MARGUERITE.

[Ms. n° 124.]

LETTRE CXVII.

AU ROI.

(Janvier 1542.)

Monseigneur, j'ay entendu par la lectre de Monseigneur de Tulle, et despuis par ce qu'il vous a pleu dire au protonotaire d'Ourthe, la grande humanité dont il vous a pleu unser envers vos subjets tant de La Rochelle que des Marais [3]. Et combien, Monseigneur, que da-

[1] Saint-Merd ou Saint-Médard, village près de Libourne (Gironde).
[2] François Ier était attendu chez sa sœur.
[3] Les Rochellois s'étaient révoltés contre les officiers de la gabelle. Le Roi se rendit chez eux pour les châtier, mais le 1er janvier ils vinrent lui demander pardon « au jardin de la maison où il avoit pris son

vant vous vous ayez peu juger l'amour que vous avez doublement recréé aux cueurs de vosdits subjets, si vous puis je bien asseurer que ceux qui en ont esté absens n'ont point esté ezans de la joye de ce pouvre peuple et de vous donner tant de louanges que je ne doubte point que le père de misericorde, voyant en vous son imaige et reconnaissant son euvre, ne l'a couronné de toutes les prosperités et honneurs que vous luy sauriez demander, coume le coumancement y est bien aparent, veu que de tous costés vos affaires prospèrent selon le desir de ceux qui n'aiment riens que vous.

Il fault que je vous die, Monseigneur, que Monsieur de Tulle[1] m'a si bien mis par escript la piteuse suplicacion des pouvres malheureux pour l'heure, [et] vostre humaine et cristienne responce, en lisant laquelle il me sembloit voir et ouyr vostre acoustumée bonté et doulceur inespérée faire son office, que j'en ay tant fait fere de doubles, et envoyé en Espagne et ailleurs, que cete chérité ne sera non plus celée aux houmes qu'elle est davant celuy que je supplie, Monseigneur, allonger de cent ans vostre vie pour le bien et l'heur de vostre réaulme. Vous merciant très humblement du bien et de l'aide très grande qu'il vous

logis. Et le Roy estant au dit lieu, assis en son tribunal, et iceux ayant les testes nues et les mains joinctes et les larmes aux yeux, avec ceux des isles prochaines, firent faire une requeste publique par l'avocat, à ce que l'on disoit, desdites isles. » (Du Bellay.)

Voyez dans du Bellay, qui rapporte au long les deux pièces dont parle ici Marguerite, le discours de cet avocat, et la réponse du Roi.

[1] Pierre du Castel (Castellanus), protecteur des gens de lettres et ami de la reine de Navarre (Voyez t. I, lettre 149, p, 375.)

plest fere à M. de Cleves¹, duquel j'espère que vous tirerez en bref service honorable et proufitable. Nostre Seigneur luy en doint la grace, et à moy d'estre sans fin plus que très humblement recommandée à la vostre, à laquelle n'en a jamais veu qui soit digne d'approcher

Vostre très humble et très obéissante subjecte et mignonne MARGUERITE².

[Ms. n° 89.]

¹ Gendre de Marguerite. François Ier envoyait des troupes le soutenir contre les attaques de Charles V. L'issue ne fut pas conforme au vœu exprimé ici par Marguerite. Le duc de Clèves abandonna l'alliance de la France, et rompit son mariage avec Jeanne d'Albret. (Voyez les lettres suivantes.)

² La reine de Navarre envoya dans le temps même à son frère une figure de David pour ses étrennes, avec une épître en vers, dans laquelle David prend la parole pour louer la bonté et la mansuétude de François Ier :

> Demandez en à ceulx de La Rochelle
> Desquels le pied estait jà sus l'échelle *,
> Ceulx des marais, aussy ceulx de Bretaigne,
> Y a il nul qui de ce Roy se plaigne ?
> Non, mais chacun à mon dire s'accorde
> Et le louant de sa misericorde,
> Sa grant douceur partout preschent et crient.
>
> (*Suyte des Marguerites*, ép. II au Roy, p. 51)

Le Roi répondit par l'envoi d'une sainte Catherine, accompagnée aussi d'une épître en vers. (Voyez le même volume, p. 54.)

Marguerite, continuant sa prosopopée, fait dire à David :

> Incirconcis je tiens ceux qui conspirent
> Contre Dieu seul, et tous les jours empirent

* C'est-à-dire qu'on les allait prendre

LETTRE CXVIII.

AU ROI.

(Février 1542.)

Monseigneur, si les pouvres malades sont ouïs de Nostre Seigneur, je convertiray les très humbles mercis que je connois n'avoir puissance de vous pouvoir rendre, à luy supplier vous donner tant de santé, prosperité et de contentement, que par sa main vous soyent au double rendues les graces que je reçoy continuellement de la vostre. Mais croyez, Monseigneur, [que] celuy à qui il vous plest monstrer tant de fiance [1]

> Leurs volontés à l'encontre du Roy
> Qui est de Dieu le Christ, et je le croy.
> Du fils de Dieu vray Christ je suis figure,
> Duquel Roy est vraye pourtraicture.
> Bien que n'ayons au Christ nulle semblance
> Quant aux vertus de sa grande puissance,
> Le Roy et moy semblables à lui sommes
> En ce qu'il veult de nous qu'il connoist hommes.
> Je me tairay de racompter ma vie,
> Et parleray de François, le vray Christ.
>
> (P. 47.)

Voyez un autre rapprochement entre François Ier et Jésus-Christ dans une lettre de janvier 1544.

[1] François Ier, par lettres du 2 janvier 1542, établit Henri d'Albret son lieutenant général dans les provinces de Guyenne, Poitou, Lan-

est en si merveilleuse crainte qu'il y ait faulte en vostre service, que, sans la seureté que ce seur messaigier et moy luy avons baillée, que pour eslongner ce pays vous n'oublierez à y donner bonne ordre et luy ' bailler compaignie pour le conseiller et soubslaiger aux affaires qui pourront survenir, coume vous feriez à vostre propre filz, il avoit grant envie de vous dire que la charge qu'il vous plest luy bailler en Guyenne est aussy grande qu'il en peult porter, principalement veu que l'Empereur fait courir le bruist de ne bouger de ce cousté de tout le mois de mars. Je vous supplie, Monseigneur, au lieu où est le chef de vos ennemis et de toute malice, vouloir acompaigner vostre fidèle servicteur si bien que à vostre honneur et proufist vous ayez occasion de vous contenter de luy. Et quant à la distribucion de vos deniers, ma presence ne sauroit ajouster au grant soing qu'il en aura; car je le voy en toutes chouses, tant soient elles petites, de si près regardant à vos affaires, que je suis seure que sans estresme et bien congnue necessité, il ne mettra ung seul escu qu'il n'en reçoive de vous nouveau coumandement, coume luy et moy avons prié ce porteur de vous dire, auquel il vous plera donner audience et le nous vouloir renvoyer.

---

guedoc et Provence, et le charge de défendre ces provinces contre ses ennemis. Le roi de Navarre ne conserva le gouvernement de Languedoc que jusqu'au 15 décembre 1544. (DOM VAISSETTE, *Hist. de Languedoc*, t. V, p. 153.)

' *Luy*, au roi de Navarre.

Et quant à l'estat où je suis, maintenant que j'approche la fin du quatriesme mois[1], je me trouve si mal, qu'il y a trois jours que j'ay attendu une heure de santé pour vous pouvoir escripre cete lectre; et si je vous ousoys aussy bien escripre ce que je sens et ce que je pense, comme j'espère, mais que sous la main quelqu'une ait senty mon enfant, je vous dirois que despuis huit jours principalement et longtemps par avant, j'ay souvent senty ce que je soulois juger estre enfant, et grossis tous les jours. Mais je vous supplie ne le croire que par aultre n'en soyez seur, pour la grant peur que de j'ay vous dire chouse qui ne soit véritable. Nostre Seigneur m'en veuille donner ce qui vous en sera agréable et utile, car c'est la fin pour quoy le desire

Vostre très humble et très obeissante subjecte et mignonne   MARGUERITE.

[Ms. n° 75.]

[1] « .... Quant c'est venu sur le terme des trois mois, lequel j'auray passé le quatriesme de janvier.... » (T. I, lettre 143, p. 373.)

LETTRE CXIX.

AU ROI.

(?Du Béarn, fin de février 1542.)

Monseigneur, pour ce que je say ce porteur tel envers vous que je m'y puis fier, je le vous envoye pour vous rendre conte de moy et de tout ce qui me semble digne de vous estre dit; vous suppliant, Monseigneur, le daigner ouyr et croyre, car il vous dira vérité de plusieurs chouses dont je crains par lectre vous ennuyer, saichant bien les affaires que vous avez, qui ne sont pour estre faschés de petites chouses. A quoy, aultant que Dieu m'a donné de pouvoir et de savoir, je desire vous fere service, coume le seul point où j'ay l'euil fiché ferme.

Il y a quelques propous, entre aultres d'ung pouvre houme, lequel pour vous et vostre contentement est besoing que vous tenez secret. Et si vous trouvez bon ce qu'il vous dira et qu'il vous plese vous en fier en moy, j'espère en celuy qui le m'a mis entre les mains vous en faire ung bon service, et n'y peult avoir faulte que contre moy, que j'oublieray voulontiers pour faire chose dont vous soyez servy. Mais s'il est seu en nulle fasson, je prens ce moyen, que, j'espère, sera à propous.

Et quant à mon ventre, il ne fault point de grossir, et ne vous puis celer que je ne sente souvent bouger chouse qui a vie. Je ne l'ay senty soubs la main que ung matin; ny jamais je ne le sens bien fort au repous; mais quant j'ay faim et que je me proumeine trop, il ne fault point. Il est vray que les maux que j'ay eus tous les mois avecques fieuvre le me rendent si feible que je suis quelquefois huit jours sans le sentir et à l'heure desespérée de l'estre [1]; coume j'ay esté à cete fin de feuvrier. Mais despuis quatre jours a bien enforcy son bougement. J'avois desliberé ne vous en escripre rien que quelque aultre ne l'aist senty soubs la main; mais si cetuy cy fait coume les aultres, je demeurrois trop longtemps. Sy est ce que je mettray peine de le faire sentir à d'aultres. Mais si ne vous puis je dissimuler ce que j'en say; car je n'ay point acoustumé de vous celer riens. Nostre Seigneur veuille que ce soit chouse dont vous puissiez estre aussy bien servy que de bon cueur le supplie vous donner bonne et longue vie en tout contentement

Vostre très humble et très obéissante subjecte et mignonne   MARGUERITE.

[Ms. n° 119.]

[1] Et alors je désespère d'être enceinte.

LETTRE CXX.

AU ROI.

(? Du Béarn, — mars 1542 [1].)

Monseigneur, arsoir par Saint Estefve, je receus la lectre qu'il vous a pleu m'escripre, et entendu par luy la très bonne santé où vous estes; ce que despuis, par une aultre vostre et ce que Frotté m'a escript m'est confermé; dont je loue Nostre Seigneur d'aussy bon cueur que je le supplie vous y continuer, comme le seul bien de ce monde où repouze mon contentement. Ledist Saint Estefve s'en est allé devers celuy [2] à qui vous faites tant de bien et d'honneur de l'amour que vous luy portez et l'estime et fyance qu'il vous plaist avoir de luy, qu'il est bien tenu à n'espargner biens ny vie pour vostre service; ce que je suis seure qu'il ne laissera riens de ce que ung léal et afecsionné servicteur doit faire. Et pour ce, Monseigneur, que vos affaires veulent qu'il ne s'eslongne de la frontiere où sa presence pour ce coup n'a point fait de plaisir à vos ennemis, veu la prompte ordre qu'il y a donnée, j'espère m'approcher de luy pour le souslaiger en partie, afin que vous soyez mieux servy. Car main-

---

[1] Lettres 150 et 151.
[2] Le roi de Navarre.

tenant je n'ay point eu de fievre cete fin du sixiesme mois, coume j'avois eu les aultres; et me feray porter en une chaire, dont j'espère, à changer cet air qui est fort mauvais, m'en trouver mieux. Et combien que je soye fort grosse, je ne suis guères empeschée.

Monseigneur, ung qui est vostre espie, que l'on noumoit Verdelet, est arivé, ainsin que j'avois coummencé cete lectre. Et pour ce qu'il n'a trouvé le roy de Navarre, m'a dist toutes les nouvelles qu'il savoit, lesquelles vous envoie de ma main. Je luy ay baillé ce qu'il m'a demandé, et le renvoie dès aujourd'huy pour nous venir dire quelles forces l'Empereur laisse en Espaigne. Il m'a proumis d'estre bientost de retour, et moy à luy que, s'il vous servoit léalement, que je ferois tant envers vous, que vous luy douneriez pour repouser sa vieillesse. Il est demeurant près de la ville de Foix. J'ay escript au trésorier du roy de Navarre bailler à sa femme qui est preste d'accoucher, argent et ce dont elle aura besoing. Quand il a veu cela, le pouvre houme m'a juré qu'il mourra ou vous fera service. Je vous supplie, Monseigneur, qu'il vous plaise nous hounorer tant que nous saichons coume se portent vos affaires. Ce que j'en dis, c'est que le lieu où nous soumes pour vous requiert bien que les ennemis ne nous puissent riens apprendre, coume ils ont fait de choses d'importance, que nous avons après entendues par vous. Et croyez que ce qu'il fauldra taire ou dissimuler le sera, et aurons de quoy respondre aux aultres ou en feinte, ou en vérité; car quoy que ce soit ne desire que d'avoir le moyen selon le vouloir de vous fere service

Vostre très humble et très obéissante subjecte et mignonne MARGUERITE.

[Ms. n° 82.]

LETTRE CXXI.

AU ROI.

(Nerac, — ? avril — 1542.)

Monseigneur, je voulois despescher la poste quand ce porteur, vostre conseiller à Toulouze, est arrivé, qui s'en va devers [vous] pour quelque conseillerie des quinze nouveaux, et pour ung houme que je congnois bien estimé, houme de bien et savant. Et pour ce, Monseigneur, que de longtemps j'ay eu fiance en luy et say qu'il vous est léal, je luy ay tenu ung propos de nostre prisonnier, que je ne vous ay ousé escripre, car il est long, et vous supplie le tenir secret, veu que j'en parle par souspeçon et conjecture [1]. Mais je n'ay

---

[1] Il sera encore question de ce prisonnier mystérieux dont Marguerite parle avec tant de retenue. C'est une suite de l'affaire de l'évêque de Condom. (Voyez t. I, lettres 149, 150 et 151.) La reine de Navarre, qui avait poussé vivement cette affaire, n'était pas sans inquietude sur le ressentiment de l'évêque et des siens. Elle écrit de Nérac, à la date du 29 décembre 1541 : « Vous n'avez jamais veu la « braverie qu'ont faict ses parens! et par quelques avertissemens que « j'ay eus que *l'on use fort de poysons de ce costé là*, j'ay prié le roy « de Navarre que l'on eslongnast de ceste ville ceulx qui estoient au- « dict évesque » (T. I, p. 372.) Cette précaution fut insuffisante,

parent ny amy qui me sceult garder de vous advertir, non seulement de ce que je say, mais de ce que je doubte, pour nous en conduire par vostre coumandement et prudent advis. Il vous plera l'ouïr.

(*Sans signature.*)

[Ms. n° 32 *bis.*]

LETTRE CXXII.

AU ROI.

(Nérac, — ? mai — 1542.)

Monseigneur, j'ay receu la lectre qu'il vous a pleu m'escripre, par laquelle il vous plest auctoriser le roy de Navarre et moy de donner grace, à nostre requeste, au prisonnier. Dont je vous mercierois très humblement, si n'estoit que j'ay tant d'occasions, par les propous que m'a escript Frotté qu'il vous a pleu luy tenir de moy, d'uzer de ce mot de très humble mercy, que je n'y ouse entrer, car ma vie en lieu de ma lectre n'y sauroit sactisfaire. Mais cete cy ne sera que pour vous dire, Monseigneur, que ce prisonnier, pour cuider

car l'homme dont il est ici question fut arrêté pour une tentative d'empoisonnement sur la reine de Navarre. (Voyez la lettre ci-après.) Dans tout ceci, Marguerite était obligée à une grande circonspection, non-seulement à cause du caractère sacré d'Érard de Grossoles, mais peut-être aussi à cause de celui du coupable : — « L'invention que l'on dit que les moynes ont d'empoisonner en ce pays, c'est dedans l'encens. » — (T. I, p. 372.) La conteuse du *Décaméron* expiait ses médisances et ses railleries contre *les beaux pères*. Il lui en reste encore aujourd'hui la réputation d'hérétique.

eschapper, proumettoit des choses si difficiles, que le roy de Navarre ne s'est fié ny en ses proumesses ny en ses larmes. Et sa raison, c'est que puis qu'il a si librement confessé avoir desliberé de nous empoisonner, qu'il y a chouse plus grande. Et me doubte fort qu'il a quelque intelligence qu'il craint à dire; mais que Baïf[1] soit par dessa avecques des plus suffisans de vos cours de parlement et le baillif d'Orléans[2], l'on luy fera dire vérité. Car c'est ung houme pour tromper et se faire croire aultant que je vis oncques.

Monseigneur, pour ce que le roy de Navarre vous escript de ce qui s'est fait à cete feste de Pasques par nos voisins[3], ne vous en feray redicte; mais je ne me puis taire que j'ay grant regret que Lascurre[4], qui est le meschant que vous savez contre vous, et qui vouloit mener la praticque de ma mort et du conte Palatin, n'a esté pris, comme l'esperoit le roy de Navarre

---

[1] « Vous savez comme le Roy a ordonné que MM. de Bayf et Bagie viendroient par dessa avec commission d'informer sur le fait de M. de Condom et aultres choses concernant le proufict du Roy. » (A Ysernay. T. I, lettre 141, p. 380.)

[2] Jacques Groslot, seigneur de Chambaudouin, conseiller du Roi en son grand conseil, chancelier de la reine de Navarre, chancelier d'Alençon, bailli de robe longue. « Quand le roi François Ier bailla à son fils le duché d'Orléans en apanage, le bailly Groslot fut juge des exempts et cas royaux. » (LEMAIRE, *Hist. d'Orléans*, I, 246.)

[3] Pâques fut cette année là le 9 avril. Les *voisins* sont les soldats de l'Empereur.

[4] Jean, baron de Lescure. En 1538, les États s'assemblèrent à Alby, pour tâcher d'arrêter les progrès de l'hérésie. Le baron de Lescure y représenta le seigneur de Mirepoix. (Voyez l'*Hist. de Languedoc* de D. VAISSETTE, V, 147.)

d'ung costé et M. de Burie de l'aultre; mais Dieu l'a saulvé de la honte qu'il meritoit. Dieu veuille amener à telle fin tous ses ennemys et les vostres, qui ne sont que ung, et vous continuer en la très bonne santé où j'ay seu que vous estes, et en vostre bonne grace pour très humblement recoumandée [retenir]

Vostre très humble et très obéissante subjecte et mignonne MARGUERITE.

[Ms. n° 120.]

LETTRE CXXIII.

AU ROI.

(1542.)

Monseigneur, l'honneur qu'il vous a pleu faire à ce vieux serviteur, tesmoigne tant l'estime de sa suffisance et proudhoumie, qu'il n'a besoing d'aultre recoumandacion que de la connoissance que vous avez de luy. Si est ce, Monseigneur, que je porte tant d'affecsion à ceux que je treuve de sa condicion envers vous, que je n'ay craint de vous supplier avoir l'honneur de luy et des plus gens de [bien de] vostre court pour recommandé. Et s'il vous plest luy coummander vous dire la pure vérité de toutes chouses, coume elles sont passées, à vous seul il en rendra bon coute. Et combien, Monsigneur, qu'il soit des plus sévères en justice, et que je veuille soustenir ces semblables à moy et à tous aultres, je suis seure que s'il a de vous esprès coummandement de dire ce qu'il a veu et seu, vous trouverez que les plaintes que je vous ai faites d'une pouvre fame avortée de son enfant par la gehenne ¹ est véritable, et plusieurs aultres choses dignes d'estre entendues de vostre bonté seule, par laquelle se peult donner repos à vos subjets, sans riens diminuer de la justice très necessaire; pour laquelle conduire selon vostre intencion ne faudray à vous en advertir. Car estant encores au lit où il vous a pleu me lesser et en l'estat ², ne lessera de regarder à tout ce qui touche vostre service, et prier Nostre Seigneur sans cesser vous donner bonne, heureuse et longue vie, et faire ung enfant à la Roine qui tiengne de l'air d'Angoulmois ³,

   Vostre très humble et très obéissante subjecte
    et mignonne   MARGUERITE.

[Ms. n° 76.]

¹ Apparemment ce fait se rattache aux rigueurs déployées cette année et l'année suivante contre les hérétiques, et qui furent extrêmes, grâce au zèle du cardinal de Tournon, secondé par les parlements.

² Enceinte.

³ C'est-à-dire un air de famille. Marguerite et son frère étaient nés en Anjou: le Roi à Cognac, et sa sœur à Angoulême.

LETTRE CXXIV.

AU ROI.

(1542.)

Monseigneur, il me desplaist bien que moy mesmes ne puis aller sactifaire à vous mercier très humblement de tant de bien et d'honneur qu'il vous plest daigner continuer de me faire en prenant tant de soucy de moy, coume il vous plest par vostre lectre et ce que m'en a dist ce porteur me desmontrer. Qui me donne tant d'aise, que, en lieu d'avoir pacience de mon ennuy [1], vous m'en faites desirer d'aultres, pour le contentement que j'ay trouvé en vostre consolacion. Suppliant celluy de qui tant de bonté vous est despartie, vous rendre pour moy la grace dont assez ne puis reconnoistre l'obligacion; car il vous peult donner ce que je ne puis que vous desirer. Et pour ce, Monseigneur, que ce porteur vous dira l'estat où il m'a laissée et l'ennuy que j'ay de ne pouvoir mener mon corps selon ma voulenté, je ne vous ennuiray de redite, sinon de vous supplier, si vous voyez que je me doive advancer, n'espargner la personne qui n'est née en ce monde que pour vous servir. Car vous savez, Monseigneur, que plus grant bien ne desire que de fere

---

[1] Sa grossesse.

chose qui la perpetue, selon sa foy, en vostre bonne grace

  Vostre très humble et très obéissante subjecte et mignonne   Marguerite.

[Ms. n° 51.]

LETTRE CXXV.

AU ROI.

(Du Béarn, automne de 1542.)

Monseigneur, ce porteur, après avoir aussy saigement conduicte sa compaignie que nul aultre capitaine, voyant le lieu où vous estes et le peu de service qu'il vous peult faire icy pour cet hyver, m'a tant priée de luy faire avoir son congié, que le roy de Navarre et son père le m'ont accordé, estans seurs que pour son absence n'y aura nulle faulte à vostre service. Et pour ce, Monseigneur, qu'il vous dira le regret de celuy qui soubs vostre auctorité luy a donné son congié, et de n'estre près de vous, et changer l'honneur que vous luy faites, à celuy du maindre de vos capitaines, je ne vous en feray redite, et laisseray à luy à vous dire ce peu qui se peult mander de dessa.

Pour vous mercier très humblement, Monseigneur, de la bonne lettre que hier je receus par le filz du baillif d'Orléans[1], qui est non seulement puissante

---

[1] Groslot. Il succéda à son père dans la charge de bailli, le 12 juin

pour me reconforter d'avoir failly à faire ung enfant [1]
pour vous servir, mais pour me donner la force d'en
fere ung nouveau, tant qu'il plaira à Dieu me donner
la connoissance d'estre femme [2]. Et ce qui m'a remise
et continuée en santé, c'est l'aise que j'ay de savoir la
vostre augmenter au travail, et tous vos affaires de tous
coustés aller si très bien et tant à vostre honneur et
gloire, veu que chescun connoist clerement que là
où vous estes en personne et vostre voulenté suivie,
les faultes passées sont si bien rabillées, qu'il semble
que vostre presence fait tous les François, non seulement aultres que les ennemis les estimoient, mais tels
que vous et les vostres les sauriez desirer. Et entre aultres, les bonnes fortunes que Dieu donne à M. de
Cleves, favorisant par son service vos affaires [3], lequel
il vous plest tant avoir pour recommandé que vous
nous obligez avecques luy à n'espargner riens pour
vostre service. Croyez, Monseigneur, que toutes ces
chouses me donnent occasion de grant contentement
et de renforcer l'office où je vous puis pour cete heure

1545, et la perdit quelques années après pour cause de religion.
(F. Lemaire, *Hist. d'Orléans*.)

[1] « Monseigneur, pour ce que j'ay failly à vostre commandement et
ne me suis trouvée grosse, je n'ay ousé prendre la hardiesse de vous
escripre. » (Au Roy. T. I, lettre 152, p. 381.)

[2] Elle avait à cette époque cinquante ans.

[3] Les troupes du duc de Clèves, sous les ordres de Martin Van Rossem, avaient saccagé le Brabant, menacé Anvers, qui, sans le prince
d'Orange, eût été traitée comme autrefois le furent Milan et Rome
par les Impériaux. Ces succès allumèrent la colère de Charles V, et le
duc de Clèves les paya cher.

servir : c'est de supplier Nostre Seigneur, de tout mon cueur, vous continuer la santé et l'honneur qu'il vous donne jusques à vostre parfait contentement, lequel contente

Vostre très humble et très obéissante subjecte
et mignonne   MARGUERITE.

[Ms. n° 48.]

LETTRE CXXVI.

AU ROI.

(Nérac, — ? 1542.)

Monseigneur, puisque j'ay failli obéir à vostre commandement, etc. (T. I, lettre 152, p. 381.)

LETTRE CXXVII.

AU ROI.

(Du Béarn, — automne de 1542.)

Monseigneur, congnoissant et sentant les peines et ennuis que vous avez aux affaires où vous estes de tous coustés, pour lesquels diminuer ne voudrois espargner santé ne vie, je ne vous ay voulu escripre ce qu'il a pleu à Dieu m'envoyer; car la joye que vous avez monstrée avoir pour la doubte où vostre parole me mist, suivant laquellé tous les signes que femme grosse peult avoir m'ont fait tenir seure l'esperance que j'en avois, et prendre la hardiesse de vous escripre tout ce que j'en sentois, m'a donné une merveilleuse crainte de vous advertir du contraire de l'attente que j'avois que Dieu me donneroit quelque chouse par qui vous et les vostres eussiez tiré service. Mais il luy a pleu aultrement, coume j'ay seu que incontinent ceux qui ont tout veu le vous ont escript; dont j'ay esté aultant malade d'avoir failly à ce que je vous avois mandé, que de l'accident mesmes, dont je me treuve maintenant plus saine et forte que je ne faisois par avant. Et si n'ay failly à ce bout de mois de connoistre[1] que Nostre Seigneur me veult encores fere esperer mieux; ce que je n'ay voulu faillir de vous escripre. Car je suis seure, Monseigneur, que l'amour qu'il vous plest me porter est telle que vous ne desdaignez d'ouïr ce qui me touche, me reconnoissant pour vostre chair et sang, vivant de vostre mesme esprist. Et fault que je vous die, Monseigneur, que le bien que nous avons icy d'estre seurs de vostre bonne santé est ce qui fortifie la nostre, saichant certainement que, vivant en santé, vos affaires ne peuvent que aller très heureusement. Vous suppliant, Monseigneur, pour le principal de vos affaires, conserver cete santé de laquelle despend tout le bien

---

[1] La Reine écrivait dans la lettre 125 : « Vostre lettre est toute puissante, non seulement pour me réconforter d'avoir failly à faire un enfant, mais pour me donner la force d'en faire ung nouveau, *tant qu'il plaira à Dieu me donner la congnoissance d'estre femme.* » On voit par cette lettre-ci que son incertitude à cet égard était dissipée. La Reine avait cinquante ans.

de vostre réaulme. Et sitoust qu'il vous plera nous renvoyer le filz du bailly d'Orléans [1] que nous attendons en grande devocion, je vous envoiray Frotté, par lequel vous feray entendre au long coume tout va par dessa, qui est, Dieu mercy, très bien, et tous en grant desir d'avoir occasion de vous fere service. Et coume la plus innutile ne cesse et ne cesseray de fere prier pour vostre heureuse prosperité celuy que sans cesser supplie vous donner l'accomplissement de tous vos desirs, car en ce bien met son contentement

Vostre très humble et très obéissante subjecte et mignonne MARGUERITE.

[Ms. n° 132.]

LETTRE CXXVIII.

AU ROI.

(Pau, — ? octobre — ? 1542.)

Monseigneur, quant j'auray fait tout ce qui me sera possible pour vous mercier très humblement de l'honneur qu'il vous a pleu me faire de m'envoyer visiter par ce porteur, si demeureray je tant obligée à vous, que, puisque l'escripture ne vous peult sactifaire, il me semble que en me taisant je dois recevoir cete obligacion avecques les aultres, où la nature et les occasions que vous m'en avez données m'ont lyée sy fort,

[1] Voyez ci-dessus la note p. 216.

que moy et tout ce qui est en ma puissance vous est de sy longtemps acquis que je ne puis avoir aultre façon de mercis, sinon de vous offrir continuellement ce qui est vostre. Et combien que cete offre demeure inutile par faulte d'occasion ou de vostre coumandement, sy demeurera ma voulonté sy affecsionnée et preste d'obéir, que mon impuissance en lieu de faulte me sera penitence. Et pour ce, Monseigneur, que du lieu où je suis, de la santé et des affaires que je y ay, je feroys tort à vostre venue[1] et à la suffisance du sieur de Fontaines de vous en fere longue lectre, l'ayant par force mené jusques en ce lieu de Pau, et luy ayant, coume à vostre serviteur, dist tout ce que j'entens, ne vous suppliray sinon le croire, et tenir pour plus que très humblement recommandée à vostre bonne grace

Vostre très humble et très obéissante subjecte et mignonne MARGUERITE.

[Ms. n° 87.]

---

[1] Il paraît, d'après cela, qu'elle attendait son frère. François Ier l'alla visiter à Nérac, aux fêtes de la Toussaint 1542.

LETTRE CXXIX.

AU ROI.

(Nérac, — fin de novembre 1542.)

(Après la visite de François Ier à Nérac [1].)

Monseigneur, l'honneur que j'ay receu de vous voir en cete pouvre maison, et le regret de ne vous y avoir peu recueillir selon mon desir et deslibéracion, m'ont tant donné d'esbahissement, que, sans la joye de vous voir en telle santé que tous les vostres doivent desirer, je n'eusse sceu porter cet esclair d'ung si grant bien si mal receu. Et si l'amour qui a contrainte vostre bonté de faire une euvre si cheritable, ne se contente d'avoir trouvé une amour semblable en ceux qui ont eu tant de grace de vous, je ne saurois faire escuse qui seult couvrir la faulte d'avoir receu ung si grant heur en si mauvais ordre. Mais, Monseigneur, il y a si longtemps que j'esperimente que vous ne cherchez des vostres que la fidèle et léale affecsion, et que nul ne vous peult honorer, mais vostre presence honore tous les lieux et personnes, que je m'areste, non à ma faulte quy ne vous peult nuire, mais à la très grande joye que j'ay receue de vous avoir veu et estre seure de

---

[1] Favyn dit que le Roi, revenant du camp de Béziers en grande compagnie, vint passer la fête de la Toussaint 1542 à Nérac, où il fut magnifiquement reçu par le roi et la reine de Navarre. (*Hist. de Navarre*, p. 765.)

vostre bonne grace, pour à laquelle le plus souvent que je puis me ramentevoir, envoie ce porteur, et aussy afin de savoir la continuacion de vostre bonne santé, en laquelle gist entierement la mienne; de quoy il vous rendra compte, s'il vous plest en savoir. Mais je ne me puis tenir que saine, heureuse et contente, puisqu'il vous plest tenir pour très humblement recoumandée en vostre bonne grace

Vostre très humble et très obéissante subjecte
et mignonne   MARGUERITE.

[Ms. n° 62.]

LETTRE CXXX.

AU ROI.

(?Juin — 1543.)

Monseigneur, la suffisance de ce prince de Basque[1] me fera remettre sus luy l'estat où il m'a veue et touchée. Mais je ne veux faillir à vous dire que jamais homme ne se fist plus aimer au païs qu'il fait, ny n'eust moyen d'en tirer tant de gens qu'il a. Et si leur fait bien connoistre l'obéissance et revérence qu'ils vous doivent porter; ce que je ne vous doy celer.

Mais, Monseigneur, ce qui me contraint vous escripre, n'est point pour vous mander des nouvelles d'icy, car je suis seure que vostre lieutenant n'oublie à

[1] Le roi de Navarre.

souvent vous en advertir; mais c'est que, par une lectre qu'il vous a pleu luy escripre, j'ay veu ce que l'Empereur et l'Anglois deslibèrent de faire, que je ne crains tant, estant seure que Dieu est de vostre costé, coume je fois; que vous allez en personne à vostre camp, combien que vous y servirez de vingt mille hommes. Mais le temps, le travail et les fascheries que vous avez me donnent tant d'ennuy, que je n'ay bien que quant je suis par lectres de vos servicteurs asseurée de vostre bonne santé, avecques laquelle Dieu vous a donné tel cueur et telle prudence, que je m'asseure que vous raporterez heureuse victoire, pour laquelle j'escrips par tout ces païs, afin que les prières, tant publiques que secrettes, soient continuées sans cesser; ce que tout le peuple fait de bon cueur, en despit de ceux qui ont fait ce qu'ils ont peu pour leur ouster ce cueur; lesquels se coummencent si bien à fere connoistre par plusieurs espies que nous avons, que l'on les gardera bien d'avoir le pouvoir qu'ils ont eu. Combien qu'il y en a qui sont bien soustenus[1]; mais puisqu'il vous plest vous en fier en nous, nous n'aurons regard à riens particulier, mais seulement à vostre service.

Aussy, Monseigneur, saichant combien vous aimez ceux qui tousjours vous ont aimé, j'ay eu grant peur que la mort de M. l'admiral[2] vous ait donné de l'ennuy; vous suppliant, Monseigneur, ne de cela ny d'aultre chose qui puisse advenir ne vous fascher; car

---

[1] Allusion à l'évêque de Condom et à sa famille.
[2] De Brion, mort au commencement de 1543 Il eut pour successeur le maréchal d'Annebault.

nous, les nostres et nos vies ne soumes que pour servir la vostre et la conserver. Je ne vous recoumanderay point vostre chair et vostre sang, car vous congnoissez tant vostre bonne niepce, que je suis seure que vous ferez mieux pour elle que sa prière ne la mienne ne sauroit demander. Par quoy, Monseigneur, tout ce que je vous requiers et demande, c'est qu'il vous plese garder en toutes sortes vostre vie et santé; car vos ennemys sont si meschans, que, oultre la guerre apparente, ils ont mille invencions de nuire, et j'en say de tant estranges sortes, qu'il est incréable, coume vous saurez cy après. Et je supplie celuy qui est vivant en vous y desclairer tellement ses vertus, que tous vos ennemis soient mis où de bon cueur les desire

Vostre très humble et très obéissante subjecte et mignonne MARGUERITE.

[Ms. n° 78.]

LETTRE CXXXI.

AU ROI.

(Fin de janvier 1543.)

(Catherine de Médicis, femme de Henri, second dauphin, accoucha de son premier enfant, qui fut François II, à Fontainebleau, le 19 janvier.)

A bonne et très juste cause nous pouvons, Monseigneur, dire avecques vous suivant vostre figure : *David, a Domino factum est istut et est mirabile in oculys nostris ; hec est dies quam fecit Dominus : exultemus et lætemur in ea*[1], car, Monseigneur, c'est le plus beau, le plus desiré et le plus necessaire jour que jamais les yeux de vous et de vostre réaulme ayent veu ; c'est ung jour digne de chasser de vous la nuist de toute la fascherie de l'année passée ; c'est ung jour si vertueux, que, en vous apportant tiltre de grant père, il vous rajeunist de cinquante ans. Vostre nouveau successeur vous allonge la jouissance de vostre possession ; sa nouvelle nativité renouvelle la vostre en vous apportant le comble et parfait accomplissement de vos desirs. Que sauriez vous plus souhaiter, Monseigneur ? Que vouldriés plus davantaige demander à Dieu en ce monde ? Estes vous pas asseuré d'estre du tout en sa grace ? Vous avez esperimenté toute cete année sa main forte batailler contre vos ennemis visibles et invisibles tant que leurs forces ne leurs inventions n'ont

---

[1] Psaume 117, v. 23 et 24. Le mot *David* n'est pas dans le texte.

seu nuire ny à vostre réaulme ny à vostre personne, mais estes demeuré Roy victorieux, conquereur et saige et sain. Si est ce que tous ces beaux tiltres là et dons excellens sont couronnés par celuy que maintenant Dieu vous donné, d'estre grant père. Dont, Monseigneur, ne pensez seul avec ceux de vostre sang avoir joye, ny ceux qui en vous congnoissant vous aiment; car le pouvre peuple, qui à peine savoit avoir ung Roy, a senty vostre grande joye; dont la leur est telle, avecques toutes sortes de gens, qu'ils confessent n'en avoir jamais eu une telle. Et moy, Monseigneur, qui demy morte cete nuist d'ung reume qui me tient despuis celle de Nouel, oyant cete heureuse nouvelle que vous estes grant père d'ung si beau prince; monseigneur le Daulfin père; madame la Daulfine, après tant de desirs et de crainte, mère[1]; M. d'Orléans et Madame, oncle et tante, qui sont tous nouveaux noms; et moy, qui par affecsion me puis mettre en ce digne nombre, estre grant tante; voyant en mon esprit tous ceux et celles que vous aymez vous rire en pleurant; regardant les lermes que, je suis seure, saillent de vos yeux, par une joye d'aultant plus grande que celle que je vous vis à la naissance de vostre premier né, que cete cy estoit plus attendue et mains espérée, je vois tout vostre réaulme fortifié de cent mille hommes; enrichy d'ung trésor infiny. La maladie seroit bien forte qui ne se tourneroit en santé, ou qui me garderoit de

---

[1] Le Dauphin et la Dauphine étaient mariés depuis dix ans. Catherine passait pour stérile, et Diane de Poitiers, espérant la faire répudier, favorisait ce bruit. (Voyez t. I, la note p. 397.)

m'en aller à la procession, faire avecques le peuple les feux de joye, et mander à M. de Burie en faire de si grans feux que nos ennemis soient transis du feu qui eschauffe et vivifie tous vos amis, servicteurs et subjects. Mais avant saillir du list où j'ay receue vostre adorée lectre, a fallu faire cete cy, transportée de telle joye, et mes yeux obscurcis de tant de larmes, que je ne say que je voy ny que je dis, sinon que à ceux à qui Dieu a donné son filz Jésuscrist, et qui par vive foy l'ont receu en leurs cueurs, il ne leur lesse riens à donner de tout ce qui leur est necessaire. Car ayant donné le plus grant don, qui est son seul filz, et grace de le recevoir pour nostre tout, il ne peult plus riens refuser. Il n'y a plus que à luy en rendre continuelles louanges; ce que, je suis seure, Monseigneur, vous faites de telle foy et de tel cueur qu'il ne vous arguera point d'ingratitude. Et puisque je n'ay pour ce coup eu l'heur d'estre au rang des saiges femmes, je m'en voys avecques vos bons subjetz supplier celuy qui nous despart tant de graces vous en donner par heureuse et bonne vie aussy longuement la jouissance, avecques une pour vous advantaigeuse paix, coume en la vostre bonne desire à jamais estre plus que très humblement recoumandée

  Vostre très humble et très obéissante subjecte et mignoune   MARGUERITE [1].

[Ms. n° 88.]

[1] La reine de Navarre ne se contenta pas de féliciter François Ier en prose sur la naissance d'un petit-fils, elle joignit à sa lettre une épître en vers, écrite avec une verve exaltée. On y retrouve les principales

LETTRE CXXXII.

AU ROI.

(Novembre 1543.)

Monseigneur, j'ay entendu par ce que m'a escript Frotté tous les bons propous qu'il vous a pleu luy comander m'escripre, dont je loue et mercie très

pensées de la lettre en prose. Cette épître a été imprimée dans la *Suite des Marguerites de la Marguerite des Princesses*, mais ce recueil étant devenu fort rare, nous pensons qu'on ne sera pas fâché de trouver ici quelques citations qui mettront à même de comparer les deux styles de Marguerite.

Elle était absorbée dans ses méditations, et rapprochait ces trois grands personnages, Abraham, David et François Ier :

>   Mais tout soudain vis venir un message
>   Qui confirma ma contemplacion,
>   Me desclairant la consolacion
>   De vous, de nous, du royaume et de tous,
>   Par fruit nouveau tant desiré de nous.
>   Soudainement autre chose ne fis
>   Que vostre lettre ouvrir, et quand *un fils*
>   Je vis escript, je convertis le lire
>   A louer Dieu, à plourer et à rire.
>   Un fils! un fils!... ô nom dont sur tous noms,
>   Très obligez à Dieu nous nous tenons!
>   . . . .
>   Fils beaucoup plus desiré qu'espéré* ;
>   Le reconfort du cueur désespéré ;
>   Felicité du grand père, qui voit
>   Fils de son fils que desiré avoit ;
>   Fils apportant au grand père jeunesse
>   En retardant par joye la vieillesse,

---
* Voyez dans ce volume la note p. 227, et dans le t. I, p. 397.

humblement et Dieu et vous, combien que je ne puis assez louer celuy qui conserve vostre santé sans médecine aultre que sa grace; tellement que pour travail, ny affaires quasi importables, en lieu de diminuer, semble qu'elle se fortifie, et vous retourne la vertu et disposition de vingt et cinq ans, et donne telle prosperité à vos affaires, que de tous coustés je n'ay que

> Car aussitost que devant ses yeux vint,
> Ses quarante ans * retournèrent à vingt
> O fils heureux! joye du jeune père!
> Souverain bien de la contente mère!
> Heureuse foy, qui, après longue attente,
> Leur a donné le fruit de leur prétente!
> . . . .
> Si de beauté et du nez vous ressemble,
> Si fera il de vos vertus ensemble,
> Et sera tel que vivant vostre vie
> Allongera; et quand, par saincte envie,
> Après cent ans, donnerez vostre esprit
> A l'union de Dieu par Jésus Christ,
> Dedans ce fils, tout faict à vostre image,
> Demourrez vif, vivant vostre lignage.
> . . . .

La pieuse princesse, toujours nourrie et préoccupée de l'Écriture, termine par une imitation du cantique de Siméon *Nunc dimittis* :

> . . . . O Seigneur tout bon et tout puissant,
> Ce povre esprit en vieil corps languissant
> Laisse le aller maintenant en ta paix,
> Car de tel bien et grace me repais
> Qu'il me suffit et de toy suis contente,
> De voir mon Roy grand père et moy grand tante.
> Plus rien ça bas ne veux et n'ay envie,
> Fors de sa bonne, heureuse et longue vie.
>   (*Suyte des Marguerites* (1547), p. 38 et suiv.)

* Ceci est une politesse de Marguerite à son frère: François Ier, né en 1494, avait alors quarante-neuf ans.

bonnes nouvelles ; qui est tout le bien que saurois desirer pour mon contentement.

Vray est, Monseigneur, que je ne doubte point que là où vous serez en telle santé que vous mesmes puissiez faire vos affaires, qu'il n'en vienne tousjours bonne et heureuse issue. Et, si mon cueur estoit véritaible et que je deusse adjouster foy à mon sentement, l'Empereur n'aura ne le vouloir ne le pouvoir de vous donner bataille, si vous ne l'allez chercher du tout à son advantaige, ce que vostre prudence saura bien garder, veu ce qu'il vous a pleu me mander, que vous n'estes d'opinion de hazarder la bataille ; qui sont les millieures nouvelles que nous pouvons avoir. Car j'espère, puis que ceux de Landrecy peuvent attendre, que le temps défera vostre ennemy par pluyes [1], coume la faim le chasse davant Avignon. Et say pour vray qu'il n'a moyen de temporiser coume vous, et si a à vous asaillir, et vous, à défendre villes et fors qui sont aultres que n'a esté Dure [2].

[1] Du Bellay : « Et n'y avoit ordre de pourveoir Landrecy, faulte du charroy qui ne pouvoit venir, à cause des pluyes continuelles qui n'avoient cessé depuis trois semaines ou un mois. » (Liv. x.)

« Cette même année, il plut si abondamment le mois de novembre, « durant huit jours et huit nuits consécutivement, qu'il arriva comme « un petit déluge, dit en ce temps là déluge de saint Martin. La ville « d'Avignon fut sur le point d'être submergée ; le Rhône abattit « deux cents cannes des murailles de cette ville, du costé des Frères « Prescheurs ; tous les monuments des églises des Carmes, Augustins, « Cordeliers s'ouvrirent, et les corps morts en sortirent qui nageaient « sur les eaux comme petites barques. » (Bouche, *Hist. de Provence*, t. II, p. 601.)

[2] Dueren, dans le pays de Juliers, appartenant au duc de Clèves,

Par quoy, après avoir conquis le pays de Luxembourg, qui n'est petite chose, et pris et fortifié Landrecy, la rendant en trente jours imprenable à toutes les forces de l'Empereur, vous avez grande occasion de vous contenter pour cete année et lesser faire à l'ennemy, s'il ouze s'essayer à recouvrer ce que vous luy avez ousté, que vous saurez si bien garder, que la perte de s'essayer à le recouvrer seroit plus grande que de l'avoir premier perdu. Par quoy, s'il est saige et qu'il veuille croire le conseil d'Espaigne, il fera paix, ou pour le mains une si longue trefve, que les Turcs s'en puissent retourner à ce printemps, car ilz en ont une incréable peur. Mais quoy que vous fassiez, paix ou trefve, elle ne vous peult estre que très glorieuse : vous estes conquereur et victorieux; mais qu'elle vous soit proufitaible. Je ne me puis garder de prier à Nostre Seigneur la vous donner, pour ce, Monseigneur, que le mestier que vous menez est si dangereux et la fortune de la guerre si muable, que voyant vostre honneur si congnu de tout le monde et exalté par dessus vos ennemys, je desire vostre paix et repous, que, j'espère, vous sera donné par celuy qui vous tient en sa main et par la vostre fait si grans et bons effects que l'on voit bien que, ainsin coume à David, Dieu a esté bataillant avecques vous. Car jamais ne vous estes desparty de la confiance que vous avez mise totalement en luy, qui par foy vive vous rend si uny avecques luy

gendre de Marguerite. Charles V avait assiégé cette ville en personne, et l'ayant prise le 24 août 1543, avait passé au fil de l'épée la garnison et une partie des bourgeois.

que vos ennemis pourront bien dire : Fuyons Israël ; car le Seigneur bataille pour eux[1]. Et si de tant de bien je ne puis assez mercier Dieu, ne vous aussy, Monseigneur, de l'amour qu'il vous plest desmonstrer au mary, à la femme et à la fille, si nous n'estions du tout à vous, je vous en ferois ung nouveau present. Mais ce quy est né pour vous, ne peult faire aultre chose que chercher et desirer les moyens de vous faire service; en quoy le roy de Navarre et vos vieux chevaliers ne choument une seule heure, ny moy à prier et fere prier pour vostre bonne prosperité celuy que, je suis toute asseurée, vous ayme mieux que tous ceux qui prient pour vous. Par quoy se tient asseurée qu'il exaulcera toutes nos prières pour vous donner l'accomplissement de vos desirs

Vostre très humble et très obéissante subjecte
et mignonne MARGUERITE.

[Ms. n° 80.]

---

[1] *Dixerunt ergo Ægyptii : fugiamus Israelem : Dominus enim pugnat pro eis contra nos.* (Exod. XIV. 25.)

LETTRE CXXXIII.

AU ROI.

(Octobre 1543.)

Pour l'intelligence de cette lettre, il est nécessaire de se rappeler l'histoire des rapports du duc de Clèves avec la famille de François Ier. En voici l'abrégé :

Guillaume III, duc de Clèves et de Juliers, épousa à Châtellerault, le 15 juillet 1540, Jeanne d'Albret, fille du roi de Navarre, nièce de François Ier. Naturellement il prit parti pour les Français, et la même année il battit les Impériaux.

Charles-Quint irrité alla en personne assiéger Dueren dans le pays de Juliers, prit cette ville, et passa la garnison au fil de l'épée, et même une partie des bourgeois.

Ruremonde et quelques autres villes se hâtèrent d'envoyer leurs clefs à l'Empereur. Charles V mit le siége devant Venloo, et il était sur le point de forcer la ville, lorsque le duc de Clèves consentit à s'humilier et à venir à merci.

Il vint donc, présenté par le duc de Brunswick et les ambassadeurs de Cologne, implorer de l'Empereur paix et pardon. Charles V le tint longtemps à genoux, et finit par le renvoyer au prince d'Orange et au cardinal Granvelle.

Guillaume obtint enfin la paix, le 7 septembre 1543, aux conditions suivantes :

1°. Cession de la Gueldre et du Zutphen ;

2°. Martin Van Rossem, général des troupes de Guillaume, prendra du service dans l'armée impériale ;

3°. Le duc réformera ce qui a été fait dans ses États au préjudice de la religion catholique, *et renoncera à l'alliance de la France.*

En conséquence de ce dernier article, Guillaume fit casser par le Pape son mariage avec Jeanne d'Albret (1544), et épousa, le

5 juillet 1546, à Ratisbonne, Marie, fille de Ferdinand, frère de l'Empereur.

Voyez l'*Art de vérifier les dates*, t. III, p. 186, in-fol.

Monseigneur, je ne vous puis dire l'ennuy où je suis, ayant veu par la lectre qu'il vous a pleu m'escripre, le lieu où vous estes, la desliberacion que vous avez prise d'envitailler Landrecy [1], et si l'Empereur s'essaye d'y fere empeschement, luy donner la bataille. Qui me sont nouvelles si fortes à porter, que, sans l'espoir que j'ay que Nostre Seigneur sera pour vous, je ne les saurois soustenir. Car congnoissant vostre cueur coume je fois, je suis seure que vous n'aurez regard à nul hazard [2], et que l'honneur vaincra tousjours en vous tous aultres regards et conseils que vous puissiez avoir. Par quoy, Monseigneur, ne voyant moyen pour vous y servir en ce monde, me jette aux piés de celuy pour l'amour duquel le père esternel a pitié de nous, et n'en bougeray qu'il ne luy plaise consoler vos pouvres subjetz et serviteurs de la satifacion de leur desir selon le vostre. Et combien que j'aye cete ferme foy que l'issue en sera à vostre honneur et advantaige, si sens je si vivement la peur de vostre santé et de ce que vous aymez, que je suis seure que

[1] Voyez, sur l'avitaillement de Landrecy, DU BELLAY, fol. 314 à 315, edit. in-fol.

[2] Après avoir peint les dangers du combat, dans son épître sur l'avitaillement de Landrecy :

> Et si sçay bien, connoissant vostre cueur,
> Qui par honneur est de crainte vainqueur,
> Que, sans la mort ne vie regarder,
> A tout péril vous iriez harder.

vous n'avez au camp pionnier dont le corps porte plus de travail que mon esprit. Le Seigneur Dieu des batailles soit vostre force et destre ! Et encores, Monseigneur, entre tant d'affaires pourpenser, auquels tous aultres se doivent oublier, vous n'avez laissé d'avoir mémoire de nous et m'escripre ce qu'il vous a pleu respondre à M. de Cleves [1], et donné congié au roy de Navarre et à moy d'en dire en Dieu et nostre conscience ce que nous en savons [2]; ce que nous ferons, puisqu'il vous plest. Mais si ledist de Cleves vous eust esté tel qu'il devoit et que je l'espérois, jamais nous n'eussions parlé de ces propos, et eussions mieux aymé voir mourir notre fille, ce qu'elle disoit qu'elle feroit, que n'empescher qu'elle allast au lieu où j'estimois qu'elle vous feroit service [3]. Mais puis-

---

[1] Qui sans doute annonçait la nécessité où il se trouvait réduit de rompre avec la France.

[2] Ce que nous savons sur la non-consommation de son mariage.

[3] On voit par ce passage, que le mariage avec le duc de Clèves se fit à la sollicitation du roi et de la reine de Navarre. Cependant tous les historiens affirment unanimement que François Ier maria sa nièce *sans consentement de père ni de mère*, ou plutôt, malgré le père et la mère. Les lettres de Marguerite redresseront cette erreur consacrée que j'ai reproduite moi-même dans la notice du premier volume, sur la foi des meilleurs guides ; car on n'avait pas alors le texte de la protestation de Jeanne d'Albret[*], où elle déclare avoir consenti au mariage, uniquement parce que sa mère *la faisait fouetter tous les jours*. (*Voyez à la fin du volume.*) Tous ces témoignages concordent

---

[*] Imprimée pour la première fois dans les *papiers d'État du cardinal Granvelle*, t. III. (Documents inédits de l'hist. de France.)

qu'il est si malheureux, coume j'ay veu par ce que vous a apporté son maistre d'ostel, qui a esté trouvé si infame et vilain, tant du roy de Navarre que de vos bons serviteurs, que nous ne craindrons plus de dire la vérité[1] pour rompre le lien qui aussy peu la tient liée que je suis à l'Empereur. Et je le vous puis jurer davant Dieu, comme il vous plera voir par ce que j'envoie à Frotté, afin qu'il vous plese, Monseigneur, en ouster et y adjouster ce qu'il vous plera pour vostre service, pour lequel, ainsin que au coumancement ingnoramment je vous suppliois de faire ce mariage, vous caichant le vouloir de ma fille, maintenant je vous supplie très humblement nous ayder à la mettre en liberté davant l'église et les houmes[2], comme je say qu'elle l'est davant Dieu. Car j'aymerois mieux la voir morte que entre les mains d'ung houme qui vous a fait et à son honneur ung si meschant tour : car la fille, le père ne la mère ne veulent vivre en ce monde que pour vous, duquel nostre vie despend ; pour la conservacion de laquelle supplie le Tout Puissant estre avecques vous, et vous ramener sain, heureux et con-

et déchargent la mémoire de François Ier d'un acte de tyrannie odieuse qu'on lui imputait gratuitement.

[1] Quelle était cette vérité? C'est apparemment que le mariage n'avait pas été consommé. Au moins ce fut le motif sur lequel le Pape fonda la dissolution du mariage. Mais quelques écrivains, Olhagaray, par exemple, affirment que le duc s'abstint à la prière de Marguerite (voyez t. I, p. 69), tandis que Marguerite, en plusieurs passages de cette lettre, semble accuser le duc assez clairement.

[2] La première idée de faire casser le mariage vint sans doute du duc de Clèves, mais on voit quel empressement la famille de Jeanne d'Albret mit à le seconder.

tent, et me faire la grace que bientoust puisse ouïr dire : le Roy a eu victoire, ou une bonne paix

  Vostre très humble et très obéissante subjecte et mignonne   Marguerite.

[Ms. n° 44.]

LETTRE CXXXIV.

AU ROI.

(Décembre 1543.)

« Le Roi ayant garni Landrecies d'hommes et de vivres et ruiné le « pays d'alentour, seur que l'Empereur ne pourrait rien faire à « causes des pluies continuelles et de l'hiver, fit commencer la « retraite le 2 novembre 1543. » (Du Bellay, liv. x, fol. 315, a, éd. in-fol.)

Monseigneur, vous savez et sentez tant bien quelle joye Nostre Seigneur met dedans mon cueur par vostre très glorieux et desiré retour, et quelles douleurs et peines j'ay portées, ayant esté huit jours en la crainte d'une bataille où vous estiez en personne, que je ne vous saurois escripre la milliesme part du bien que, après tant d'ennuis, Dieu nous a donné, vous ayant redonné à vostre réaulme, enfans, amis et serviteurs. Car voyant deux telles forces si près l'une de l'aultre, ung Roy et ung Empereur à une portée de canon près, il n'y avoit nul qui pensast le despartement sans une trop grant perte, et le hazard y estoit si dangereux, que quand ung paquet venoit, chescun en pleurant et tremblant ouvroit sa lectre[1]. Mais Nostre Seigneur a

[1] La reine de Navarre, dans le transport de sa joie, envoya avec

maintenant essuyé nos lermes, et m'a fait trouver véritaible la foy qu'il avoit mise en mon esprit, qui m'asseuroit que l'Empereur ne vous assailliroit point. Et vous, Monseigneur, m'asseuriez de ne hazarder riens, mais content d'avoir fait si belle conqueste que du duchié de Luxembourg, ne vouliez pour cet hyver passer plus oultre. Qui a esté si saigement fait que la gloire vous demeure plus grande, d'avoir fait ungne ville[1] en trente jours imprenable à la plus grande armée que Empereur et Roy d'Angleterre ayent jamais faite ensemble, et luy fere lever son siége, et en sa barbe l'envitailler et rafraischir de gens, honorant ceux qui avoient porté ce faix tant que la grace que vous leur faites fera mourir voulentiers cent mille hommes davantaige; et puis retirer vostre armée sans doumaige, mais avesques tant d'honneur que le nom-

---

cette lettre, ou très peu de jours après, une épître en vers où se retrouvent les mêmes pensées :

> Car un chacun nous escripvoit : Sans faille,
> Demain le Roy donnera la bataille.
> O qu'il fut dur ce mot à l'avaler !
> De voir mon Roy, voire et mon tout, aller
> Où je say bien que dangereux hazard
> A quelque Roy que ce soit fait la part !
> Et si, say bien, conguoissant vostre cueur,
> Qui par honneur est de crainte vainqueur,
> Que, sans la mort ne vie regarder,
> A tout péril vous iriez hazarder.

[1] Landrecy fortifiée et avitaillée.

> Mais je craignois qu'à l'envitaillement
> De Landrecy se fist soubdainement
> Telle escarmouche et si grande meslee
> Qu'elle peust estre à bataille esgalée.

bre des morts et des prisonniers monstre bien de quel cousté Dieu a esté, et la force et vertu qu'il a myse en vos serviteurs[1]. Que si vous eussiez hazardé une bataille, où, encores que le gain eust esté vostre, si ne se feust il fait sans une perte de beaulcoup de gens de bien, qui vous serviront à en gaigner d'aultres, si vos ennemis n'apprennent que la paix leur est plus proufitaible que la guerre, et qu'il vault mieux estre receu honorablement dedans Paris vostre amy et frère[2], que

---

[1] Marguerite se compare à Jacob apprenant que Joseph est vivant :

> Moy tout ainsy, après douleur mortelle
> Oyant de vous la très bonne nouvelle :
> Que mise à fin aviez vostre entreprise,
> Que Landrecy de l'Empereur n'est prise,
> Que vous aviez en despit de ses dents
> Davant ses yeux, tiré hors de dedans
> Vos bons soudarts, leur faisant tant de biens
> Que tous leurs maux ils n'estiment plus riens ;
> Que vous l'avez par moyens diligens
> Très bien garnie de vivres et de gens,
> Que conquereur revenez et vainqueur
> Accompagné de santé et d'honneur,
> Dont ce seul bien, sans plus, me rent contente :
> Il me suffist ; en mieux n'ay ma pretente.
> De tous mes maux receus auparavant
> Je n'en sens plus, car mon Roy est vivant
>
> (*Suyte des Marguerites*, ép. III.)

[2] Allusion à la défection du duc de Clèves. Marguerite avait cette idée fixe que les ennemis de son frère étaient nécessairement haïs de Dieu. Elle s'en explique naïvement dans une épître en vers, où elle dit, en parlant du comte de Furstemberg :

> Ce que l'on voit par le comte Guillaume,
> Lequel servant le Roy et le royaume
> S'estoit fait riche et craint et estimé,
> Mais maintenant fuitif, pauvre et blasme,

estant vostre ennemy se rompre la teste devant Lendrecy, sans en rapporter que perte et honte. Je suis seure, Monseigneur, que en pensant à toutes ces graces, vous en rendez l'honneur à qui le vous a donné[1]; et tant plus il vous honore par sa faveur et presence, de tant plus congnoissez vous que à luy seul appartient estre honoré, et n'en retenez riens en vostre cueur que l'amour qui en est augmentée et redoublée, coume je say que en tous vos grans affaires avez tousjours fait. Je le supplie, Monseigneur, vous conserver en la bonne santé où vous estes, et vous donner après tant d'hounorable travail une bonne paix, afin que en

    Peut bien penser dont son honneur venoit,
    Qui riche, heureux et craint le maintenoit.
    Voilà comment du Dieu de Paradis
    Les ennemis du Roy sont tous maudits.
        (*Suyte des Marguerites*, Ép. au Roy, p. 40.)

[1] Dans le chagrin comme dans la prospérité, la reine de Navarre ne manque jamais de reporter sa pensée vers le ciel. On vient lui annoncer les succès du Roi :

    Je ne saurois dire alors que je fis,
    Mais d'ung enfer sautée en Paradis
    Je me sentis, et, d'aise surmontée,
    Prins mon mary ainsy que deshontée;
    Tous deux courant, à l'esglise soubdain
    Feusmes portés; avecques nous tout plein
    De monde vint, plus portés de plaisir
    Que de leurs pieds; chacun ayant desir
    De s'acquitter à mercier celuy
    Qui de leur Roy a esté ferme appuy,
    . . . .
    Et maintenant, Seigneur, ne l'abandonne,
    Frappe pour luy, confonds ses ennemis,
    Veu qu'en toy seul tout son espoir est mis.

repous, vous et tous les vostres puissions louer celuy dont vient tout bien, et le reconnoistre incessaument, ce que fera toute sa vie pour la grace qu'il vous fait

Vostre très humble et très obéissante subjecte et mignonne MARGUERITE.

[Ms. n° 84.]

LETTRE CXXXV.

AU ROI.

(Janvier 1544.)

(Le Roi avait envoyé pour étrennes à sa sœur un crucifix avec une ballade.)

Monseigneur, sitoust que j'eus despesché Frotté, tant pour respondre à l'honneur et consolacion qu'il vous plest me despartir par le plus agréable coummandement que je saurois recevoir, qui est d'aller voir le comble de mon contentement, et aussy, Monseigneur, pour vous porter chose indigne de vous si la voulonté n'est receue pour estraine, le matin après son partement est arrivé ce porteur avec l'enseigne et l'estandart de toute cherité, lequel, coume de sa nature se donne luy mesmes et vient à nous sans aultre moyen que sa bonté, aussy n'a il voulu estre presenté de Frotté ne de nul que de celle à qui il vous a pleu l'envoyer, estimant mes mains indignes encores à le desployer, venant de vous. Et quant j'ay veu une chose si divine, si bien faite, si riche et si excellente que cete fontaine de cherité, dedans laquelle le pécheur est juste, le malade sain et le mort vivant, je n'ay seu que dire, sinon en adorant la vérité, baiser la figure tant bien faite, pour l'honneur et revérence de mes deux Christs [1]. Hélas, Monseigneur, à moy qui, par le maindre de vos subjetz, eusse obéy à ung si plesant coumandement, mais à tous les vostres, me falloit il envoyer ung tel messaigier, qui peult tirer à luy et à vous uny en luy tous ennemis qui ne veulent aller? Et puis j'ay trouvé dedans le paquet de Frotté une Lallade [2] si merveilleusement bien faite, que, sans offenser vos aultres œuvres, je treuve que cete cy les passe; car elle est tant pleine de divinité, de foy, d'humilité et d'amour envers les vostres, que non seulement elle me donnera force de diligenter ce long chemin, mais tant de joye, que, si le desir de vous

[1] Ces deux Christ sont ceux dont parle Marguerite dans l'épître en vers qu'elle adressa au Roi à la fin de 1543. Voici le passage : Marguerite s'adresse à Dieu le père, et lui dépeignant le Roi (*Christ, oint, sacré*), ajoute :

> Tel est le *Christ* de ton Christ tant aymé,
> De qui tu es loué, craint, estimé.
> Couronne donc en luy tes vertus grandes,
> Et par ton Christ ottroye les demandes
> Que pour le mien très humblement te fais.
> (*Suyte des Marguerites*, p. 61.)

Marguerite avait déjà rapproché François Ier et Jésus-Christ dans une épître envoyée au mois de janvier 1542, avec une figure de David. Voyez la lettre cvii, sur la clémence dont le Roi usa envers ceux de La Rochelle, et la note p. 202.

[2] Voyez à la fin du volume cette ballade avec celle que la reine de Navarre fit en réponse, toutes deux inédites.

voir ne me portoit, elle est suffisante de me fere mourir, pour avoir puissance de bien, après tant d'ennuis et de diverses tristesses que j'ay portées ces ans passés; dont la mutacion est si grande et la recompense tant redoublée, que si j'en avois mains espéré de Dieu, je demourois soubs le faix. Ce n'est point à moy, Monseigneur, à qui tel present doit estre envoyé, combien que nul ne le sauroit plus aimer et tenir cher. Aussy je ne le prends sinon en garde avecques tous les aultres venus de vous, le seul parement et honneur du cabinet et de vostre maison de Navarre, où avecques tout ce que Dieu y a mis, sera tout gardé, prest à le mettre à vostre coumandement et pour vostre service. Et s'il y a quelque grande place vuide en vostre cabinet, je le rempliray bien de ce qu'il vous plest me donner en garde. Vous asseurant, Monseigneur, et prenant à tesmoing la vérité, que tous biens, honneurs ny plesirs ne me pleront jamais, sinon par l'union que Dieu m'a donnée en vous, par laquelle ce qui est nostre est vostre, et celuy auquel vous m'avez unie, avecques sa fille, sont convertis en cete mienne et vostre nature; qui m'est un repous inestimable, mais qu'il plese à Dieu, coume j'ay en luy ma parfaite fiance, tenir avecques eux en vostre bonne grace pour très humblement recommandée

Vostre très humble et très obéissante subjecte et mignonne   MARGUERITE.

[Ms. n° 60.]

LETTRE CXXXVI.

AU ROI.

(Janvier 1544.)

Monseigneur, pour ce que tout ce que je vous pourrois escripre ne sauroit sactifaire à l'obligacion à laquelle en tant de sortes vous me reliez, j'iray moy mesmes vous en rendre les très humbles mercis; mais ce sera avecques la millieure diligence qu'il me sera possible, coume j'ay prié le sieur de Desse vous dire, lequel m'a apporté le premier coumandement qu'il vous a pleu me fere de partir d'icy. Vous suppliant, Monseigneur, de croire que je n'attenday jamais le segond d'une chose que je desire tant. Et ne say à qui donner l'honneur de mon obéissance : ou à vostre coumandement, ou à l'envie que j'ay de vous voir; car si je veux obéir à l'ung jusques à y perdre la vie, je ne puis longuement contredire l'aultre sans mourir. Par quoy, Monseigneur, la penitence en est telle que je ne vous demanderay point pardon de ma longue demeure, car j'en suis la plus offensée; mais de la pitié qu'il vous a pleu en avoir, regardant plus à mon bien que à nul contentement que je vous seusse donner, vous m'avez rendue tant tenue à vous que, ayant prié ce seur messaiger de vous rendre conte de toute ma vie, et congnoissant combien je vous suis redevable, sinon d'amour (*sic*), je m'en voys jetter aux pieds de celuy dont il vous a pleu m'envoyer la tant belle et bien faite figure ¹ que je ne suis digne d'ung tel present. Lui suppliant par l'amour qui l'a fait mourir, que la grandeur de la mienne ² vous soit par tel service desclairée, que, coume luy content d'amour perpétuel, en vostre bonne grace [soit retenue]

Vostre très humble et très obéissante subjecte et mignonne   MARGUERITE.

[Ms. n° 56.]

LETTRE CXXXVII.

AU ROI.

(Du Béarn, février 1544.)

Monseigneur, il vous a pleu despescher Frotté avecques tant de biens et d'honneurs qu'il vous plest par luy m'envoyer, qu'il a eu crainte que, si tout à coup je les recevois, je ne les eusse sceu porter. Par quoy il m'a envoyé davant toutes les lettres que l'on luy a baillées, et l'espistre que tant s'en fault qu'elle soit la responce de la mienne trop indigne de vous ³, que je ne pense point que toutes celles qui jamais ont esté les mieux escriptes en seussent mériter une telle. Mais, à la semblance de celuy qui est vivant en vous, vostre triomphe et gloire, c'est d'honorer ce qu'il vous plest, et humilier la haultesse de vostre esprist où l'amour

---

¹ Le crucifix que le Roi lui avait envoyé pour ses étrennes. (Voyez la lettre précédente)

² De mon amour. *Amour* est employé dans cette phrase avec les deux genres; on le trouve dans la lettre suivante au masculin : « amour ne peult estre *receu* que de *son* semblable. » C'était alors un néologisme.

³ Une épître en vers. (Voyez les deux lettres précédentes.)

vous incline, vous sactisfaisant vous mesmes en complaisant à vostre bonté qui ne peult estre prevenue de nul mérite. Ce que je connoys si bien en mon endroit, Monseigneur, que, de tant moins je me sens digne de tel bien, et plus je me resjouis de voir en vous ce qui desfault en moy, et mesmes que ma desfaulte est le lustre de vostre grace et la desmonstracion de l'amour qui, non seulement me fait ignorer quelle je suis, mais me fait estimer estre ce que je desire. Car le millieur tesmoignaige que je puis avoir de la perfection que je souhaite, c'est de voir et sentir que vous m'amez; car vostre amour peult plus en moy que tout le labeur que je saurois prendre à me rendre capable du bien que librement vous me donnez sans nulle deserte, sinon de la pareille affection de laquelle je le reçoy. Car amour ne peult estre receu que de son semblable, et de cettuy là je prendray la hardiesse de recevoir le bien où tout le demeurant des forces qui sont en moy sont inutiles à le recevoir, congnoistre et encores mains lever. Amour doncques le reçoit pour moy et le mettra en memoire perpétuelle, pour sans cesser vous en rendre très humbles mercis et suplications envers Dieu de parachever cete satisfacion pour moy en vous donnant heureuses victoires, proufitables paix et parfait contentement, et à jamais tenir en vostre bonne grace, à laquelle tant et si très humblement qu'il luy est possible se recommande

  Vostre très humble et très obéissante subjecte
   et mignonne   Marguerite.

[Ms. n° 5.]

LETTRE CXXXVIII.

AU ROI.

(Du Béarn, février ou mars 1544.)

Monseigneur, si j'avois un pied au sepulcre, et que tous les médecins m'eussent jugée à mourir, je ressusciterois, ayant veu par la lettre qu'il vous a pleu m'escripre et entendu par la créance de ce porteur la memoire qu'il vous plest avoir de moy, avecques tant de bonnes paroles, que je ne les puis ramentevoir sans une joye acompaignée de lermes, ny satisfaire à très humblement vous en mercier. Car le bien, l'honneur et le contentement m'est si grant, que ma puissance et ma vie défaillent à le soustenir et à vous en rendre ce je vous doy et à quoy je demeure la plus redevable créature envers vous qui onques fust, veu qu'il vous plest fere en mon endroit tant d'office de roy, de maistre, de père et de frère et de vray amy, que je ne vous puis regarder en nul de ces visaiges que je ne me treuve estonnée de l'amour qu'il vous plaist me monstrer, si grande que, si Dieu tout puissant ne vous rend cete cherité, je me plaindrois de sa rigueur à sa bonté. Mais j'ay cete foy en luy que, puis qu'il a satisfait à Dieu son père pour moy, que aussy fera il envers vous, en vous donnant aultant de bien que je vous en desire et que je l'en prie incessamment, et aussy qu'il me donne force de vous aller moy mesme rendre graces, qui est ce que je tiens en ce monde pour ma felicité. Et croyez, Monseigneur, que pour l'amour de vous je m'efforceray plus que pour l'amour de ma vie, afin d'obéir au plus heureux pour moy commandement que je puis recevoir. Mais en attendant, ayant retenu ce porteur jusques à ce que j'eusse la force de vous escripre cete lettre, je vous supplie, Monseigneur, le vouloir croire de ce qu'il vous dira de ma part; car je ne luy ay riens celé, afin que vous saichez tout, et qu'il vous plese entendre que toutes choses sont si très bien par dessa, que vous en aurez service et contentement de l'entendre. Et quant à moy, n'ayez opinion, Monseigneur, que chose qui soit en ce monde me seust fascher, puisque je suis en vostre bonne grace, laquelle a tant de force en mon cueur, qu'il ne daigneroit tenir conte des petites folies qui sont passées, sinon en ce qui touche vostre service; en quoy le roy de Navarre a tel soing que doit avoir vostre bon et loyal serviteur. Vous suppliant, Monseigneur, l'avoir tousjours en vostre bonne grace pour très humblement recommandé, et avecques luy

Vostre très humble et très obéissante subjecte et mignonne MARGUERITE.

[Ms. n° 7.]

LETTRE CXXXIX.

AU ROI.

(Automne de 1544.)

[« Cependant le Roy estoit à Paris, importuné sous main de faire
« paix avecques l'Empereur, laquelle il consentit. (Du BELLAY,
« *ann.* 1544 ».)]

Monseigneur, vous avez envoyé une médecine à la Royne, si bonne qu'il n'y a fievre qui luy seust plus nuire ny empescher de bientoust partir; car je ne vis jamais personne avoir une si grande joye, à quoy l'accompaignent tous ceux qui desirent le bien et repous de vous et de vostre réaulme; suppliant Nostre Seigneur nous donner bientoust l'heureuse fin, dont nous voyons si bon commencement [1].

Monseigneur, suivant vostre coumandement, la Roine fait responce à l'Empereur, bien marrie de ce que sa force ne peult porter aussy longue lectre coume l'affecsion qu'elle a à cete tant louable paix le voudroit. Et m'a coumandé vous fere son escuse, si elle ne vous escript, car je vous asseure, Monseigneur, qu'elle se

---

[1] La paix de Crespy, signée avec l'Empereur, le 18 septembre 1544. « Ces deux grands princes firent une paix fourrée, qui fut publiée à Paris le 20 septembre 1544. » (FAVYN, *Hist. de Navarre*, p. 768.)

A l'occasion de cette paix, Marguerite envoya à son frère une figurine de Salomon avec une épître en vers, pour ses étrennes, au mois de janvier 1545. Cette épître n'avait pas encore été imprimée : on la trouvera à la fin de ce volume.

trouva si feible la dernière fois qu'elle vous escripvist, que je l'ay suppliée se contenter de la lectre de l'**Empereur**, que vous demandez en diligence, et l'ay asseurée que vous aimez mieux son repous que son escripture ; car l'ung la vous fera bientoust partir, et l'aultre l'a retardée pour sa douleur de teste, à quoy seulement le parler ou escouter luy fait mal ; et luy fault ung grant repous, qu'elle se contraint à prendre pour se fortifier, afin de bientoust vous aller voir.

Quant à moy, Monseigneur, vous savez tant combien je desire recouvrer vostre veue, que je ne vous diray point l'envie que j'en ay ; vous merciant très humblement de l'aise et grant contentement que m'a fait l'honneur que j'ay receu par vostre lectre, par laquelle il vous plest me mander une si saige et honneste responce, que je ne puis faire doubte qu'il n'en sorte une fin telle que vous la desirez. Car en ne laissant riens de vostre force, vous recevez doulcement toutes chouses qui sont de raison, ayant le desir à la paix que je vous ay veu continuellement avoir. Par quoy, selon la loy de Dieu et de toute prudence humaine, il est impossible d'avoir mieux respondu. Corneille s'en est party tant satifait des bonnes paroles que vous luy avez tenues, qu'il espère bientoust voir telle conclusion que de nostre temps n'a esté quasy esperée ; car il a asseuré la Roine qu'il n'a jamais veu l'Empereur en tel vouloir qu'il est, non seulement de la paix, mais mesmes d'une entiere parfaite alliance et amitié avecques vous; obliant tout le passé pour faire une neufve regénéracion de fraternité. Ladicte dame me coumande vous escripre qu'elle voit bien que c'est à bon escient, et que jamais elle n'entendist l'Empereur parler si vivement qu'elle a entendu par cetuy cy; et pour ce, avons changé son nom, car de Corneille qui porte mauvaises nouvelles, je luy ay dist qu'il sera noumé Coulombe, portant de tous costés l'olifve.

Je ne me puis tenir, Monseigneur, pour fin de longue lectre, de vous supplier bientoust esécuter le bien dont Dieu vous envoie le moyen plus à propos qu'il ne fust oncques, et donner paix, non seulement à vous, mais à toute la cristienté, qui soubs telle alliance doit florir et prospérer, et périr par le contraire. Et je supplie celuy pour l'amour de qui vous le ferez, vous donner aussy bonne, longue et contente vie que de tout son cueur la vous desire

Vostre très humble et très obéissante subjecte
et mignonne   MARGUERITE.

[Ms. n° 58.]

LETTRE CXL.

AU ROI.

(? 1546.)

Monseigneur, vous m'avez tant faict de biens toute ma vie, que j'ay eu plus d'occasion de vous remercier que de vous demander. Si estes vous celuy, Monseigneur, auquel, après Dieu, je doy monstrer mes necessités et affaires, dont maintenant m'en est survenu ung qui me donne beaucoup d'ennuy : c'est la maladie du cardinal d'Armaignac¹, qui est une fievre tierce, mais tant aigue, que ceux qui ne le congnoissent doubtent sa vie. Je suis seure, Monseigneur, que vous en serez importuné, et peult estre de tel qui ne vous y feroit guères de service. Qui m'a fait advancer de vous en advertir, pour vous supplier très humblement, Monseigneur, me faire tant de bien que de ne donner ses bénéfices jusques à ce que Dieu l'ait pris à luy, ce que j'espère qu'il ne fera pour cete fois², dont je le supplie, car le plus grant regret que j'en aurois seroit la perte que vous feriez d'ung aussy loyal et affecsionné serviteur que je congnus oncques à vostre service. Je l'ay nourry despuis l'aige de dix ans, et à ma requeste luy donnastes l'esveché de Rhodez³, de laquelle ne voulust estre ingrat serviteur, mais a employé tout son temps à essayer de vous fere service ; dont je luy porte telle affecsion que s'il estoit mon propre filz. Et encores qu'il fust empesché pour vous, si ne laissoit il de donner telle ordre au pays, que je n'avois occasion de m'en soulcier. Et maintenant, à son retour, a nourry huit mille pouvres et fait tant de bien à la justice et au doumaine, que, si Dieu me l'oste, je me trouveray bien ennuyée et empeschée. Car j'es-

¹ George d'Armagnac, nommé cardinal par Paul III, au mois de janvier 1544. (*Gallia christ.*, I, 834; voyez sur George d'Armagnac, la note 1, t. I, p. 244.)

² Le cardinal guérit en effet. (Voyez p. 258.) Il ne mourut qu'en 1585, âgé de quatre-vingt-quatre ans

³ Il était né en 1501. Marguerite lui fit donner l'évêché de Rhodez en 1529. (*Gall. christ.*)

père plus de service de luy sur ma vieillesse que de nul enfant que j'eusse seu avoir. Et si la fortune m'advient, qui me sera grande, je vous en advertiray incontinent, et vous supplieray seulement pour l'esvesché de Rhodez, esperant, Monseigneur, que vous ne voudrez mains fere pour moy maintenant que à l'heure que vous la me donnastes. Je dis à moy, pour le bien et repous que ce m'est d'y avoir ung parent qui donne ordre à mes affaires, dont j'ay tant, que je ne crains vous importuner me secourir de chose que, j'espère, sera aultant pour vostre service que pour mon bien particulier. Et quoy que je vous demande, ne quelque affere que j'aye, la fin de mon oraison ne sera sinon que vostre voulenté soit faite. Mais s'il vous plest, Monseigneur, attendre la mort et ma très humble requeste avant que d'en dispouser, vous me ferez ung bien très grant, et je prieray Nostre Seigneur le vous vouloir rendre comme le desire

  Vostre très humble et très obéissante subjecte
   et mignonne   Marguerite [1].

[Ms. n° 125.]

---

[1] George d'Armagnac, dit Moréri, fut zélé pour la religion et ennemi des hérétiques. Et les auteurs de la *Gallia christiana* : « Il mit tous ses soins à garder son troupeau de la morsure des loups hérétiques, c'est-à-dire de la secte de Calvin, et il y réussit, au moins dans sa ville épiscopale. » D'où vient donc que Marguerite aimait et protegeait avec tant de chaleur un si ardent adversaire des idées de la réforme ? Pourquoi le fit-elle constamment placer dans les emplois où il pouvait combattre ces idées avec le plus d'avantage ? Ceux qui s'obstinent à soutenir l'hérésie intérieure et persistante de la reine de Navarre doivent prendre soin d'expliquer cette contradiction.

LETTRE CXLI.

AU ROI.

(? 1546.)

Monseigneur, la lectre qu'il vous a pleu m'escripre et la seureté de vostre très bonne santé m'ont donné tant de bien et de contentement, que je n'en puis assez louer Dieu, ny vous, Monseigneur, mercier très humblement. Et quant à la lectre qu'il vous a pleu envoyer au roy de Navarre, il n'a failly d'envoyer devers le prince d'Espaigne[1] les nouvelles de l'Empereur, coume il vous a escript. Et pour ce, Monseigneur, que ce porteur vous est fidèle serviteur, il ne vous celera coume vos affaires vont par dessa et tout ce que j'ay peu entendre. Et ne me desplaist sinon que Dieu ne nous donne quelque moyen de vous fere millieur service; mais j'espère que après tant de guerres et de fascheries que vous avez eues, qu'il vous donnera une ferme paix[2] et heureux repous pour recompenser les ennuis et les travaulx que vous avez continuellement, lesquelz, pour estre loing de vous, je sens doublement, craingnant toujours vostre santé. Mais ne pouvant en ma vieille foiblesse vous y servir selon mon desir, je me jette aux pieds de la grande bonté qui peult vous donner l'accomplissement de mon de-

---

[1] Philippe, fils de Charles-Quint.
[2] La paix qu'on négociait en ce temps-là avec l'Angleterre.

sir, que, je suis seure, seroit vostre contentement. Et combien, Monseigneur, que, pour n'estre ingrate, connoissant tous les biens que j'ay venir de vous, je devrois incessamment vous mercier, si ne veux je oublier ce particulier bienfait qu'il vous plest avoir memoire de vostre cardinal d'Armaignac [1], duquel je say que la vie et le bien est tant vostre, que je ne crains de le ramentevoir à la bonne voulenté que vous luy portez, et recommander plus que très humblement à vostre bonne grace

Vostre très humble et très obéissante subjecte et mignonne MARGUERITE.

[Ms. n° 46.]

LETTRE CXLII.

AU ROI.

(Avant le mois de juin 1546.)

Monseigneur, vous m'avez fait cet honneur de m'escripre les bonnes nouvelles de la paix entre vous et le roy d'Angleterre, dont très humblement je vous mercie; car je croy, Monseigneur, que vous avez bien senty la joye que j'en aurois, coume d'une chose très necessaire pour vous et tous les vostres. Le roy de Navarre n'a pas failly de le faire entendre à nos voisins, qui n'en seront guères joyeux; mais il y en a qui

---

[1] Évêque de Rhodez, légat d'Avignon. (Voyez la lettre CXL, p. 252, et la note p. 254.)

sont vos subjects, que, je me doubte, en seront aussy marris; car ils n'ont plesir que de crier la guerre et dire tant de mensonges et meschancetés, que, sans la connoissance que j'ay de leur malice, j'eusse souvent esté en grant peine. Le pouvre gouverneur de Bayonne en a eu de terribles alarmes! Et luy, qui est aultant homme de bien qu'il en soit point, y adjoustoit si grande foy, qu'il n'estoit pas content quant nous ne le pouvions croire, et disoit qu'il avoit peur que nous feussions mal advertis et que l'on nous fist une surprise. Le roy de Navarre, tant pour le sactifaire que pour donner ordre qu'il n'y eust faulte par laquelle l'on prist occasion de faire entreprise, vous envoyoit ces advertissemens, et ne vous ousoit mander ce qu'il savoit de son costé, pour ne vous empescher d'envoyer ce qui estoit necessaire. Mais jamais n'avons oy dire que l'Empereur voulust rompre avecques vous, sinon par nostre cousté. Mais ces propous qu'en a fait semer Lascurre, dont aultrefois je vous ay dist les meschancetés [1], sont si peu fondés et si sots, qu'il m'a semblé que le roy de Navarre et moy ne vous en devions rompre la teste. Mais M. de Burie, qui à sa venue a recongnu ce langaige et trouvé toute menterie, a esté d'opinion que je vous en devois advertir, estant seur que vous ririez dont ils nous pensent si sots que de croire leurs folies. Et s'il vous en plest avoir le passe tems, j'en envoie ung memoire au viscomte de Lavedan, vous suppliant, Monseigneur, de croire que

[1] Lettre CXXII, p. 212.

le plus grant contentement aux affaires où je voy le mary que vous m'avez donné, c'est que je ne vis oncques ung plus loyal ny affecsionné serviteur qu'il vous est, ny qui sente mieux la joye et l'ennuy de vostre fortune que Dieu veuille tousjours augmenter, en vous donnant longue et bonne santé. Vous suppliant, Monseigneur, que quant vous aurez la conclusion de la desirée paix, negociée par vostre fidèle et heureux admiral [1], il vous plese nous en faire part, coume à ceux qui vivent de vostre vie, laquelle vous avez donnée au cardinal d'Armaignac, qui a esté à la mort, abandonné des médecins. Mais quant il sçeut, non seulement le bien que vous luy aviez fait d'Aulbrac, mais des bons propous qu'il vous a pleu tenir de luy, avecques vostre prompte liberalité, ce bien et honneur l'a ramené à la vie, avecques ung double cueur de l'employer à vostre service ; dont avecques luy vous mercie très humblement

Vostre très humble et très obéissante subjecte et mignonne MARGUERITE.

[Ms. n° 64.]

[1] D'Annebault. Il se rendit à Ardres, près de Boulogne, avec M. Raymond, premier président de Rouen. L'amiral anglais, milord Dudley, depuis duc de Norfolck, vint à Guines, et la paix fut signée dans un lieu intermédiaire, le 7 juin 1546. (RYMER, XV, 98.) Voyez-en les conditions dans du Bellay (*ann.* 1545, fol. 349, *b*, édit. in-fol.)

LETTRE CXLIII.

AU ROI.

(1546.)

Monseigneur, si je prens la hardiesse de vous escripre pour le pays de Rouargue, je vous supplie très humblement croire que aultre chose ne m'y contraint que vostre service : car la congnoissance que j'ay de l'amour que vous avez à vostre peuple et la voulenté de leur distribuer esgale justice et supportacion, me fait considérer que la faulte que je vous ferois de vous celer la vérité, que je say certainement, seroit plus grande que la peine que je vous donne de lire ma mauvaise lectre. Et pour ce, Monseigneur, que le proupous est long, et que Monseigneur le légat l'a entendu jusques au bout, je vous supplie luy demander en sa consience ce qu'il y a trouvé[1]. Et si leurs parties veulent faire trouver leurs causes bonnes, soubs couleur du proufist qu'ils en ont proumis! S'il vous plest, Monseigneur, me faire tant de grace que vous remettez la conclusion jusques à ce que je soye devers vous, j'espère de vous dire si bonnes raisons, que, en faisant justice au pouvre pays, vous serez sactifait par eux, en sorte que vous connoistrez que la requeste que je vous en fois vient d'une personne qui a tousjours desiré vostre vie, salut, honneur et proufist plus

---

[1] Il s'agit probablement d'une affaire d'hérésie et d'une enquête dirigée par le légat.

sans comparaison que pour soy mesmes. Vous suppliant très humblement encores une fois estre seur que je n'ay affecsion à nul peuple, ayant regart à moy, ma faveur et mon proufist. Et en ce cas icy, riens ne me fait parler que la vérité, que je say que vous aimez, et l'obligacion que j'ay plus que nulle aultre à la vous dire. Car en chose de ce monde n'a mis sa fin ne son regart, sinon en vous,

Vostre très humble et très obéissante subjecte et seur   MARGUERITE.

[Ms. n° 95.]

Les lettres suivantes n'ont pu être classées.

LETTRE CXLIV.

AU ROI.

Monseigneur, le bien et l'aise que j'espere bientost par votre veue recouvrer m'oste la puissance de vous pouvoir assez très humblement mercyer de l'honneur qu'il vous a pleu me faire de me commander aller au lieu dont la longue absence me seroit importable. Vous asseurant, Monseigneur, que je ne sauray avoir meilleur restaurant de la lasseté que j'ay eue à venir ici, vous laissant, que de retourner vous voir. Et je suis seure, Monseigneur, que le mary dont il vous a pleu avoir souvenance ne fauldra au desir qu'il a de vous obéir; mais encore que les affaires le peussent retenir, je m'en iray devers vous, comme à celui en qui l'amour et obéissance de père, frère et mari est tousjours demeurée entiere; n'aymant ce qui me peut toucher, soit mari ou enfans, sinon d'aultant que Dieu me fait la grace qu'ils sont de mon esperist et vouloir pour mourir en vostre service. Ce que je suis seure et sens en moy si bien que vous l'entendez mieulx que ne se peut dire, que le contentement fait vivre contente plus que jamais, desirant vostre bonne grace à laquelle très humblement se recommande, car plus en tient seur le don et plus en cherche la perpétuelle jouyssance où repose son repos

   Vostre très humble et très obéissante servante
  et seur   MARGUERITE.

[*Autogr.* — Fonds Béthune, vol. 8546, fol. 58.]

LETTRE CXLV.

AU ROI.

Du Béarn. (Non datée.)

Monseigneur, il vous a pleu me faire tant de bien et d'honneur, etc. (T. I, lettre 166, p. 403.)

LETTRE CXLVI.

AU ROI.

Monseigneur, le desir que j'ay de vous voir est si grant, que je porte envie à ce porteur et à ma lectre d'aller plus toust à vous que moy. Vous asseurant, Monseigneur, que s'il ne vous eust pleu m'asseurer de la bonne santé de monseigneur d'Orléans et me coummander vous attendre à Langres, j'eusse fait mon possible de m'advancer, pour essayer à luy fere service. Car vous savez, Monseigneur, que je ne suis née que pour servir vous et les vostres. Je n'avois point seu sa maladie, mais quant j'ay entendu que c'estoit fievre tierce, je ne me puis tenir de sentir son mal; car je n'en foys guères que saillir. Il est vray que la jeunesse le saulvera de la longueur, et que puis que ses creses diminuent, qu'elle ne luy peult durer; dont je prie Nostre Seigneur. Mais si à Langres je n'oy dire que vous et luy soyez partis, il vous plera bien que je satiface à mon affecsion qui ne me laira repous que je ne vous revoye avecques toute vostre compaignie et telle santé que, coume la plus obligée qui vive, plus que nul aultre la desire

Vostre très humble et très obéissante subjecte et mignonne   MARGUERITE.

[Ms. n° 98.]

LETTRE CXLVII.

AU ROI.

Monseigneur, la joye que j'ay eue d'avoir par ce porteur et vostre lectre entendu vostre bonne santé m'a esté ung bien si grant, que, en despist du meschant corps, l'esprit s'est aultant esjouy qu'il le peult fere; non sans regret, Monseigneur, de me voir en estat que je ne puis porter la peine que je desirerois. Et pour me essayer, le jour de Pasque je me fis porter à l'esglise; mais je l'ay bien acheté : ma douleur, puisqu'il vous plest prendre la peine de l'entendre, me tient à la cuisse gauche et à l'espaule, qui n'est pas grande parfois comme au matin; mais après disner et au soir, si je m'efforce à me tenir debout, elle me tormente la nuist. Tout cela ne m'ennuye point tant que l'euil, qui ne s'amende ne pour médecine, ne pour chouse que je y fasse. Une chouse me reconforte : c'est que si ung corps doit tousjours souffrir, et que vous ayez eu tant de mal que j'estoys saine [1], puisque je suis malade vous ne le pouvez estre. Et cete raison avecques l'essample de pacience que j'ay apprise de vous, me donne occasion de louer Nostre Seigneur, lequel, en remettant le surplus à ce porteur, va supplier vous donner d'icy à cent ans la santé et prospe-

---

[1] Marguerite voulait écrire sans doute : « et que vous ayez eu mal tant que j'estois saine. »

rité que vous avez, et pour mon seul bien vostre bonne grace,

   Vostre très humble et très obéissante subjecte
    et mignonne   MARGUERITE.

[Ms. n° 23.]

LETTRE CXLVIII.

AU ROI.

Monseigneur, il vous plera me faire cet honneur que d'ouyr ce porteur, par lequel trop mieux que par ma lectre entendrez le coumencement de mon voyage, non mains ennuyeux que contraint. Vous suppliant, Monseigneur, très humblement vouloir accorder à monseigneur de Vendosme ce qu'il vous demande, qui vous sera sans prejudice, car nous avons tout accordé au demeurant, et luy dire quelques paroles pour l'asseurer de brefve et bonne justice en son procès. Car je vous proumets, Monseigneur, que l'estresme ennuy et necessité où il est a besoing d'estre secouru de vostre nonpareille bonté, en la memoire de laquelle desire esternellement demeurer pour très humblement recommandée, regardant son cueur plus toust mort que d'estre jamais envers vous trouvé non juste,

   Vostre très humble et très obéissante subjecte
    et mignonne   MARGUERITE.

[Ms. n° 112.]

LETTRE CXLIX.

AU ROI.

Monseigneur, pour ce que je connois le président Clutoi estre de ceux que vous tenez de vos très humbles et affecsionnés léaux serviteurs, et tel je l'ay toute ma vie congnu, je ne crains, Monseigneur, vous escripre pour l'affaire pour lequel il envoye devers vous, dont il m'a plusieurs fois parlé. Je connois son filz, qui en bon sens et bonne voulenté est suivant le père, et aultant estimé savant jeune houme, de bonne confiance et de bonnes lettres, que nul qui soit en cete ville. Et voyant le sens et la condicion tant arestée et hors de toute apparence de jeunesse, je puis parler de luy comme d'ung houme vieux et esperimenté, regardant sus tout l'affecsion naturelle que toute leur maison ont à vostre service; ce que j'ay mieux congnu en vostre absence que je ne fis oncques. Qui me fait prendre la hardiesse de vous parler pour ung bon servicteur, et le recoumander très humblement à vostre bonne grace, et aussy

  Vostre très humble et très obéissante subjecte
  et seur   MARGUERITE.

[Ms. n° 38.]

LETTRE CL.

AU ROI.

Monseigneur, ce porteur qui se sent tant obligé à vous qu'il desire que son service jusques à la fin de la vie soit à vos pieds pour recevoir tous vos coumandemens, s'en va devers vous sactifaire à son desir. Et pour ce que vous savez, Monseigneur, qu'il a voulontiers pris peine pour moy, l'ay prié vous porter cete lectre, la fin de laquelle ne puis faire trop toust, pour la seureté de sa créance, à laquelle coume à moy, vous supplie donner foy

Vostre très humble et très obéissante subjecte et mignonne   MARGUERITE.

LETTRE CLI.

AU ROI (HENRI II).

(Du Béarn, — 1547 à 1549.)

(Après la mort de François Ier.)

Monseigneur, l'honneste lettre qu'il vous a pleu m'escripre et les bons propos que de vostre part ce porteur m'a dist me doivent donner occasion de me taire, n'ayant parole ny mot pour assez très humblement vous en remercyer, ny desclairer en quelle obligacion vous mettez le surplus de mes vieux jours d'estre desdiés à votre service. Mais, Monseigneur, je supplie celuy auquel vous avez vostre ferme esperance satisfaire pour moy, et vous donner heureuse et longue vie. Et pour ce, Monseigneur, que ce porteur m'a tenus plusieurs propous que de vostre grace luy aviez commandé me dire, dont la responce par escript pourroit estre longue et fascheuze à vos yeux, je lui ay dist sur chascun article tout ce que j'ay dedans le cueur, car je l'ay tousjours congnu votre tant affectionné et loyal serviteur que je n'ay craint mettre entre ses mains ma confession. La resolucion de laquelle est que, ainsin que Dieu vous a donné puissance de commander à mon corps, lequel n'est fait que pour vous obeyr, la vraye amour que je vous porte lye si fort mon cueur au vostre, que je ne puis vouloir que vostre vouloir; mais c'est d'une sy vifve affecsion, qu'elle ne peult estre aultre. Parquoy, Monseigneur, je vous supplie croire que en toutes choses, obéira, suivra et voudra ce que vous commanderez et voudrez, et pour toute recompense de son amour et servitude vous demande la grace de demeurer en la vostre bonne, à laquelle tant et sy très humblement qu'il luy est possible se recommande

Vostre très humble et très obéissante subjecte et tante MARGUERITE.

[*Autogr.* — Fonds Béthune, vol. 8651, fol. 25.]

A la fin du recueil des Lettres de Marguerite à François Ier, se trouve la pièce suivante écrite de la main d'un secrétaire; mais les signatures sont autographes, ce qui prouve que c'est le texte original.

LETTRE AU ROY

(HENRI II),

PAR CHARLES (DEPUIS CHARLES IX), MAGDELEINE ET MARGUERITE [1], SES SŒURS.

> Mon Roy, je vous faiz assavoir
> Que j'ay bien envye de vous voir;
> Je suys ycy entre les femmes,
> Sy vous ne venez, je suys infame.
> Elles me veullent garder de tout dire,
> Mais elles ne me gardent pas de rire.
> Ce porteur vous parlera d'une poume
> Là où j'ay dit que je suys houme [2].
> Elle estoit à madame Ysabeau,
> Quy n'a pas trouvé ce jeu trop beau.
> La Royne ma tante
> En a fait la malcontente,
> Et a juré son grant serment
> Que je parloys villainement,

---

[1] Qui fut la seconde reine de Navarre par son mariage avec Henri IV. Elle était née en 1559. On peut supposer qu'elle avait cinq ou six ans à l'époque où elle savait déjà barbouiller son nom. Ces vers auraient donc été faits vers 1564. Charles IX aurait eu à peu près treize à quatorze ans.

[2] Cela signifie sans doute qu'il l'avait dit, et réclamé cette pomme en termes un peu trop énergiques.

Et dit que je suys plus mauvais que mon père,
Et que je ne seray jà son compère.
Et madame Madalaine,
Et Marguerite sont en peyne
Sy bientost vous ne revenez.
Adieu, mon Roy, venez, venez [1].

Charles,

Magdalene,

Marguerite.

[1] Cette pièce a paru intéressante à publier, non certes par sa valeur intrinsèque, mais comme le début précoce d'un enfant, et parce qu'elle révèle les goûts naturels et les qualités d'esprit de cet infortuné jeune homme, victime de la politique de sa mère, l'admirateur et le vainqueur de Ronsard dans des vers trop connus pour être répétés ici.

APPENDICE.

APPENDICE.

SUR

LA CORRESPONDANCE DE MARGUERITE

AVEC

GUILLAUME BRIÇONNET,

ÉVÊQUE DE MEAUX.

Quelques personnes ont paru regretter que je ne l'aie pas fait connaître davantage, et peut-être même imprimée tout entière. Elles ne peuvent se persuader, considérant l'époque, le sujet traité et la qualité des personnages, que cette correspondance soit aussi vide de choses, aussi dénuée d'intérêt que je l'ai annoncé. Après avoir relu ces lettres, je ne puis que persister dans ma première opinion. Toutefois, pour satisfaire la curiosité autant que possible, j'ai extrait de ce gros volume les lignes suivantes, les seules que j'aie pu découvrir dignes d'être lues.

POST-SCRIPTUM
D'UNE LETTRE DE MARGUERITE A L'ÉVÊQUE DE MEAUX.

(Novembre 1521.)

« Je ne sçay si je me doibs plus resjouir d'estre estimée d'estre du nombre de ceulx à qui je desire ressembler, etc.... Il me semble que plutost clorre la bouche aux ignorans est le meilleur, vous asseurant que le Roy et Madame ont bien desliberé de donner à congnoistre que la vérité de Dieu n'est point hérésie. » (Novembre 1521.)

[Fol. 45, recto.]

Marguerite, après avoir exprimé combien lui sont profitables les lettres de M. de Meaux, le prie de continuer à lui départir

« Sy douce manne dont le profit ne restiendray comme gourmande, que n'en donne, la part aux esprits que en cette compaignie verray enclins à le desirer. Et pour en solliciter, vous renvoye maistre Michel, lequel, je vous asseure, n'a perdu pour le lieu temps, car l'esprit de nostre Seigneur par sa bouche aura frappé des ames qui seront enclines à recepvoir son esprit, comme il vous dira, et plusieurs aultres choses dont luy ay prié, congnoissant que ne metterez en doubte sa parole. Vous priant que, entre tous vos piteulx desirs de la reformacion de l'Église, *où plus que jamais le Roy et Madame sont affectionnés*, et le salut de toutes pauvres ames, ayez en mémoire celle d'une imparfaite, mal ronde, mais toute contrefaite *perle*[1], etc. » (Décembre 1521.)

[Fol. 46, a.]

La réponse de Briçonnet remplit 102 pages petit in-folio. Il n'y a de remarquable que le passage suivant, par lequel elle se termine :

« C'est à vous, Madame, à qui je parle. Le vray feu qui s'est logé long tems en vostre cœur, en celuy du Roy et de Madame, par graces si très-grandes et abondantes que je n'en congnois point de plus grandes. Je ne say si le feu a point esté couvert et assoupy; je ne dis pas estainct, car Dieu ne vous a par sa bonté encore abandonnés. Mais conférez chacun en vostre cœur (aultre que vous n'en peult

---

[1] L'évêque lui avait écrit une énorme lettre sur les *perles rondes et pyramidales*, par allusion au nom de *Marguerite*.

estre juge ne le savoir) si vous l'avez laissé ardre selon les graces données. J'ay paour que les ayez procrastinées et différées. Je loue nostre Seigneur qu'il a inspiré au Roy vouloir d'exécuter quelque chose que j'ay entendu. En ce faisant se monstrera vray lieutenant-général du grand feu qui luy a données les graces insignes et grandes pour les faire ardre en son administracion et royaume, dont Rois ne sont que visroys et lieutenants-généraulx du Roy des Rois. Je desire de tout mon cœur que soyez tous vrays salamandres de Dieu [1], et que l'effet soit selon la devise, et les œuvres très chrestiennes, selon le mot : à qui plus est donné, plus est demandé, etc.... » (A Meaux, le 22 décembre 1521.)

[Fol. 98, a.]

Il paraît que l'évêque de Meaux n'était pas satisfait au fond du zèle de la famille royale, et qu'en l'exaltant si fort, il cherchait surtout à l'exciter, car il écrit à madame d'Alençon :

« Le porteur m'a tenu propos de grande pauvreté, auquel Monsieur Fabry [2] et moy avons dict nostre advis et conjuré le vous dire. Il vous plaira couvrir le feu pour quelque temps. Le bois que vous voulez faire brusler est si verd, qu'il estaindroit le feu, et ne conseillons pour plusieurs raisons.... que passez oultre, si ne voulez du tout estaindre le tison, etc. » (Sans date, mais la lettre est du mois de septembre ou d'octobre 1522.)

[Fol. 218, a.]

[1] Allusion à la salamandre adoptée par François Ier pour ses armes.
[2] Lefebvre d'Étaples.

La duchesse répond :

« Le desir que maistre Michel a de vous aller voir a esté retardé par le commandement de Madame, à qui il a commencé lire quelque chose de la Sainte Escripture qu'elle desire qu'il parface. Mais sitost qu'il sera faict, ou si nous deslogeons, incontinent il partira. Mais louez Dieu qu'il ne pert point le temps, car j'espère que ce voyage servira, et me semble que, veu le peu de sejour que nous ferons pardessa, que vous feriez bien d'y venir, car vous savez la fiance que le Roy et elle ont à vous ; et si, avec vostre vouloir et debvoir, ma parole pouvoit advancer l'heure et mon conseil feust creu, en vérité et desir, regardant seulement l'honneur du seul (*sic*), vous conseilleroit et prieroit de n'y vouloir faillir la pis que malade

« Marguerite. »

[Fol. 218.]

Toutes ces lettres ne sont pleines que des métaphores les plus singulières : tantôt la duchesse prie l'évêque de l'aider par ses oraisons à *ramasser son fuseau tombé à terre,* une autre fois elle sollicite *un réveille-matin :* « Vous priant par vos oraisons impétrer de l'indicible miséricorde ung réveille-matin pour la pauvre endormie, afin qu'elle se lève de son pesant et mortel somme, puisque l'heure est venue. »

[Fol. 284, *b.*]

Ces courts fragments sont, je le répète, les seuls qui aient paru offrir quelque intérêt dans le chaos de cette énorme correspondance. Si quelqu'un doute de l'exactitude ou de la bonne foi de cette assertion, le relevé suivant le mettra à même de vérifier la chose avec un peu moins de fatigue que je n'ai fait, du moins s'il prétend se borner aux lettres de la duchesse :

APPENDICE. 277

RECUEIL

DES LETTRES DE M. DE MEAUX ET DE LA DUCHESSE D'ALENÇON.

(Suppl. fr., 337, in-4°.)

Les lettres de la duchesse sont au nombre de 56 : la première, qui ouvre le recueil, mentionne le départ de M. d'Alençon comme lieutenant-général de l'armée du Roi. Il n'y a point de date; mais la réponse de l'évêque est datée du 19 juin 1521. — La dernière se rapporte aux nouvelles de la prise de Milan; par conséquent elle est du mois d'octobre 1524. (Milan fut pris à la fin de septembre.)

LETTRES DE MARGUERITE.

Folios.

1, a^1. — 1. — M. de Meaux, congnoissant que ung seul est nécessaire. (Imprimée t. I, p. 155.)

1, b. — 2. — Celuy qui m'a faite participante.

6, a. — 3. — Monsieur de Meaux, je loue de toute ma puissance.

8, b. — 4. — Ainsy que la brebis en pays estrange errant.

19, a. — 5. — Pourceque la responce de vostre tant consolable lettre.

40, a. — 6. — Le soudain despartement de maistre Michel excusera.

— b. — 7. — Si maistre Michel ne vous contoit.

44, a. — 8. — La forte demourée foible.

45, a. — 9. — Je ne say si je me doibs plus resjouir. Ce n'est qu'un *P. S.* de la précédente.

---

[1] *a* indique le recto, *b* le verso.

Folios.

118, *a*. — 10. — Le temps est si froid.
119, *a*. — 11. — La pauvre déserte ne peut entendre.
121, *a,* — 12. — Celuy qui est venu chercher et tirer les pécheurs.
146, *a*. — 13. — Monsieur de Meaux, je voudrois.
155, *a*. — 14. — Monsieur de Meaux, pour cette heure me tairay.
169, *b*. — 15. — En la seule et vraye paix.
177, *a*. — 16. — Je supplie celui.
196, *a*. — 17. — Puis que le chef est ressuscité.
211, *b*. — 18. — L'héritaige promis aux enfans.
212, *a*. — 19. — Les œuvres de Dieu.
213, *a*. — 20. — La seureté du porteur.
218, *a*. — 21. — Le desir que maistre Michel a de vous aller voir.
220, *b*. — 22. — Non pour vous ramentevoir. (Imprimée t. 1, p. 163.)
223, *b*. — 23. — Puisqu'il plaist au seul chief.
231, *b*. — 24. — Après compassion.
235, *b*. — 25. — Le vray et seul consolateur.
241, *b*. — 26. — Grande et inestimable est l'infinie bonté.
242, *a*. — 27. — Estant en labeur de nuict infructueux.
245, *b*. — 28. — Loué soit celuy.
246, *b*. — 29. — Si nostre lumière est obscurité.
254, *a*. — 30. — La douce main gracieuse.
256, *a*. — 31. — Par la lettre que j'ay veue.
258, *a*. — 32. — Le nom de celuy en qui seul.
262, *a*. — 33. — Triompher glorieusement.
267, *b*. — 34. — Si commandement.
271, *b*. — 35. — Si les ténèbres.

Folios.

281, *a*.	— 36.	— Le conducteur de vostre esprit.
284, *b*.	— 37.	— La matière de consolacion.
285, *a*.	— 38.	— L'inutile retournée en son Adam.
291, *a*.	— 39.	— Plus croissent les tribulacions.
294, *a*.	— 40.	— Si je ne savois.
296, *a*.	— 41.	— Le vray mirouer.
299, *b*.	— 42.	— Le bon tentateur d'Abrahan.
Ibid,	— 43.	— Toutes les pertes de biens.
306, *b*.	— 44.	— Ce n'est seulement pour satisfaire.
307, *b*.	— 45.	— La despesche qu'il a fallu faire. (Imprimée t. I, p. 164.)
309, *b*.	— 46.	— Vous voulant escripre.
311, *a*.	— 47.	— Bien loing de marc est le raisin.
316, *b*.	— 48.	— L'attente longue.
324, *a*.	— 49.	— L'excuse n'a lieu où accusation ne peult estre.
329, *b*.	— 50.	— Le vray Moyse.
331, *a*.	— 51.	— Que dira celle.
358, *a*.	— 52.	— Tant plus je considère.
359, *a*.	— 53.	— Grande et inestimable. (T. I, p. 166, extrait.)
387, *a*.	— 54.	— Vous rendant mal pour bien. (T. I, p. 168.)
409, *a*.	— 55.	— L'impossibilité de la response. (T. I, p. 169, extrait.)
410, *b*.	— 56.	— Puisque le lieu et la maladie.
410, *b*.	— 57.	— Bien que je say. (Imprimée t. I, p. 174.)

PIÈCES JUSTIFICATIVES.

N° I.

Voyez Lettre CXXXV, Page 242.

« Lettres que le Roy escript à Frotté, son secrétaire, estant avec la Royne de Navarre en Gascongne, luy commandant presenter à ladicte dame les estrennes qu'il luy envoye avec la ballade cy-après escripte. »

« Frotté, je vous envoye ung crucifix accompagné d'une
« ballade que je vueil que vous presentez de ma part à ma
« seur pour ses estrennes, suivant ce que je vous comman-
« day à vostre partement. Sur quoy faisant fin, je prieray
« Dieu, Frotté, qu'il vous ait en sa garde. »

« Escript à Fontainebleau, le viie jour de febvrier M. V XLIII ($154\frac{1}{4}$), ainsy signé Françoys, et au-dessous Bayart, et en la suscription *à Frotté, mon secrétaire*. »

BALLADE

ENVOYÉE PAR LE ROY A LA ROYNE DE NAVARRE.

(1544.)

C'est vous, Seigneur, pendant en ceste croix
Quy monstrés bien que, cloué et lyé,
Vous commandés aux princes et aux roys,
L'humble haulsant, le fier humilié.
Et je, ton serf, Seigneur, t'ay supplié ;
Tu m'as ouy, selon mon seur espoir,
En me donnant, ne m'ayant oublié,
Conqueste, enfans et desfense et pouvoir.

O seur, oyez que respond ce pendu :
— « Qui son estolle en mon sang lavera,
De tous périls il sera défendu,
Tant du présent que cil qu'il adviendra,
Et seurement son honneur défendra
En assaillant et seurement pourvoir,
Et sous ma main par longs jours conservra
Conqueste, enfans et desfense et pouvoir.

Reviens donc, seur, afin que de ta veue,
Non de l'ouyr, ayes seur tesmoignaige
Combien de gloire en ta maison est creue,
Tant de conqueste, honneur, que de lignaige;
Et ton revoir y soit joinct dadvantaige,
Et tous ensemble rendons humble devoir
Au libéral, qui rend pour peu de gaige
Conqueste, enfans, et desfense et pouvoir.

ENVOY.

Louenge à toy, ô infiny donneur,
Mon seul salut et mon certain savoir.
Tu m'as donné, dont je te rends l'honneur,
Conqueste, enfans, et desfense et pouvoir.

[Ms. Suppl. fr., 2286, fol. 115.]

RESPONSE

DE LA ROYNE DE NAVARRE AU ROY.

(1544.)

Agneau occis dès le commencement,
Plein de vertu et de vie fonteine;
O bras cloués, frappant très fortement,
Rendant au Roy felicité pour peine;
Main, luy donnant benédiction pleine,
Pour tous ces biens devez estre de nous

A tout jamais par gloire souveraine
Loué, servi, aymé et craint de tous.

 Donné avez aux cueurs de ses amys
De leurs desirs parfaicte jouyssance;
Rendu avez les meschants ennemys
Hors de moyen d'avoir esjouissance;
Très impuissants sont par vostre puyssance,
Fortifiant celuy qui vit en vous,
Le rendant plein de toute cognoissance
Loué, servy, aymé et craint de tous.

 Amour saillant du cueur du crucifix,
Donnant au Roy des ennemys victoire
Comme il vouloit; luy donnant par ung fils
Nom de grand père après honneur et gloire
Dont l'humble seur par la doulce memoire
De tant de biens sans cesser, à genoulx,
Soubhaite voir son frère après le croire
Loué, servy, aymé et craint de tous.

ENVOY.

 O Christ, l'espoir de mon Roy et mon maistre,
Qui reposez en son cueur humble et doux,
Soyez en luy, et qu'en vous il puisse estre
Loué, servy, aymé et craint de tous.

[Suppl. fr., 2286, fol. 116.]

N° II.

Voyez Lettre CXXXIX, Page 250.

ÉPISTRE DE LA ROYNE DE NAVARRE,

ENVOYÉE AU ROY PAR FROTTÉ, AVEC UN SALOMON POUR SES ESTRENNES.

(1545.)

Durant ce temps que la cruelle guerre
Menassoit fort, Monseigneur, vostre terre,
Voire et qu'enfin de tous costés et parts
Fut assaillie [1] d'aigle et de lyepards,
Ne vous povant en ces lieux là servir,
Je desiray David vous asservir [2].
Il s'eu alla sans arquebuze ou dart
Fors que sa fonde et nud, pour de soudart
Si bien servir qu'il fust de vous loué,
Et de son Dieu tout puissant advoué.

L'année après, plein de gloire prospère,
Dieu vous donna l'heureux nom de grand père [3]
En bénissant si fort vostre semence,
Qu'il desmonstra n'estre par sa clemence

---

[1] Marguerite suit dans sa versification les règles de l'ancienne école qui ne comptait pas l'*e* muet à la fin du premier hémistiche, pas plus qu'on ne le compte encore aujourd'hui à la fin du second. Marot réforma cet usage.

[2] Aux étrennes de l'an 1542, la reine de Navarre avait envoyé à son frère une figure de David en ivoire avec une épître en vers. François Ier, à son tour, lui envoya une épître en vers et une figure de sainte Catherine. Les deux épîtres sont imprimées dans *les Marguerites de la Marguerite des Princesses*. (Voyez la lettre CXXV de ce Recueil, et la note page 202.)

[3] Par la naissance de François, premier-né de Henri II, après dix ans de mariage (19 janvier 1543). (Voyez la lettre CXXXI, p 226.)

Moins bon amy de vous, son Christ et Roy,
Que d'Abraham, le père de la foy,
En vous faisant de tel heur triumphant
Par une foy et par nouvel enfant.
Dont Abraham, auquel le fis savoir [1],
Courut à vous, desirant de vous voir;
Car amour est union si louable,
Qu'elle ne peut chercher que son semblable.

Or, maintenant que par heureuse paix [2]
Vous est de Dieu ce tant monstrueux faix
Ousté du tout, de vos subjetz aussy,
Que guerre fit longtemps vivre en soulcy
(Non soulcy seul, car quasi pis que morts
Ils ont languy durant ces durs efforts),
Salomon, roy rempli de sapience,
Qui n'ignora jamais nulle science,
S'en va vers vous. Car de bon cueur s'applique
A vous servir; son siége pacifique,
Dont l'Escripture nous a tant dit de bien,
Va vous donner et n'y pretend plus rien,
Disant : « Le Roy en sera possesseur;
« Je recongnoy qu'il est mon successeur :
« Sapience ay sus tant biens desirée,
« Mais le Roy l'a toute en luy attirée.
« J'ay entendu ce qu'homme peult entendre;
« Le Roy aussy; nul ne luy peult apprendre.
« J'aymay la paix, tousjours l'ay poursuivie;
« Et pour l'avoir, le Roy sa propre vie
« N'a espargné ny tout ce qui est sien,
« Sans refuser nul honneste moyen.

[1] Au commencement de 1543, François Ier reçut de sa sœur une figure d'Abraham avec douze étoiles et une épitre en vers. (Voyez la lettre CXXXI, et la note pages 228 et 229.)
[2] La paix de Crépy, signée le 18 septembre 1544, avec Charles-Quint.

« Or a la paix, ainsy que moy, certaine,
« Mais plus que moy l'a acquise à grant peine,
« Dont plus beaucoup il mérite avoir gloire.
« Or je confesse, et la chose est notoire,
« Que mieux qu'à moy luy appartient le lieu,
« Siége de paix, fait de la main de Dieu.
« Il se serra[1] au siége non pareil,
« Et je m'en voy le servir de conseil :
« En mes escripts, qu'il luy plaist approuver,
« Il pourra bien ce qu'il aime trouver. »

Ainsy s'en va, mais amour m'a induite
De luy servir jusqu'à vous de conduite.
Il vous dira la grant joye qu'a faite
Ce pouvre peuple, voyant la paix parfaite
D'entre les deux plus forts piliers du monde,
Et que le lys avec la pomme ronde [2]
Est tant uny que ce n'est plus qu'ung cueur.
Dieu n'a voulu permettre que vainqueur
L'ung fust de l'aultre, afin de les contraindre
Après la guerre à cette paix attaindre ;
Car par eulx veult que la foy confirmée
Soit, et aussy l'Église reformée,
Et d'une part oustées les hérésies,
De l'aultre aussy les vaines fantaisies,
Et que la foy nous face en toute guise
En triumphant triumpher sainte Église [3].
O vous heureux, Monseigneur, qui veillé
Avez pour nous, et sy bien travaillé

---

[1] *Siéra*, du verbe *seoir*. Apparemment on prononçait *serra*.

[2] Le globe que portait l'Empereur dans ses portraits.

[3] Ce passage peut servir de profession de foi à la reine de Navarre : elle voulait également la suppression des hérésies et la suppression des abus dans l'Église catholique. La réforme pour elle et pour beaucoup d'adhérents aux nouvelles idées, n'avait point d'autre but ni d'autre sens.

Que nous pourrons soubz vous en seur repos
Tenir de vous très louables propos,
Et louer Dieu, qui vostre entendement
A converty à tel appoinctement,
Par la bonté duquel nous voyons mis
Frères en ung, qui furent ennemys.
A! disoit-il, il fait bon veoir ensemble
Frères unis; et de moy, il me semble
Tout aultre bien au prix de cettuy ci
Estre imparfaict. Car amour n'a nul sy,
Et croy pour vray que si meilleure chose
Il y avoit dessoubz le ciel enclose,
Le filz de Dieu devant que de partir
De ses amys, l'eust bien sceu départir;
Mais ne voyant chose tant desirable
Que ceste paix à tous tant proufitable,
Par trois foys l'a laissée et ordonnée
A ses esleus et pour trésor donnée.
Ce grand trésor par sa puissance ouvert
Nous est donné et par vous recouvert.
Cette paix est de Dieu, très sur en sommes (*sic*),
Car moings estoit espérée des hommes,
Voyant des deux croistre l'inimitié.
Mieulx du grant Dieu se monstre l'amitié,
Qui a voulu par ses prudents accords
Unyr vos cueurs ainsi comme vos corps
Avoit unys par sang et par lignaiges,
Puis réunis par heurculx mariaiges [1].
Ce fort lyen est difficile à rompre
A qui ne veult jamais sa foy corrompre.
Dure à jamais ce lyen bien cordé,
Et tousjours soit l'Empereur accordé

---

[1] Le mariage d'Éléonore, sœur de Charles V, avec François Ier (1530).

Avecques vous, et tous deux mis en ung,
Soit fait par vous ung bien à tous commung :
C'est qu'unyssant la chrestienté toute
En seure paix et que nully n'ait doubte
D'avoir du mal si ne l'a mérité,
Et que la foy ouvrant par charité
Règne si fort entre les Chrestiens,
Qu'à leur exemple accourent les payens
La recepvoir, chantants par les provinces :
Voici le fruict de la paix des deux princes.
Et si ma voix selon l'affection
Pouvoit crier son exclamacion,
Feroit mouvoir tous les divins esprits
De louer Dieu, et, par amour espris,
Donner à vous, mon Roy et mon seigneur,
Sus tous vivants la palme de l'honneur.

[Ms. Suppl, fr., 2286, fol. 116.]

LA ROYNE ESTANT MALADE ENYOYE CE DIXAIN A FROTTÉ.

Seroit ce bien à bon escient, mon Dieu,
En ensuivant ta bonté charitable,
Que tout le mal que je souffre en ce lieu
Fust le dernier messagier véritable
Pour me pousser au lieu tant desirable
Qu'à ses eslus par ton Fils as promis?
S'il est ainsy, messagier agréable
Je tiens mon mal, à la chair importable,
Puisqu'il me poulse au rang de tes amis.

RESPONSE DUDICT FROTTÉ.

Ce messagier que nommez le dernier
Seroit il tant aux esleus misérable
De s'advancer et mettre le premier
Pour leur oster leur bien tant desirable ?

Certes nenny. Car la bonté durable
De toy, Seigneur, qui tes enfans repais,
Ne permettra porter un si dur faix
A tes esleus qui nuict et jour t'en prient.
Doncques, Dame, pour les tenir en paix
Fault demourer, quoy que vos maulx vous crient.

[Suppl. fr., 2286, fol. 118 et 119.]

HUICTAIN COMPOSÉ PAR LADICTE DAME UNG PEU AUPARAVANT SA MORT.

(1549.)

Je cherche aultant la croix et la desire
Comme aultrefoys je l'ay voulu fuir;
Je cherche aultant par tourment d'en jouyr
Comme aultrefoys j'ay craint son dur martyre,
Car cette croix mon ame à Dieu attire;
C'est le chemin très seur pour l'aller voir,
Parquoy les biens qu'au monde puis avoir
Quitter je veulx, la croix me doibt suffire.

[Suppl. fr., 2286, fol. 119.]

N° III.

PROTESTATION DE JEANNE D'ALBRET,

AU SUJET DE SON MARIAGE AVEC LE DUC DE CLÈVES.

(Alençon, octobre 1544, et Tours, 5 avril 1545.)

A tous ceulx qui ces presentes verront, nous Jehan Legiers et Bartolomy Terreaul, notaires jurez soubz les contractz royaulz de la ville, cité et ressort de Tours, salut. Sçavoir faisons que cejourd'huy, feste de Pasques, cinquiesme jour du mois d'apvril l'an mil cinq cens quarante-cinq, à l'issue de la grande messe, dicte, chantée et célébrée en l'église et chapelle du Plessis-du-Parc-lez-Tours, très-haulte et très-puissante dame Jehanne de Navarre, estant ou cueur de ladite chapelle, ès presences de monseigneur le revérendissime François, cardinal de Tournon, messire Jehan de Sainct-Mauris, ambassadeur de l'empereur, et de messeigneurs les revérendissimes Pierre Palmier, archevesque de Vienne, Philippe de Cossay[1], évesque de Coustances, Philibert Babou, évesque d'Angoulesme, Pierre du Chastel, évesque de Mascon, et plusieurs aultres, a dict et déclairé, en presence des dessusdits et de nous notaires, les motz et parroles que s'ensuyvent : « Messeigneurs, je ay cy-devant faict des déclarations et protestacions touchant le mariage que l'on a voulu faire entre mons^r. le duc de Clesves et moy. Je vous déclare encoires de present, messeigneurs les cardinal, archevesque et évesque qui estes icy assemblez, que je veulx et entendz persevérer en mesdites

---

[1] Cossé-Brissac.

protestacions et déclarations et y parsiste, et n'en feray jamais aultre chose. Et pour autant, messeigneurs, que je ne le vous puis pas si bien déclarer comme je l'entendz, je l'ay icy rédigé par escript et signé de ma main. Je vous en vois faire la lecture et vous jure et afferme, messeigneurs, par mon Dieu que je viens presentement de recepvoir, que ce que est cy-escript contient vérité et y parsiste. » Et a ladite dame leu ledict escript qu'elle tenoit en ses mains, estant en une demie-feuille de papier, duquel la teneur s'ensuit :

« Monseigneur le cardinal, et vous, messeigneurs les évesques et prélatz, qui estes icy presens, je déclare en voz presences et des notaires que sont icy, que je ay par cy-devant faict, escript et signé de ma main deux protestacions, l'une du jour de certainnes pretendues fiansailles et sollempnitez d'entre monseigneur le duc de Clesves et moy ; l'aultre, du jour precédent lesdites prétendues fiansailles et sollempnitez, desquelles protestacions je vous faiz presentement apparoir et les vous vois lire. Je jure et afferme sur les sainctes Evangilles de Dieu que je les ay faictes, escriptes et signées èsdits jours, et faict signer pour plus grande approbation par ceulx que se sont signez avec moy. Je jure et afferme aussi qu'elles contiennent vérité, et que telle estoit lors ma volunté et intencion, en laquelle j'ay tousjours persevéré jusques au temps de la déclaration que je fis au mois d'octobre dernier en la ville d'Alençon, et laquelle déclaration aussi je jure et afferme comme dessus qu'elle contient vérité, et que depuis icelle déclaration j'ay tousjours demeuré en ce mesme vouloir et encoires y demeuré-je de present et y veulx demeurer, et que je n'euz jamais vouloir, comme encoires je n'ay, estre obligée ne de me obliger par loy de mariage audit sieur de Clesves, ne de le prendre à mary, et que ce qu'en fut faict lors des pretendues fiansailles et sollempnitez a esté faict par la manière contenue en mesdites protestacions. De laquelle ma déclaration et choses susdites faictes en voz presences de vous, messeigneurs les cardinal et évesques, à ce presens, je demande acte aux notaires que aussi icy sont presens. »

Ainsi signé,

« JEHANNE DE NAVARRE. »

Et ladicte lecture faicte dudict escript par ladicte dame, luy a esté presenté un missel auquel sont les sainctz Evangilles, sur lequel ouvert elle a posé et mis sa main, et a juré et affermé que le contenu oudit escript et ès déclarations et protestacions par elle precédemment faictes sont véritables, et qu'elle y parsiste, veult et entend perseverer. Ce faict, ladite dame a presenté deux feuilles et une demiefeuille de papier, qu'elle a dict estre escriptes et signées de sa main et contenir lesdites déclarations et protestacions dont cy-dessus a esté faicte mention, desquelles les teneurs ensuyvent :

« Moi, Jehanne de Navarre, continuant mes protestacions que j'ay cy-devant faictes, èsquelles je parsiste, dis et déclaire et proteste encoires par ceste presente que le mariage que l'on veult faire de moy au duc de Clesves est contre ma volunté ; que je n'y ay jamais consenti et n'y consentiray, et que tout ce que je y pourray faire ou dire par cy-après, dont l'on pourroit dire que je y auroie consenti, ce sera par force, oultre mon grey et vouloir, et pour craincte du Roy[1], du roy mon père et de la royne ma

---

[1] De France.

mère, que m'en a menassé et faict foueter par la baillyve de Caen, ma gouvernante, laquelle par plusieurs fois m'en a pressée par commandement de la royne ma mère, me menassant que, si je ne faisois, au faict dudit mariage, tout ce que ledit Roy vouldroit et que si je ne m'y consentoie, je serois tant fessée et maltraictée que l'on me feroit mourir, et que je seroie cause de la perte et destruction de mes père et mère et de leur maison; dont je suis entrée en telle craincte et peur, mesmement de la destruction de mesdicts père et mère, que je ne sçay à quy avoir recours que à Dieu, quant je vois que mes père et mère m'ont délaissée, lesquelx sçayvent bien ce que je leur ay dict, et que jamais je n'aymeroie le duc de Clesves et n'en veulx poinct. Pour ce je proteste derechiefz que, s'il advient que je soye fiancée ou mariée audict duc de Clesves, en quelque sorte et manière que ce soit ou puist advenir, ce sera et aura esté contre mon cueur et ma volunté, et qu'il ne sera jamais mon mary, et que jamais je ne le tiendray pour tel, et que ledit mariage sera nul, et que j'appelle Dieu et vous à tesmoings, et vous signez avec moy ma protestacion et d'avoir souvenance des forces, violances et contrainctes dont l'on use contre moy pour le faict dudit mariage. »

Ainsi signé,

« Jehanne de Navarre;

« J. d'Arras,
« Francès Navarro,
« Arnaul Duquesse. »

« Moy Jehanne de Navarre, en la presence de vous que m'avez faict, pour la vérité, ce plésir de signer la protestacion que j'ay cy-devant faicte, et que voyez et congnoissez que je suis contraincte et forcée, tant par la royne ma mère que par ma gouvernante, ou faict du mariage poursuyvi du duc de Clesves et de moy, et que aussi voyez comme l'on veult, contre mon vouloir, faire quelque solempnité de mariage, que je dis et déclare que je persevère en madite protestacion faicte devant vous le jour des pretendues fiansailles entre ledit duc de Clesves et moy, et ès aultres protestacions que j'en ay par cy-devant faictes, tant de parolles que par escripts, et que ladite solempnité et toutes aultres choses que y seront faictes seront contre mon vouloir, et qu'elles sont nulles comme faictes ou consenties par force et contraincte, vous appellant aussi à tesmoings et priant de signer la présente avec moy, espérant, avec l'aide de Dieu, qu'elle me servira quelquefois. »

Ainsi signé,

« JEHANNE DE NAVARRE;

« J. D'ARRAS,
« FRANCÈS NAVARRO,
« ARNAULD DUQUESSE. »

« En la presence de vous, notaire, et des tesmoings cy-après mis, je déclare et vous jure que, depuis les protestacions que j'ay par cy-devant faictes, tant le jour de certaines pretendues fiansailles entre le duc de Clesves et moy, que le lendemain desdites fiansailles je ay tousjours demeuré et encoires suis en la mesme opinion, volunté et intencion que j'estoie lors et au temps de mesdites protestacions, et n'ay voulu ny entendu prendre pour mary ledit duc de Clesves, comme aussi je ne le veulx ny entendz prendre pour mary ; et ce que j'en ay dict de bouche a esté par force et contraincte, tout ainsi qu'il est contenu ausdites protestacions, et encoires je y parsiste.

« Fait à Alençon, au mois d'octobre quinze cens quarante-quatre. »

Ainsi signé,

« JEHANNE DE NAVARRE. »

Dont et de toutes lesquelles choses dessusdites, à ladite dame princesse, ensemble audit de Saint-Maurice, ambassadeur ce requérans, avons ouctroié le present acte pour leur servir et valoir respectivement en temps et lieu ce que de raison, et estoient à ce presens maistres Jehan Salvert et Thomas Formy, notaires du saint-siége appostolicque et de la court métropolitaine de Tours, lesquelz ont pareillement ouctroié acte de ce que dessus ausdicte dame princesse et ambassadeur susdict, aussi ce requérans, pour leur servir comme dessus ; et oultre, ès présences de vénérables personnes maistre Pierre Menard, chanoine de ladite église du Plessis, nobles hommes maistres Jehans Deschores, conseiller et secrétaire du roy nostre sire et de monsieur le duc d'Orléans ou duché et bailliage dudit Orléans. Jacques Aulbery, advocat en la court de parlement à Paris, Jehans Roubert, bourgeois de Tours, et plusieurs aultres. En tesmoignaige de vérité, etc.

(*Papiers d'État du cardinal Granvelle*, t. III)

FIN DES PIÈCES JUSTIFICATIVES.

INDEX.

A.

Adrien, page 87.
Albanie (M. d'), Jacques-Stuart, gouverneur du pays d'Auvergne, Forez, Bourbonnais et Beaujolais, 116 (et en note)
Albe (le duc d'), 127.
Albret. La maison d'Albret et celle de Foix alliées à la maison de Carmain, 182 (en note).
Albret (Jeanne d'), née le 7 janvier 1528, 86 (en note), 95 (et en note), 150 (et en note); malade en danger de mort, 171, 175, 176 (en note); refuse le duc de Clèves, 176, 177; son mariage cassé par suite des conditions imposées au duc de Clèves, 234; fouettée par ordre de sa mère pour l'amener à épouser le duc de Clèves, 236 (en note), 291; Marguerite supplie François Ier de rompre ce mariage, 237; sa protestation contre son mariage avec le duc de Clèves, 289.
Albret (Henri d'), lieutenant du Roi au pays de Guyenne et de Languedoc, 88 (en note); agit dans le Berry et le Limousin, 92 (en note).
Albret (Isabeau d'), sœur du roi de Navarre, mariée à Réné, vicomte de Rohan, 123, 173.
Albret (Jean d'), second enfant de la reine de Navarre, 302 (en note); lettre sur sa mort, 111; erreur rectifiée au sujet de cette lettre, 111 (en note); épitaphe de Jean d'Albret, *ibid.* (en note).
Alençon (le duché d'). François Ier le laisse à Marguerite, après la mort du duc Charles, 80, 131, 132 (en note).
Alençon. François Ier, à la requête de sa sœur, y envoye des commissaires pour informer sur un fait d'administration, 81; échiquier d'Alençon et ses priviléges, 131 (et en note); commissaires du roi envoyés à Alençon, 134; comment était composé l'échiquier d'Alençon, 135.
Alençon (le duc Charles d'), s'était peut-être aperçu de la passion de sa femme pour François Ier, 8; accusé par les historiens, peut-être à tort, 11; fait faire ses compliments au Roi captif, 28; les réitère au lit de la mort, 29, 133.
Alençon (la duchesse d'). Voyez Angoulême (Marguerite d').
Alençon (Anne d'), sœur du duc Charles, marquise de Montferrat, 82, 132 (en note), 137.
Amiens, 137.
Angleterre. Voyez *Italie*, 61; paix entre la France et l'Angleterre, 256, 258 (en note).
Angoulême (Marguerite d'), diffamée par les romanciers modernes, honorée par des écrivains graves, 1; rumeur vague sur sa passion pour François Ier, 2; sa lettre à son frère, 4; date probable de cette lettre, 10; pourquoi s'est plongée dans le mysticisme, 10; étudie la *Bible*, 13; demeure catholique, 13, 14; craint d'être empoisonnée, 14, 15; on tente de l'empoisonner, 16; a prouvé par ses actions qu'elle n'était pas hérétique, 17; jugement sur sa correspondance avec l'évêque de Meaux, 19; on peut tourner contre elle ses propres poésies, 21; Marguerite part pour l'Espagne sur l'ordre

de sa mère et de son frère, 34, 35, 36, 38; s'embarque à Aigues-Mortes, 39; bien accueillie à Barcelonne, 40, 41; pendant son retour d'Espagne écrivait deux ou trois lettres par jour, 56 (en note); paraît conseiller de céder la Bourgogne à Charles V, 62 (en note); rentre en France vers le 15 décembre 1525, 67 (en note); a été reçue à la frontière *comme le Batiste de Jésus-Christ*, 67; fait une chute en sautant un escalier, 69; obtient de son frère l'ordre de suspendre les persécutions envers les savants accusés d'hérésie, 77 (en note); protége L. Berquin, *ibid.*; usufruitière du duché d'Alençon après la mort de son premier mari, 80 (en note), 132 (en note), 133; devient enceinte, 84; son orthographe des mots *utile, user, Hugues*, etc., 92; cette orthographe indique la prononciation du temps, 98 (en note); accouche d'un fils, Jean d'Albret, vers le 15 juillet 1530, 102, 108 (en note); rondeau composé à l'âge de 40 ans, 122; quitte le Roi pour se retirer chez elle, 144; elle est chargée de suppléer son mari dans les fonctions de lieutenant du Roi en Guyenne et Languedoc, 145, 146, 148; reçoit du Roi une pension ou un cadeau de 10,000 livres, 150, 151; sa désolation lorsque sa fille ose déclarer au Roi qu'elle ne veut point épouser le duc de Clèves, 176, 177; faisait fouetter sa fille par la baillive de Caen pour lui persuader d'épouser le duc de Clèves, 182 (en note), 291, 192; devient enceinte à 50 ans, 192; se défend d'être sacramentaire, 196; envoye une épître à son frère avec une figure de David, 202 (en note); on essaye de l'empoisonner, 210 (en note); elle fait grâce au coupable, 211; fait une fausse couche, 217, 218, lettre CXXVII; fragments de son épître en vers sur la naissance de François II, 229 *et suiv* (en note); supplie le Roi de rompre le mariage de sa fille avec le duc de Clèves, 237; fragments de son épître sur l'avitaillement de Landrecy, 239, 240 (en note); envoye deux *Christ* à son frère, 243; appelée par le Roi, va le trouver, 245, 249; la protection qu'elle accorda toujours au cardinal d'Armagnac contredit l'opinion de son hérésie, 254 (en note); malade d'une douleur d'épaule et d'un mal à l'œil, 263; écrit à Henri II après la mort de François Ier, 266; fragments de sa correspondance avec l'évêque de Meaux, 274 *et suiv.*; relevé de ses lettres à Briçonnet, 277 *et suiv*; ballade en réponse à une ballade du Roi, 281; épître en vers, envoyée au Roi avec un *Salomon* pour étrennes, 283; quel était, dans la pensée de Marguerite, le sens et le but de la réforme, 285 (en note); dixain à Frotté, 287; huitain composé par Marguerite peu de temps avant sa mort, 288.

ANGOULÊME (M. d'), Henri, second fils du Roi, qui fut depuis Henri II. C'est par erreur que la note dit Charles, troisième fils du Roi, 29; a la rougeole et la fièvre, 71; le plus savant de ses frères, *ibid.*

ANGOULÊME (Mademoiselle d'). La reine de Navarre parlant d'elle-même a la troisième personne, 71.

ANNEBAULT (le maréchal d'), 191; succède à l'amiral Brion, 224; négocie la paix avec Henri VIII, 258 (et en note).

ANSELME (le père), 80 (en note), 123.

ARGEL ou *Alger*, 187.

Argentan, 131, 132.

ARMAGNAC (Georges d'), évêque, puis cardinal d'Embrun, 44; malade à toute extrémité d'une fièvre tierce, 253 (et en note); affection de la reine de Navarre pour lui, son éloge, *ibid.*; son zèle pour la religion et contre l'hérésie, 254 (en note), 256; sa guérison, 258.

ASTER (Manaud d'Aure, seigneur d'), un des tuteurs de mademoiselle de Negrepelisse, 180 (en note), 182.

AUBIGNY (Robert-Stuart, seigneur d'), 136 (et en note).

AULBRAC. *Le bien que vous lui aviez fait d'Aulbrac* (au cardinal d'Armagnac), 258.

Avignon. Le camp d'Avignon, 128, 129; la faim chasse l'empereur de devant Avignon, 231; presque submergée par les pluies, 231 (en note).

B.

BABOU DE LA BOURDAIZIÈRE, 60, 93, 94, 103.

BAIF. MM. de Baif et Bagie, commissaires du Roi dans l'affaire de Condom, 196 (en note), 212.

BAPTISTE. Madame d'Alençon, revenant d'Espagne, a été reçue *comme le Batiste de Jésus-Christ*, 67.

Baston, maison de plaisance des ducs d'Alençon, aux environs du Mans, 10.

BAYARD, secrétaire du Roi, 197.

Bayonne, 149, 153; *nostre houme de Bayonne*, 156; *le pauvre gouverneur de Bayonne*, 257.

BAZADOIS (le sénéchal de), 149, 153.

BELANGER, ou BERENGIER, 58.

BELLAY (le cardinal Jean du), 126, 163.

BELLAY (Martin du), cité, 231 (en note), 238, 250.

BELLEVILLE, beau-frère de M. de Durie, 156.

BERQUIN (Louis de), accusé d'hérésie, 77; le Roi lui a sauvé deux fois la vie, 96; Marguerite plaide pour lui, *ibid.*; brûlé en Grève, *ibid.* (en note), 99.

Berry (le), ravagé par les aventuriers, 136.

Beziers, 67.

BIBIENA (le cardinal) comparait Louise de Savoye, François Ier et Marguerite à la Trinité, une en trois personnes, 42 (en note).

Blain, 164 (et en note).

Blois, 173, 174.

Bordeaux, 198.

BORDEAUX (M. de), Charles de Grammont, 145, 149, 152 (et en note), 153, 154.

BOSSUT (le sieur de), comte de Longueval, 70, 167, 168, 169 (et en note), 170.

BOUCHE, cité sur l'inondation d'Avignon, 231.

Bourgogne. Cession de cette province à Charles-Quint, 59 (en note), 62 (en note).

BRANTÔME. Son témoigne est suspect, 1; anecdote du capitaine Bourdeille, son frère, 17.

Brest. On y craint le mécontentement des troupes non payées, 166.

Bretagne (la Basse). Nécessité qui y conduit Marguerite, 164 (et en note).

BRION, 41, 55, 57; Marguerite l'accuse de *gloser toujours ses paroles*, 64, 152, 166; sa mort, 224.

BRIÇONNET (Guillaume), évêque de Meaux, 9; prend le titre de *Capitaine des Aveugles*, 20; extraits de sa correspondance mystique avec la duchesse d'Alençon, 273 *et suiv.*

BRYANTE (Madame), Chimène, fille du duc de l'Infantado, fut, dit-on, éprise de François Ier, 55 (et en note).

BURIE (M. de), lieutenant du Roi en Guyenne, 149 (et en note), 152, 153, 156; va trouver le Roi, 157 (et en note); veut refuser la charge de lieutenant du Roi à cause de sa fortune insuffisante, 157; suppléait le roi de Navarre, 158, 189, 213, 257.

C.

Caen (Aymée de la Fayette, baillive de), gouvernante de Jeanne d'Albret, la fouettait par ordre de la reine de Navarre pour la contraindre à épouser le duc de Clèves, par la crainte d'estre *tant fessée et maltraictée qu'on la feroit mourir*, 291, 292.

Cailleau (frère Gilles), cordelier, assiste Marguerite à ses derniers moments, 18.

Castel (Pierre du), évêque de Tulle, 201.

Cauteretz, le roi de Navarre y va prendre les bains, 189.

Champollion-Figeac (M.), ix, x, xj, xiij.

Charles-Quint, 49; ses longueurs et dissimulations, 62, 130; son antipathie naturelle contre François Ier, 197, 198; sa colère contre le duc de Clèves, 217 (en note); conditions qu'il impose au duc de Clèves, 234.

Charles (depuis Charles IX), lettre en vers qu'il écrit en son nom et au nom de ses sœurs à son père absent, 268.

Chateaubriant (M. de), 125, 165, 166.

Chateaubriant (Madame de), 164 (en note), 165 (en note).

Chasteauvieux, 60.

Clèves (le duc de), 176 (en note), 177; secouru par François Ier, 190; Charles V se vantait de le ruiner, *ibid.* (en note), 197, 202 (et en note), 217 (et en note); ses rapports avec la famille de François Ier, 234, 236; quels étaient ses torts envers Jeanne d'Albret? 237 (et en note).

Clutoi (le président), 265.

Condom (l'évêque de), Erard de Grossoles, 15; son nom compromis dans une tentative d'empoisonnement contre la reine de Navarre, 16; Marguerite lui pardonne, 17, 210 (en note), 224 (en note). Voyez Grossoles.

Corneille, porteur de paroles de paix entre François Ier et Charles V, 251; Marguerite change son nom en celui de *Colombe*, 252.

Crespy (la paix de), 250 (et en note).

D.

Dauphine (Madame la). Voyez Médicis (Catherine de).

Delabarre (Jean), prévôt ou bailli de Paris, 28, 44, 66, 76 (et en note), 90.

Douzère, Marguerite y reste un jour au lit par suite d'une chute, 69.

Dreux du Radier, 164, 165 (en note).

Dudley (mylord), 258 (en note).

Dueren (Marguerite écrit *Dure*), ville du pays de Juliers, 231 (et en note); Charles-Quint l'assiége en personne, et la pille, 234.

Duprat (le chancelier Antoine), succède à Aymar de Gouffier sur le siége épiscopal d'Alby, 100 (en note).

E.

Ebrard (Antoine d'), seigneur de Saint-Sulpice et l'un des tuteurs de mademoiselle de Negrepelisse, 180 (en note).

ÉLÉONORE, sœur de Charles-Quint, douairière de Portugal, remariée a François Ier, 107 (et en note), 159; écrit à son frère pour procurer la paix, 250, 251.

ELISABETH (Sainte), la reine de Navarre cite ses paroles à la vierge, 93; autre citation en latin, 105.

ESCOT (le marquis d'), 89.

Espagne (le prince d'), Philippe, fils de Charles V, 255.

ESTAMPES (Madame d'), Anne de Pisseleu, demoiselle d'Heilly, 91, 128, 129, 139, 147, 168, 169 (en note), 170, 194 (en note).

ESTIENNE (Henry), erreur qu'il commet dans ses *dialogues du langage françoys italianizé*, 42 (en note).

ESTOUTEVILLE (Adrienne d'), 122.

F.

FABRY (Lefèvre d'Etaples), 275.
FAVYN, 107 (en note); cité, 222 (en note), 250 (en note).
FERRERAS, s'est trompé sur la date du départ de Marguerite, 45 (en note).
FLAMERANS (Flamarens), frère de l'évêque de Condom, 163.
FOIX (Françoise de). Voyez CHATEAUBRIANT (madame de).
FOIX, la maison de Foix, alliée à la maison de Carmain, 182 (en note).
FONTAINES (le sieur de), 221.
FONTANIEU cité, vij.
FORS, 80, 129.
FRANÇOIS Ier, sécurité qui lui inspire l'affection de sa sœur, 15; avait résolu pendant sa captivité de faire rigoureusement le carême, 28; empressement et émotion avec lesquels on recevait de ses nouvelles en France, 68; sacré le 25 janvier 1515, jour où l'Église célèbre la conversion de saint Paul, 69 (et en note); défend d'inquiéter en son absence les savants accusés d'hérésie, *ces hommes d'excellent savoir*, 77 (en note); rentre en France au mois de mars 1526, 80; calomnié en chaire, 195 (en note); indulgent envers les Rochelois révoltés, 200, 201; comparé par sa sœur a David et à Jésus-Christ, 202, 203 (en note); va visiter le roi et la reine de Navarre à Nérac, 221 (et en note), 222; comparé dans une épître en vers à David et à Abraham, 229; ses rapports avec le duc de Clèves, 234; accusé à tort d'avoir marié Jeanne d'Albret sans consentement de père ni de mère, 236 (en note); envoye à sa sœur un crucifix et une ballade pour étrennes, 242; comparé au Christ par Marguerite, 243 (en note); ballade envoyée à la royne de Navarre, 280, 281; *affecsioné plus que jamais*, selon l'évêque de Meaux, *à la reformacion de l'Eglise* (en 1521), 274; accusé de froideur par le même sur le même sujet, 275.

FRANÇOIS (dauphin) a la rougeole, 71; empoisonné à Tournon, 71 (en note), 110, n° 6; il n'est pas sûr que le Dauphin cité dans la lettre 61 soit François, le premier dauphin, mais cela est vraisemblable.

FRANÇOIS, petit-fils de François Ier, depuis François II; lettre sur sa naissance, 226.

FRÉGOSE (César), 127 (et en note).

FROTTÉ (Jean), secrétaire de François Ier et de la reine de Navarre, 148, 150, 188, 194, 208, 211, 220, 229, 237, 242, 243, 246; lettre que lui écrit François Ier, 280; dixain en réponse à celui de la reine de Navarre, 287.

FURSTEMBERG (Guillaume, comte de), passage d'une épître en vers relatif à sa défection, 240 (en note).

G.

Gouffier (Aymar de), évêque d'Alby, 100 (en note), et 101 (en note).

Goifret (Jean), médecin de la cour, 119 (et en note).

Grammont (Charles de). Voyez Bourdeaux (M. de).

Grammont (Gabriel de), évêque de Tarbes, 100 (en note).

Groslot (Jacques), seigneur de Chambaudoin, bailli d'Orléans, 212 (en note), 216 (en note).

Grossoles (Erard de), évêque de Condom, 163 (en note), 195, 196 (en note); a-t-il essayé de faire empoisonner la reine de Navarre? 211 (en note). Voyez Condom.

Guadalaxara, le château du duc de l'Infantado y était situé, 48.

Guyenne, la noblesse de Guyenne persuadée par la reine de Navarre, au sujet du *don volontaire*, 92 (et en note); Marguerite répond de son zèle, 146; menacée par l'empereur, 204.

H.

Henry (second dauphin), son éloge, 159.

Henry II, ses enfants lui écrivent une lettre en vers, 268; la reine de Navarre lui écrit après la mort de François Ier, 266.

Hesdin (le camp de), 138; prise de cette ville, *ibid*.

I.

Infantado (le duc de l'), don Inigo Lopez Hurtado de Mendoza, 48; cette famille était dévouée à François Ier, 51.

Italie, l'Italie et l'Angleterre obligées, selon Marguerite, d'aider à la délivrance de François Ier, 59, 61, 62, 65.

J.

Jenton, 137.

L.

Landrecy, assiégée par l'empereur, 231, 232; avitaillée par François Ier, 235 *et suiv.*, 238.

Langey (Guillaume du Bellay, seigneur de), 43, 78.

Langres, la reine de Navarre va y attendre le Roi, son frère, et le duc d'Orléans, 262.

Lannoy (Charles de), vice-roi de Naples, rempli d'égards pour son prisonnier, 27, 29, 41.

Lautrec, son témoignage invoqué dans l'affaire de la marquise de Montferrat, 82, 83; prend Pavie en novembre 1527, 90 (et en note).

Lavedan (le vicomte de), 257.

Légat (le légat d'Avignon), 78.

Lescure ou Lascure (le baron de), voulait empoisonner la reine de Navarre et le comte palatin, 16, 212; représente M. de Mirepoix aux États d'Alby, en 1538, 212 (en note); sème de mauvais

INDEX. 301

bruits sur François Ier et Charles-Quint, 257.
Lettes (Antoine de). Voyez Montpezat.

Lignières (M. de), 136.
Littré (M. E.) cité, viij.
Lorraine (le cardinal de), 78.
Luxembourg (le pays de), 232, 239.

M.

Madame (Louise de Savoie), 32, 33; ordonne à Marguerite d'aller en Espagne, 34; son fils l'avait priée d'y venir elle-même, 35 (en note); Madame et son fils ne différèrent jamais d'opinion, 57; disait qu'il fallait avoir patience sur les dissimulations de Charles-Quint, 61; écrit à son fils d'acheter sa délivrance à tout prix, 66; une lettre de son fils la guérissait de tous ses maux, 72, 93, 118; est résolue de s'*approcher de son souleil* (d'aller au-devant du Roi), 75 (et en note); sa maladie; on espère qu'elle *fera une pierre*, 84, 85 (et en note); reste à Blois (en 1530), auprès de sa fille enceinte, 104 (en note); malade, 119; sa dernière maladie et sa mort, 120, 121; *affectionnée* (dit Briçonnet) *à la reformacion de l'Esglise* (en 1521), 274; ralentit ce beau zèle, 275; se fait lire l'Écriture sainte par *maistre Michel*, 276.

Madame.(Voyez Marguerite, fille de François Ier, filleule de la reine de Navarre.)

Madelaine, fille de François Ier, 71.

Madeleine, fille de Henry II, sœur de Charles IX, 268.

Madrid, « on est aux champs loin de Madrid, » 53, 55, 79.

Margot (la petite) Marguerite, fille du Roi, filleule de la reine de Navarre, 71.

Marguerite (la même que la précédente), 139.

Marguerite (inconnue), 139.

Marguerite (sainte), 96.

Marguerite. Voyez Angoulême, (Marguerite d')

Marguerite de France, quatrième fille du Roi; il est question de la marier au fils de Charles V, 187 (et en note).

Marguerite, fille de Henry II, seconde reine de Navarre, 268

Marot, a réformé une licence de l'ancienne versification, 283 (en note).

Médicis (Catherine de), 129 (et en note), 139, 162; lettre sur la naissance de son premier enfant, 226; avait longtemps passé pour stérile, 227 (en note).

Médina-Celi, 55, 60.

Médina-Celi (le duc de), Louis de La Cerda, gendre du duc de l'Infantado, 60 (et en note).

Michel (maistre) porteur de la correspondance entre Briçonnet et madame d'Alençon, 274, 276.

Mirepoix (M. de), 179; représenté aux Etats d'Alby (1538), par le baron de Lescure, 22 (en note).

Moncade (don Hugues de), vice-roi de Naples après Charles de Lannoy, 53.

Montferrat (le marquisat de), 82 (en note). Voyez Alençon (Anne d').

Mont-de-Marsan, 146, 148, 189.

Montmorency (Anne de) dénonce la reine de Navarre à François Ier, 15, 31, 34, 44, 66; François Ier paye les dix mille écus de sa rançon, 70 (en note), 72; Marguerite fait son éloge au Roi, 128; va visiter le roi et la reine de Navarre, 140, 141; suscite un procès à l'amiral Brion, 166 (en note), 174 (en note).

Montpezat (Antoine de Lettes), prend le nom de Montpezat pour obéir à son oncle, 29, 37.

N.

Nançay, 137.
Narbonne, Marguerite revenant d'Espagne, comptait y être aux fêtes de Noel, 52, 58, 61, 66, 67.
NAVARRE (le roi de), 124, 126; sa maladie, 140; reçoit la visite de Montmorency et du duc d'Orléans, 141; Marguerite veut l'accompagner en Guyenne, 142, 143, 144, 145, 146, 148; est suppléé par M. de Burie, 158; désolé du refus de Jeanne d'Albret d'épouser le duc de Clèves, 176, 177, 182; malade d'une chute va aux bains de Cauterets, 189; malade de la colique néphrétique, 195; créé lieutenant-général du Roi, 208 (en note), 209; qualifié *Prince de Basque*, 223, 233, 256, 257.
Nérac, 126, 149.
NEGREPELISSE (mademoiselle de), 179 (en note), 180; sa dot de douze mille livres tournois, 181.
NEGREPELISSE (M. de), 181 (en note).
Nismes, 78.

O.

ODOLANT-DESNOS, 18, 111, 119 (en note).
ORANGE (le prince d'), Philibert de Châlons, 69 (et en note), 217 (en note).
OLHAGARAY, ses assertions erronées relativement au mariage de Jeanne d'Albret avec le duc de Clèves, note 3, p. 236, et note 1, p. 237.
ORLÉANS (monseigneur d'), Charles, troisième fils du Roi, a la rougeole, 71; « est cloué sur son livre et dist qu'il veult être saige», *ibid.*, 159, 227, 262.
ORLÉANS (le duc d') envoyé contre l'empereur au secours du duc de Clèves; ses succès, 191.
Orléans, le bailly d'Orléans, 212, 216, 220.
Orthez (le protonotaire d'), 200.

P.

PALATIN (le comte), que le baron de Lescure avait voulu empoisonner, 212.
Palamone, 41.
Pau, 221.
Pavie prise par Lautrec, 90.
PESCAIRE (le marquis de) écrivait que si Charles-Quint ne faisait la paix avec François Ier, il était perdu, 62, 65 (en note).
PLAINPIED (M. de), 179.
POITIERS (Diane de), 227 (en note).

R.

RAYMOND, premier président de Rouen, 258 (en note).
RÉMOND (Florimond de), 18.
HINCON (Antoine), 127 (en note).
ROBERTET (le bailli), 90.
ROCHELLE (La) se révolte contre les officiers de la gabelle, 200.
ROHAN (René, vicomte de), 123; avantage sa femme, 124, 125, 165 (et en note), 173.

INDEX.

Rossem (Martin van), général des troupes du duc de Clèves; saccage le Brabant, 217 (en note); obligé de prendre du service dans l'armée impériale, 234.

Rothelin (l'abbé de), possesseur du manuscrit autographe de Marguerite, vij, viij.

Rouergue, Marguerite écrit en faveur de ce pays, 259.

Rousselière (la), « qui par argent vendroit sa mestresse », 181.

Roussillon, la goutte retient Madame en cette ville, 69.

S.

Sacramentaires, 196.
Saint André (le maréchal de), 145.
Saint-Estève, 88, 186, 208.
Saint-Gaudens (l'abbé de), 166.
Saint-Paul (Jean de Villemur, seigneur de), 180, 183.
Saldagne (la comtesse de) sœur du duc de l'Infantado, 55.
Salezart (le père), cordelier qui servait d'espion; Marguerite s'en défie, 126, 127, 128.
Saluces (le marquis de) réclamait le marquisat de Montferrat, 82 (en note).
Savoie (Louise de). Voyez Madame.
Séez (l'évêque de), 178.
Sorbonne (la), 194.

T.

Toulouse, 66, 210.
Tournon. Madame s'y rendra au devant du Roi, 66, 69, 79.
Tournon (le cardinal de), zélé contre les hérétiques, 214 (en note).
Tours Le bonhomme de Tours et sa pierre (allusion que je ne comprends pas), 50, 173, 175.
Tulle (M. de). Voyez Castel (Pierre du).

V.

Varillas, 165 (en note).
Vendosme (M. de), 78; madame de Vendosme, 132 (en note); maladie de M. de Vendosme, 137; sa mort, ibid. (en note); son procès, 264.
Verdelet, espion, 209.
Veries, abbaye d'Urbanistes où François Ier épousa Éléonore, le 17 juillet 1530, 107 (en note)
Vienne, 79.
Vigan (madame du), 89.
Villeneuve-saint-Georges, 118.
Villeroy, 89.
Voltaire, 11.

Y.

Ysernay, 129, 191, 195 (en note).

FIN.

ERRATA.

Page 16, ligne 24 : 1541, *lisez* 1542.
— 42, à la date de la lettre XIII : (1525 '), *effacez* le chiffre de renvoi.

www.ingramcontent.com/pod-product-compliance
Lightning Source LLC
Chambersburg PA
CBHW071302160426
43196CB00009B/1392